GIN & TONIC

GIN-GESCHMACK-TABELLE

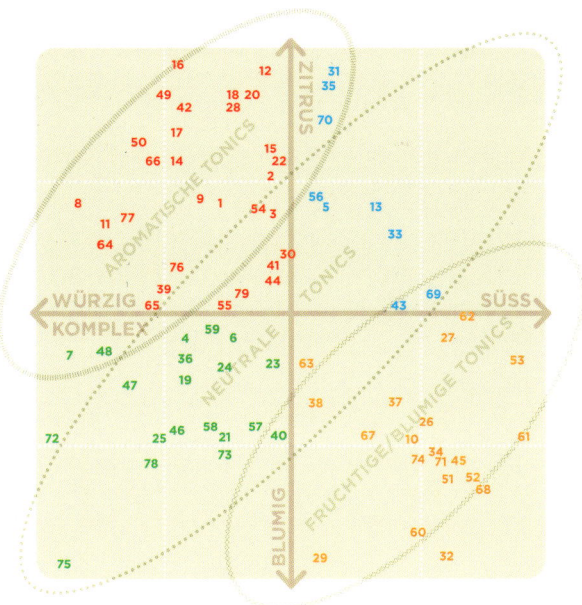

DAS ULTIMATIVE HANDBUCH
FÜR DEN PERFEKTEN MIX

GIN & TONIC

FRÉDÉRIC DU BOIS & ISABEL BOONS

GERSTENBERG

Dieses Symbol zeigt, dass man die Destillerie besichtigen kann.

„Gin und Tonic hat mehr Engländern Leben und Verstand gerettet als sämtliche Ärzte im Empire."

Winston Churchill

VORWORT

„Ich liebe große Partys. Sie sind so schön intim. Auf kleinen Partys hat man gar keine Privatsphäre.“

Wie in diesem Zitat von Jordan Baker in der Verfilmung des berühmten Romans von F. Scott Fitzgerald *Der große Gatsby* aus dem Jahr 2013 (gespielt von Elizabeth Debicki) anklingt, stehen auch wir auf solche Wahnsinnspartys. Damit wir uns nicht missverstehen: Gegen kleine, persönliche Partys mit einigen wenigen engen Freunden ist grundsätzlich nichts einzuwenden, mit diesem Buch wollen wir aber allen, die uns auf unserer Reise durch die Welt von Gin & Tonic begleiten, gehörig einschenken und niemanden durstig nach Hause gehen lassen. Wann und mit wem Sie Ihren Gin Tonic genießen, spielt dabei keine Rolle. Es geht uns in erster Linie darum, wie Sie ihn trinken. Genießen Sie den unvergleichlichen Geschmack, der auf Ihrer Zunge einen köstlichen Tanz vollführt, der Ihren Erfahrungshorizont erweitert und Sie in Leidenschaft versetzen wird. Lassen Sie sich ganz in diesem Sinne von unserer Party begeistern!

Wo viele schnell an Grenzen stoßen, fangen wir erst richtig an! Dieses Buch hat sich zur Aufgabe gestellt, all die Fragen, die sich jeder Gin-Tonic-Liebhaber mindestens einmal im Leben stellt, zu beantworten, wie etwa „Welchen Gin kombiniere ich mit welchem Tonic und was eignet sich jeweils als Garnitur?“. Nach der Lektüre dieses Buches können Sie jeden, ob Freund oder Feind, mit einem göttlichen Gin Tonic begeistern, der mit fachgerechten Utensilien perfekt gemixt und dem obendrein mit einer geschmackvollen Garnitur die Krone aufgesetzt ist!

Über 50 Tonics und 110 Ginmarken gilt es in diesem Buch zu entdecken, fachkundig ergänzt durch eine umfassende Ginzyklopädie. Die Lektüre ist eine huldvolle Hommage an den allseits beliebten Gin Tonic und soll Ihnen bei der Suche nach dem ultimativen Gin-Tonic-Genuss als eine Art Navigationshilfe dienen. Nach einem von Gin durchtränkten Zeitsprung in die Vergangenheit beginnt unsere Reise im Land der Tonics.

Lesen und lernen – unter diesem Motto erkunden wir die leidenschaftliche Beziehung zwischen Gin und Tonic. Ein wahres Füllhorn an wirklich erstaunlichen Informationen, Daten und Tipps wird Sie in Begeisterung versetzen! Und wir werden Ihnen zeigen, wie Sie die für Sie persönlich optimale Kombination finden.

Um die Party perfekt zu machen, haben wir für Sie Gerichte zusammengestellt, die ideal mit Gin Tonic harmonieren. So erweist sich, dass Ihr Lieblingsgetränk eine Vielzahl von Speisen köstlich ergänzt. Außerdem stellen wir Ihnen 18 außergewöhnliche Bars vor, die jeder einmal besucht haben sollte. Danach liegt es ganz in Ihren Händen, was Sie aus dieser Lektüre machen: Probieren Sie, entdecken Sie Neues und sammeln Sie selbst Erfahrungen!

Dieses Buch ist für die ausdauernden unter den Partygästen gedacht, die ihre Drinks in Ruhe genießen wollen und sich dabei gut fühlen. Es ist ein Buch für Freigeister und all jene, die es werden wollen. Es ist für all diejenigen geschrieben, die auf Inspiration, Information oder einfach nur einen kleinen Schwips aus sind, für Menschen, die auf der Suche nach einer neuen Leidenschaft sind – oder sie bereits gefunden haben.

Vor allem aber ist dieses Buch für all die Menschen geschrieben, die begeisterungsfähig sind und das Leben in vollen Zügen genießen. Ein Prost auf uns alle!

Anmerkung
Der Schriftsteller F. Scott Fitzgerald war ein berüchtigter Gin-Liebhaber ...

GIN: EIN WENIG GESCHICHTE

ODER WIE DIE WACHOLDERBEERE DIE WELT VERÄNDERTE ...

Vor dem Gin kannte man Genever oder Jenever. In Belgien nannte man ihn Jenever mit einem *J*, während man ihn in den Niederlanden meist als Genever mit *G* bezeichnete. Seine Vergangenheit ist eine Geschichte, die von Mut, aber auch von Unglück und Missgeschicken handelt und die mit immer wieder neuen Erfindungen und Erkenntnissen bis zum heutigen Tag andauert. Bei Whisky erscheinen im Geiste unwillkürlich Bilder der schottischen Highlands, bei Rum denkt man an Karibik, Überseehandel und Piraten, und bei Wodka glaubt man die eisigen sibirischen Winter zu spüren. Gin hingegen hat auf seinem Vormarsch die ganze Welt grundlegend verändert, vom Nahen Osten über Europa bis Amerika.

BELGIEN ODER DIE NIEDERLANDE

'der naturen bloeme'

Die Ursprünge liegen in den Burgundischen Niederlanden (heute: Benelux-Länder) bei einem Getränk aus Wacholderbeeren. Erste Zeugnisse über seine Heilwirkung stammen von Jacob van Maerlant. In der Enzyklopädie *Der Naturen Bloeme* (Die Blumen der Natur) beschrieb er 1269 die in Weinsud gekochten Wacholderbeeren als Mittel gegen Krämpfe und Magenschmerzen.

Ein Jahrhundert später taucht der Jenever erneut in einem Buch auf. Der Autor, Jan van Aalter, beschrieb darin als Erster die euphorisierende Wirkung des Jenevers. Doch auch in Großbritannien und Amerika war Jenever schon lange beliebt. Unter Verweis auf seine Herkunft nennt man ihn hier bis heute auch *Dutch Courage* (Mut der Niederländer) oder *Holland-Gin*. Vertrieben durch die Belagerung Antwerpens im Jahr 1585, flohen viele Bewohner – den Jenever im Gepäck – in die Niederlande. Da im darauffolgenden Jahrhundert in Belgien strenge Prohibition herrschte, führte dies in den Niederlanden zu einem Goldenen Zeitalter des Genevers und begünstigte die Entwicklung neuer Herstellungsverfahren.

KLAR, SCHAFFEN WIR!

Im Zuge der Weiterentwicklung der bislang gebräuchlichen Destillationsverfahren entdeckte man, dass sich aus allem, was gärt, Spirituosen erzeugen lassen. Im 14. und 15. Jahrhundert folgte eine Phase begeisterten Experimentierens. In Polen und Russland erfreute man sich an den alkoholischen Ergebnissen dieser neuartigen Verwendung für die Kartoffel, während man sich in Irland und Schottland der Gerste zuwendete. In den Benelux-Ländern, wo zahlreiche unterschiedliche Spirituosen einfach als Branntwein bezeichnet wurden, belegen Steuerlisten aus dem Jahr 1492 die Destillation großer Mengen an Spirituosen auf Getreidebasis, vor allem von Roggen. Mit der *Anleitung für die Destillation von Korenbrandewijn* (Kornbranntwein) von Casper Jansz erschien 1582 die erste technische Beschreibung der Destillation alkoholischer Getränke aus Getreide.

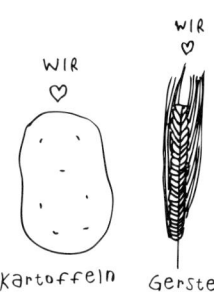

DIE LEGENDE
VON DOKTOR SYLVIUS

Das 17. Jahrhundert war das Goldene Zeitalter der Niederlande: Die Niederländische Ostindien-Kompanie florierte, Rembrandt malte seine Meisterwerke, und die Medizin machte rasante Fortschritte. Zu dieser Zeit soll Franciscus Sylvius (1614–1672), Professor an der Universität Leiden, den „Dutch Gin" erfunden haben. Inzwischen gilt dies jedoch als widerlegt. Sylvius nutzte zwar Jenever als Heilmittel bei Nierenbeschwerden und gegen die Pest, dass er aber den Gin erfunden hat, ist unwahrscheinlich. In seinem Buch *Een Constelijck Distileerboec* (1552) hatte bereits Philippus Hermanni den Jenever oder Gin als *Aqua Juniperi* beschrieben – und dies 98 Jahre vor Sylvius' Geburt. Hinweise auf Jenever/Gin finden sich auch in einem englischen Kochbuch aus dem Mittelalter sowie im Theaterstück *Der Herzog von Mailand*. Letzteres erschien erstmals 1623, als Doktor Sylvius gerade einmal neun Lenze zählte.

ANGETRUNKENER MUT

Der Dreißigjährige Krieg (1618–1648) war ein Konflikt, an dem die meisten europäischen Mächte beteiligt waren. Englische Soldaten, die zum Kampf gegen die Spanier im Süden der Niederlande stationiert waren, lernten hierbei erstmals den Jenever kennen. Diese mutigen Männer nahmen sich das Recht heraus, sich vor der Schlacht ein Gläschen zu genehmigen. Der Begriff *Dutch Courage* (Mut der Niederländer) wurde so zum Synonym dafür, sich Mut anzutrinken, genauso wie für das von den Engländern in Ginniver umgetaufte Getränk. Diese anglisierte Variante, *Jenever,* wurde später zu Gin verkürzt, nachdem die englischen Soldaten die Gepflogenheit des Gintrinkens mit nach Hause gebracht hatten.

WILHELM III. UND DIE GLÜCKLICHEN GIN-BRENNER

England, 1688: Wilhelm III. von Oranien-Nassau bestieg den Thron, und es begann eine neue Ära. Die englische Gesellschaft erlebte einen tiefgreifenden Wandel, der sich nicht zuletzt auch auf ihre Trinkgewohnheiten auswirkte. Nahezu unmittelbar nach seinem Machtantritt begann der neue König, die Produktion englischer Spirituosen zu fördern. So konnte jeder Gin destillieren, ohne hierfür eine Konzession zu benötigen. Gleichzeitig wurden auf ausländische Getränke schwindelerregend hohe Importzölle erhoben. Die Gin-Produktion explodierte und praktisch jeder versuchte sich als Brenner.

GIN-EPIDEMIE

Zwischen 1720 und 1751 befand sich England, und besonders London, in einem Rauschzustand. Nahezu überall und ständig gaben sich die Londoner dem Gin-Rausch hin. Zu dieser Zeit war Gin billig und leicht verfügbar, aber auch von schlechter Qualität. Die Brennmeister scheiterten an der malzigen Komplexität ihres niederlän-

dischen Vorbilds. Als Basis benutzten sie oft minderwertiges Getreide. Der daraus erzeugte Alkohol wurde häufig mit Terpentinöl, verdünnter Schwefelsäure und Alaun versetzt. Um diesen Geschmack zu kaschieren, fügte man größere Mengen an Zucker, Kalkmilch und Rosenwasser hinzu. Die gesellschaftlichen Folgen des Gin-Genusses waren verheerend: Eine Vielzahl von Missständen – wie etwa die Zunahme von Verbrechen, Prostitution und Geisteskrankheiten, eine deutlich erhöhte Sterblichkeit sowie ein Geburtenrückgang – wurden dem Gin zugeschrieben, trieb sich doch ein Großteil der Bevölkerung von morgens bis abends betrunken in den Straßen herum.

Einige Fakten verdeutlichen den gravierenden Einfluss dieses Rauschmittels:

- *Zwischen 1723 und 1733 überstieg in London die Sterblichkeit bei Weitem die Geburtenraten.*
- *Unter den 600 000 Einwohnern Londons gab es 7044 registrierte Gin-Händler und Tausende von Straßenverkäufern.*
- *Zwischen 1730 und 1749 starben 75 % der Kinder vor ihrem fünften Geburtstag.*
- *Zwischen 1740 und 1742 kamen auf jede Taufe zwei Beerdigungen.*
- *1751 starben nicht weniger als 9000 Kinder an einer Alkoholvergiftung.*
- *1733 wurden in London knapp 47 Millionen Liter Gin legal erzeugt. Das entspricht pro Kopf einem Verbrauch von 53 Litern im Jahr.*
- *1740 waren in London mehr als die Hälfte aller Getränkeläden sogenannte Gin Shops.*

DER GINPFAD VON WILLIAM HOGARTH (1697-1764)

Dieser historische Kupferstich verdeutlicht sehr anschaulich den Ernst der damaligen Lage. Es handelt sich hierbei um die Darstellung des Elends und der Verzweiflung, die zu Zeiten des Gin-Fiebers in London herrschten. Die Hoffnungslosigkeit, dagegen etwas unternehmen zu können, ist angesichts solcher Zustände leicht nachzuvollziehen. Der Kupferstich zeigt eine belebte Straße voller Elend: Ein Schreiner versetzt sein Werkzeug, um an Geld für mehr Gin zu kommen. Im Hintergrund legt ein Bestatter den ausgezehrten Leib einer Frau in einen Sarg. Ein Alkoholabhängiger hat seinem Leben durch Erhängen ein Ende gesetzt, während eine Mutter ihrem Kind Gin einflößt, damit es einschläft. All diese verwahrlosten Gestalten bilden ein entsetzliches Panorama, bei dem im

Vordergrund, inmitten des Getümmels, eine volltrunkene Frau nicht zu bemerken scheint, dass ihr das Kind aus den Armen gleitet und über ein Treppengeländer fällt.

GIN-GESETZGEBUNG

Fast ebenso verzweifelt wie die Berichte über die Folgen des Gin-Konsums waren die erfolglosen Versuche der Regierung, dieser Auswüchse Herr zu werden. Nicht weniger als acht verschiedene Gin-Gesetze verabschiedete das britische Parlament zwischen 1729 und 1751. Die wichtigsten sind im Folgenden zusammengefasst:

Einen ersten Versuch, den Alkoholkonsum zu besteuern, unternahm man im Jahr 1729. Reiche Landbesitzer bestachen allerdings die zuständigen Beamten bis in höchste Positionen, damit sie ihr Getreide auch weiterhin an Destillerien verkaufen konnten. Nach weiteren erfolglosen Versuchen verabschiedete das Parlament 1736 ein neues Gin-Gesetz. Der Verkauf von Gin wurde mit einer derart hohen Steuer belegt, dass es einem Verbot glich. Wer gegen das Gesetz verstieß, dem drohten hohe Geld- und Gefängnisstrafen. In der Folge organisierte sich die Gin-Industrie im Untergrund. Trotz energischer Versuche zur Durchsetzung des Gesetzes missachtete die Londoner Bevölkerung in weiten Teilen das Gin-Gesetz. Aus dieser Zeit stammt die Bezeichnung *Old Tom Gin*, da Schilder mit einer schwarzen Katze

(*Old Tom*) der Überlieferung nach potenzielle Kunden auf illegale Gin-Schenken hinwiesen. Sieben Jahre später wurde das Gesetz offiziell aufgehoben. Mehr Erfolg war dem Gin-Gesetz von 1751 beschieden. Es regelte, dass Brennereien ihren Gin nur an Barbesitzer mit einer Schanklizenz verkaufen durften. Die Gebühr für die Lizenz war erschwinglich. So verbesserte sich die Qualität der Gins, und es gab nur schrittweise Preiserhöhungen. Gegen Ende des 19. Jahrhunderts verebbte die Gin-Epidemie allmählich.

GIN-PALÄSTE

Während das britische Empire die Weltkarte neu ordnete, krempelte die industrielle Revolution Großbritannien von Grund auf um. Fabriken zogen viele Menschen in die Städte, und die aufstrebende Arbeiterschaft begann, traditionelle Denkweisen infrage zu stellen. In diesem Zeitalter stellte man zum ersten Mal Möbel in Massenfertigung her, Gasbeleuchtung ersetzte Öllampen, und neue Arten der Glasherstellung wurden entwickelt. All diese Innovationen führten zum Aufstieg der Gin-Paläste, die für die Arbeiter zu einer Art neuem Zuhause wurden. Die ersten davon, wie etwa Thompson and Fearon's, eröffneten um 1830. Glanz und Atmosphäre der Gin-Paläste trugen zum gestiegenen Ansehen des Gins bei und umgaben den Konsum mit dem Nimbus eines gesellschaftlichen Ereignisses.

DER ALLERERSTE GIN TONIC

Zur selben Zeit fand in Indien ein bemerkenswertes Ereignis statt: Um der Malaria vorzubeugen, sollten die Mitglieder der Britischen Ostindien-Kompanie Anfang des 19. Jahrhunderts Chinin einnehmen. Um die tägliche Chinindosis genießbarer zu machen, fügten sie Wasser, Zucker und Limetten hinzu. Bald kam auch ein Schuss Gin hinzu – und schon war er fertig: der allererste Gin Tonic.

VOM OLD TOM ZUM LONDON DRY

Durch die Anhebung der Verbrauchssteuer und steigende Qualitätskontrollen hoffte die englische Regierung, Gin würde sich nie wieder zu einem solchen Übel entwickeln wie in früheren Tagen. Die Grundannahme war simpel: Da die Ginherstellung teurer geworden war, musste sich auch die Qualität des Gins verbessern, um den gestiegenen Preis zu rechtfertigen. Der *Old Tom* wurde in großen Fässern an die Wiederverkäufer vertrieben, die ihm Zucker hinzufügten. Schon während der Gin-Epidemie war Gin gesüßt worden, um seine schlechte Qualität zu verschleiern. Nun geschah dies jedoch, um dem Geschmack der Konsumenten entgegenzukommen. Ferner wurden neue Destillationsapparaturen wie das als Kolonnenapparat bekannte Patent- oder Coffey-Destillationsgerät entwickelt. Die hiermit erzeugten Destillate erreichen eine höhere Qualität. Es entstand der trockene, ungesüßte Gin, den wir heute als London Dry Gin kennen. Als man dann in der Viktorianischen Zeit vermehrt die Vorzüge eines gesunden Lebenswandels zu schätzen lernte, hatte der Old Tom seine Glanz-

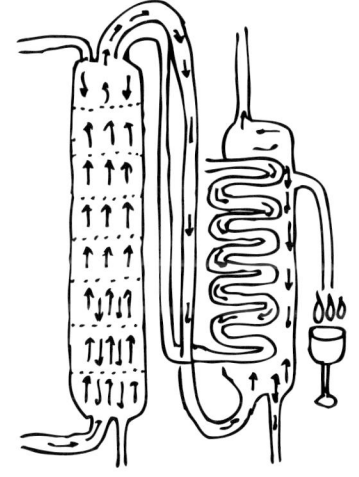

zeit schlussendlich hinter sich. Der Niedergang des Old Tom und die zunehmende Beliebtheit der Dry Gins waren jedoch auch der Tatsache geschuldet, dass sich Letztere besser zum Mixen eigneten. Denn ab 1860 schwappte der Cocktailtrend über den Großen Teich und schon bald verbreitete sich die Mode, Cocktails zu mixen, in ganz Europa. Den Engländern gelang es in diesem Zuge, ihren Gin-Export anzukurbeln, und sie exportierten auch gleich ihre Trinkgewohnheiten mit. So wurde der London Dry in der ganzen Welt bekannt.

In den 1920er- und 1930er-Jahren wurde Gin auch in den Vereinigten Staaten von Amerika populär. Er diente dort als Grundlage für viele Cocktails, deren bekanntester wohl der Martini ist.

PROHIBITION UND „BADEWANNEN-GIN"

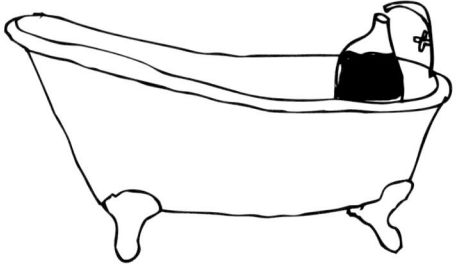

Am 17. Januar 1920 verabschiedete der amerikanische Kongress den Volstead Act, und damit trat die Prohibition in Kraft. Doch wie so oft hatte auch damals das Verbotene einen ganz besonderen Reiz, und eine ganze Generation von US-Bürgern rutschte in die Kriminalität ab. Entweder man verbrachte seine Zeit in den Speakeasys (*Flüsterkneipen*) und trank illegal hergestellten Alkohol, oder man brannte ihn zu Hause selbst. Auf diese Weise erlangte der sogenannte *Badewannen-Gin* große Beliebtheit. Die kaum genießbare Mischung aus Industriealkohol, Glyzerin und Wacholderöl wurde in Flaschen zubereitet, die so groß waren, dass sie nicht unter den Wasserhahn des Waschbeckens passten, sondern nur unter den der Badewanne, daher sein Name. Zuweilen wurde der Gin sogar in Badewannen fermentiert und destilliert. Durch die Einführung der Prohibition befürchteten die englischen Brennereien, ihren wichtigsten Exportmarkt zu verlieren. In Wirklichkeit trat aber genau das Gegenteil ein, denn für echten Gin wurden damals exorbitante Preise gezahlt. Während der Präsidentschaft von Franklin D. Roosevelt endete schließlich die Prohibition. Es heißt, den ersten legalen Martini habe er sich sogar höchstpersönlich im Weißen Haus gemixt.

GLANZZEIT
IN DEN GOLDENEN ZWANZIGERN

Denkt man an die Goldenen Zwanzigerjahre, fallen einem sofort Glitter und Glamour, neue Musikstile, schnelle Autos, Mode, Kunst und Cocktails – viele Cocktails – ein. In *Der große Gatsby* zeichnet der Autor F. Scott Fitzgerald ein perfektes Sittengemälde jener Zeit. Wussten Sie übrigens, dass F. Scott Fitzgerald eine Schwäche für Gin Rickey hatte? Für diesen Gin-Cocktail drückt man eine halbe Limette aus, gibt sie in ein Glas und füllt es dann mit Soda auf. Einem Gerücht zufolge bevorzugte Fitzgerald Gin, da er der Meinung war, sein Alkoholgeruch sei nicht im Atem wahrzunehmen. In den 1920er-Jahren emigrierten viele Barkeeper aus den Vereinigten Staaten von Amerika, da sie ihren Beruf nicht länger ausüben konnten, und kamen nach London, wo sie ihre Kenntnisse weitergaben. Cocktailpartys in Grandhotels waren bald der gesellschaftliche Renner und lösten den beliebten Nachmittagstee ab. Und der Treibstoff dieser Partyatmosphäre war Gin. Seine Beliebtheit steigerte sich sogar weiter: Ihren Höhepunkt erreichte sie in den 1950er- und 1960er-Jahren mit Hollywoodstars wie Errol Flynn und Humphrey Bogart, die man nur selten ohne einen Gin Martini in der Hand sah.

UND DANN KAM DER WODKA ...

Über die 1960er-Jahre hinaus dominierte Gin die Getränkewelt. Wohl gut die Hälfte aller Cocktails nutzte Gin als Basis. Dann tauchte der Wodka auf und profitierte von gutem Marketing und seinem hippen Image. Gin galt fortan als altmodisch und verstaubt. Zum Glück ist er jetzt wieder angesagt – und wie!

DER AKTUELLE GIN-HYPE

Erst gegen Ende des 20. Jahrhunderts konnten die Gin-Brennereien der Wodka-Woge die Stirn bieten. Große Marken wie Tanqueray Ten und Bombay Sapphire gaben den Takt an. Sie kreierten als erste weichere und rundere Gin-Aromen, die eher dem Geschmack der bisherigen Wodkatrinker entgegenkamen. Vor allem Bombay Sapphire gab dem Markt wieder neuen Schwung: Mithilfe einer viereckigen blauen Flasche, die bei Kunden wie Barkeepern gleichermaßen gut ankam, gelang es, Gin wieder mehr Aufmerksamkeit zu verschaffen. Zur selben Zeit begannen verschiedene Destillerien, mit neuen Zutaten zu experimentieren und klassische Rezepte neu zu interpretieren. In der zweiten Hälfte der Nullerjahre entwickelte Hendrick's einen Super Premium Gin und erlangte damit eine Vorreiterfunktion. Inzwischen fällt es schwer, den Überblick zu wahren, da fast jede Woche eine neue Marke auf den Markt kommt. Doch das Gin-Revival begeistert immer noch!

WOHER KOMMT DIE NEUE
GIN-BEGEISTERUNG?

Seit der Jahrtausendwende lassen sich in Spanien Barmixer, Küchenchefs und Liebhaber vom Gin inspirieren. Die Expansion dieses Trends war in den letzten
Jahren auch in Belgien und Deutschland zu beobachten. In den Niederlanden ist der Gin-Hype vornehm-
lich in Amsterdam verbreitet. Hingegen legt man im
Vereinigten Königreich Wert darauf, dass Gin hier
ein Produkt mit langer Geschichte ist, das sich seit
400 Jahren großer Beliebtheit erfreut. Mag es Cool-
ness sein oder Stolz – die Briten begegnen diesem
plötzlich gesteigerten Interesse jedenfalls sehr unauf-
geregt. Die Barmixer dort begrüßen es natürlich, dass
Gin sozusagen in aller Munde ist. Denn dies gibt ihnen
Gelegenheit, zu experimentieren und ihr ganzes Können unter Beweis zu stellen. Eine weitere Ursache für
diesen Trend könnte das – zweifelsohne durch Spit-
zenköche motivierte – neue Interesse am Kochen sein.
Im Fokus stehen dabei qualitativ hochwertige Produkte sowie neue Geschmacksrichtungen und Aro-

men. Dieses Umdenken in der Gastronomie hat auch zu einem gesteigerten Bewusstsein dafür geführt, was in unseren Gläsern landet. Das Mixen aller möglichen Sorten von Spirituosen, die *Mixologie,* erreicht zurzeit neue Höhen in der Beliebtheit und begründet eine Art Gourmetkultur für Getränke.

Aber auch die jeweilige Barkultur vor Ort spielt eine große Rolle, eine junge Generation von Barkeepern inspiriert und motiviert sich durch kollegialen Wissensaustausch und gegenseitigen Ansporn. Im Social-Media-Zeitalter ist es für sie das Natürlichste der Welt, jeden an ihren neuen Entdeckungen, Experimenten und Erkenntnissen teilhaben zu lassen. Neue Barkonzepte oder wiederbelebte alte Traditionen sprießen allenthalben. Ein gutes Beispiel, das sich täglich größerer Beliebtheit erfreut, sind die *Flüsterkneipen,* deren Besuch schon in den Jahren der Prohibition eine fröhlich – wenn auch illegal – durchzechte Nacht garantierte. Glücklicherweise ist Alkohol heutzutage nicht mehr verboten, und unter Flüsterkneipen versteht man inzwischen retro-gestylte Bars im Stil der 1920er-Jahre, in denen qualitativ hochwertige Mixgetränke serviert werden. Wie ihre Vorbilder verbreiten diese Bars eine geheimnisvolle Atmosphäre. Oftmals ist der Eingangsbereich versteckt und selbst, wenn man ihn findet, ist damit die eigentliche Bar häufig noch nicht betreten. Im Inneren fühlt man sich dann wie mit einer Zeitmaschine in die Vergangenheit zurückversetzt. Ausstattung, Ambiente und Atmosphäre sind beeindruckend, die angebotenen Getränke sind von höchster Qualität und künden von Tradition und Moderne. Ein Besuch lohnt sich also – vorausgesetzt, man findet den Eingang. Nur ein Hype? Nein! Gin ist zurück und wird bleiben, dieses Mal für immer. Raffiniert und ausgereift, wird Gin – zusammen mit seinem Partner Tonic – zweifelsohne erneut die Welt erobern.

GIN – WAS IST DAS EIGENTLICH?

DIE RECHTLICHEN VORGABEN FÜR GIN

Genau wie für Amaretto oder Champagner sieht die europäische Gesetzgebung auch für Gin Kriterien vor, die er erfüllen muss, um diesen Namen tragen zu dürfen. In der EU muss Gin einen Mindestalkoholgehalt von 37,5 % aufweisen. In den Vereinigten Staaten von Amerika ist der gesetzliche Mindestalkoholgehalt dagegen auf 40 % festgelegt. Die zweite Bedingung, die Gin erfüllen muss, bezieht sich auf den Anteil von Wacholderbeeren, den er enthalten muss, je Produktionseinheit bemerkenswerte 51 %.

GIN-DESTILLATION: DIE VERFAHREN

POT-STILL-VERFAHREN

Das traditionsreichste Verfahren ist die Destillation mittels einer Brennblase (Pot Still). Neutraler Kornalkohol wird dabei in die Brennblase gefüllt und mit Wasser *verdünnt*. Danach werden die Botanicals (Aromen wie Kräuter, Gewürze etc.) zugefügt. Je nach Rezeptur erwärmt man den Alkohol und lässt ihn einige Stunden, gelegentlich sogar Tage, ziehen. Danach beginnt der Destillationsprozess durch Erhitzen. Dies geschieht durch einen Dampfmantel unter der Brennblase. In diesen lässt der Destillateur Dampf einströmen, um den Alkohol zum Sieden zu bringen. Erreicht er den oberen Bereich der Brennblase, wird der Dampfdruck abgesenkt.

POT STILL

Der verdampfte Alkohol gelangt durch ein schwanen-
halsförmiges Rohr zu einem wassergekühlten Kondensator. Der erste Teil des Destillats wird als Vorlauf bezeichnet. Er enthält häufig Verunreinigungen und wird
deshalb in ein separates Gefäß abgelassen. Nun folgt
mit unterschiedlicher Konzentration der reine Gin, bis
ein Alkoholgehalt von 80 % erreicht ist. Sinkt dieser auf
60 %, treten erneut Verunreinigungen auf. Dieser letzte
Teil des Destillats (der Nachlauf) wird ebenfalls in se-
parate Gefäße abgelassen. In der nächsten Phase wird
der Dampfdruck erneut erhöht, sodass in der Brennblase
nur noch Wasser und die Reste der Botanicals zurück-
bleiben. In einer anderen Brennblase wird die Destillation mit dem Vorlauf und dem Nachlauf wiederholt, um
auch sie für die Gin-Erzeugung zu nutzen. Diese zweite
Brennblase weist neben einem langen Hals auch Filter
auf, mit deren Hilfe Verunreinigungen entfernt werden.
Das Destillat wird zum Schluss mit Wasser versetzt, um
es wieder auf den gewünschten Alkoholgehalt zu bringen.

SÄULENBRENNVERFAHREN

Mit der Erfindung des Coffey-Destillationsgeräts wurde das auch als kontinuierliches Brennen bezeichnete
Säulenbrennverfahren entwickelt. Neutraler Kornalkohol – meist auf Weizenbasis – wird hierbei auf 96 %
destilliert. Dieses Destillat wird dann mit Wasser auf
den angestrebten Alkoholgehalt von 60 % verdünnt, und

die Kräuter und Gewürze werden zugefügt. Der Ansatz durchläuft erneut den Destillationsprozess, wobei die ätherischen Öle der Botanicals freigesetzt werden.

Anmerkung:
Sowohl beim Pot-Still- als auch beim Säulenbrennverfahren stehen dem Destillateur jeweils zwei Methoden zur Verfügung, um den Alkohol mit den weiteren Zutaten bzw. Botanicals zusammenzuführen. Beim Racking *hängt man die Botanicals in einem kupfernen Korb (dem Gin Basket) in die Brennblase über die Flüssigkeit, sodass die heißen Alkoholdämpfe den Botanicals die aromatischen Komponenten entziehen können. Beim* Steeping *werden die Botanicals dagegen am Boden der Brennblase in den Alkohol gelegt, wo man sie einige Zeit ziehen lässt.*

VAKUUMDESTILLATION

Ein vakuumdestillierter Gin wird auf ganz andere Art und Weise erzeugt. Hier kommt die kalte Destillation zur Anwendung. Bei dieser Methode wird ein Hochvakuum erzeugt und die zu destillierende Lösung auf -5 °C abgekühlt. Im Vakuum verdampft der Alkohol bereits bei dieser sehr niedrigen Temperatur. Der Kondensator wird auf -100 °C heruntergekühlt, und so verflüssigt sich dort der Dampf wieder. Der Alkohol hat so die Aromen der Botanicals optimal aufgenommen. Der Vorgang dauert etwa fünf bis sechs Stunden. Ein Vorzug der kalten Destillation besteht darin, dass es bei ihr keinen Vor- und Nachlauf gibt. Der größte Vorteil bei diesem Verfahren ist jedoch der Geschmack des Gins. Bei der kalten Destillation bleibt die Molekülstruktur der Botanicals erhalten, was ihren

ursprünglichen Geschmack bewahrt. Einige Beispiele für so hergestellte Gins sind Sacred Gin und Oxley Gin.

Anmerkung:
Als Erster ließ Desmond Payne (Meisterdestillateur bei Beefeater) die Botanicals vor dem Brand mindestens 24 Stunden im Alkohol ziehen. So erklärt sich auch der Name des außergewöhnlichen Beefeater 24. Mittlerweile haben unzählige Gin-Hersteller dieses Verfahren kopiert. Die Zeitspanne variiert dabei von Destillateur zu Destillateur und kann von 6 bis zu 24 Stunden dauern.

GIN UND SEINE BOTANICALS

Der vorherrschende Geschmack von Wacholderbeeren ist, wie bereits erwähnt, eine gesetzliche Vorgabe. Bei der neuen Gin-Generation kommen jedoch daneben häufig auch weitere Aromaträger wie Orangen- und Zitronenschalen, Koriandersamen, Kardamom, Kümmel, Cassia- und Ceylon-Zimt, Angelika- und Iriswurzel zur Anwendung. Small-Batch-(Premium)-Gins werden derzeit praktisch standardmäßig mit zehn bis zwölf Botanicals erzeugt. Daraus resultiert auch eine stetig zunehmende Geschmacksqualität. Zu den komplexesten Gins gehören

der Monkey 47 Gin mit 47 Botanicals und der Black Gin der Destillerie Gansloser mit – je nach Quelle – 68 bis 74 Botanicals. Diese hochkomplexen Gins erinnern stark an Kräuterliköre wie Jägermeister. Beide Gins stammen aus dem Schwarzwald und haben zahlreiche Fans.

Im Folgenden lernen Sie die am häufigsten verwendeten Botanicals in Kurzporträts kennen.

WACHOLDERBEEREN

Die Auswahl der Wacholderbeeren entscheidet über Charakter und Geschmack des jeweiligen Gins. In der Wacholderbeere lassen sich die bittersüßen Aromen von Kiefer, Lavendel und Kampfer erschmecken. Der Baum bzw. Busch wächst beinahe überall in der nördlichen Hemisphäre und ist sogar in Höhenlagen bis 3.500 Meter zu finden. Die für die Gin-Produktion verwendeten Wacholderbeeren werden von den Herstellern stets sorgsam ausgewählt, handgepflückt und sorgfältig verarbeitet. Von Italien bis Mazedonien hat jeder hierbei seine eigenen Vorlieben. In der Brennerei lässt man die Wacholderbeeren dann bis zu zwei Jahre reifen, damit sie ihr größtmögliches Aroma erreichen.

ANGELIKA

Angelika (oder Engelwurz) ist eine zweijährige Pflanze. Wildformen wachsen vorwiegend auf feuchten, schwach sauren Lehmböden. In Gärten gedeiht die Pflanze jedoch ebenso gut. Legenden zufolge wurde Angelika als Heilmittel gegen die Pest oder zum Schutz vor Zauberei gebraucht. Im Gin erzeugt Angelikawurzel eine trockene Note. Ihre erdigen Aromen unterstützen das würzige Geschmacksprofil des Gins.

ZITRUSFRÜCHTE

Mit dem Einsatz von Bergamotte, Orange, Zitrone, Limette, Grapefruit, Mandarine und anderen Zitrusaromen geht der Trend hin zu einer stärkeren Betonung der zitrischen Aromen im Gin: Bei der Verwendung unterscheidet man zwischen Schale, Fruchtfleisch und Saft der Früchte.

KARDAMOM

Kardamom ist ein Vertreter der Ingwergewächse und besitzt einen süßen, scharfen Geruch sowie Bergamotte-, Zitronen- und Kampfernoten. Er stammt aus dem Fernen Osten und ist, nach Safran und Vanille, das weltweit teuerste Gewürz. Vor der Destillation werden die Samen zerkleinert, damit sie ihre warmen, würzigen Aromastoffe besser freisetzen, die dann in den Gin übergehen.

KÜMMEL

Kümmel ist eine zweijährige Pflanze, die vorwiegend in Vorderasien, Europa und Nordafrika verbreitet ist, wo sie wild auf Wiesen, an Wegrändern und auf Dämmen wächst. Kümmelsamen haben ein würzig-süßes, anisartiges Aroma. Kümmel, nicht zu verwechseln mit Kreuzkümmel, weist einen deutlich kräftigeren Geschmack auf.

CEYLON-ZIMT

Der Ceylon-Zimtbaum gedeiht vor allem auf Sri Lanka, ist aber auch auf Java, in Brasilien und Ägypten zu finden. Er wächst nur in tropischem Klima und dort bevorzugt in Küstengebieten. Ceylon-Zimt besitzt einen warmen und würzigen Geschmack und wird kulinarisch vielfältig eingesetzt.

CASSIA-ZIMT

Cassia-Zimt ist eng mit Ceylon-Zimt verwandt und ähnelt ihm in Aroma und Aussehen. Er ist etwas schärfer sowie süßer und wächst in Sri Lanka und China.

KORIANDERSAMEN

Koriandersamen erfreuen sich als Gewürz in vielen Küchen des Nahen Ostens und der Mittelmeerregion großer Beliebtheit. Und auch in vielen Gin-Rezepturen spielte der Koriander schon immer eine bedeutende Rolle. Bei der Destillation geben die Koriandersamen an den Gin ein herbes Aroma mit Salbei- und Zitrusnoten ab.

IRISWURZELN

Mit ihrem veilchenartigen Duft wird die Iriswurzel für viele unterschiedliche Zwecke genutzt, z. B. in Parfüms. Oft findet man sie auch unter den Bestandteilen der marokkanischen Gewürzmischung *Ras el-Hanout*. Im Gin dient sie als Fixativ für die anderen Aromastoffe.

SÜSSHOLZWURZELN

Die Wurzel der Süßholzpflanze und ihr Wurzelextrakt werden weltweit als Heilpflanze zur Behandlung von Bronchitis genutzt. Gin-Destillateure beziehen Süßholzwurzeln vor allem aus dem Nahen Osten. Sie enthalten Zucker, Bitterstoffe und eine Substanz, die für ihr charakteristisches holziges Aroma verantwortlich ist. Im Gin erzeugt sie ein weiches Mundgefühl.

MANDELN

Mandelbäume wachsen vor allem in Südeuropa. Für Gin werden Bittermandeln verwendet und nicht die süße Variante. Mandeln verleihen Gin eine marzipanartige Milde.

TONIC: EIN BLICK IN DIE GESCHICHTE

VOM ARZNEIMITTEL ZUM PERFEKTEN FILLER ...

1638:
DAS WUNDERMITTEL

Genau wie Gin war auch Tonic zunächst ein Heilmittel. Seine Geschichte führt uns zurück in das Peru des 17. Jahrhunderts. Die Gräfin Ana de Osorio del Chinchón litt damals an einer schweren Form der lebensbedrohlichen Malaria. Verzweifelt beschwor ihr Ehemann einen einheimischen Medizinmann, er möge  ein Mittel gegen ihr Fieber finden. Der Medizinmann verabreichte ihr ein geheimnisvolles Gebräu aus der Rinde des dort beheimateten *Quinquina*-Baums. Auf  wundersame Weise erholte sich die Gräfin wieder. Zu ihren Ehren und zur Feier ihrer Genesung benannten die Spanier den peruanischen Baum in Cinchona um. Dies änderte allerdings nichts daran, dass die Spanier zum Dank für dieses Wundermittel die Inkas ausrotteten, ihr Gold stahlen und ihnen das Land raubten.

DER EXPORT BOOMT

Die Gräfin kehrte auf ihre spanischen Besitzungen zurück und nahm eine große Menge der Baumrinde mit in die Heimat. Rasch verbreitete sich der Ruf dieses Wundermittels, das wir heute als Chinin kennen, in ganz Europa. Die wundersame Medizin brachte auch Karl II. von England und dem Sohn Ludwigs XIV. von Frankreich Heilung. Das aus der Baumrinde gewonnene Pulver wurde wertvoller als Gold. Schon bald überstieg die Nachfrage das Angebot, und der *Fieberrindenbaum* (Chinarindenbaum) war von der Ausrottung bedroht.

1850:
KRIEG DER SCHMUGGLER

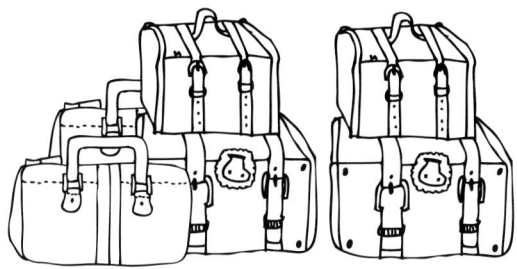

Mitte des 19. Jahrhunderts hatten Briten und Niederländer die Idee, die Samen des *Fieberrindenbaums* aus dem spanischen Lateinamerika herauszuschmuggeln. Die Briten begannen, den Baum in ihren eigenen Kolonien in Indien und Ceylon anzupflanzen. Es gelang ihnen jedoch nicht, qualitativ hochwertiges Chinin zu produzieren. Den Niederländern war in ihrer Kolonie Java mehr Erfolg beschieden. Dort gediehen die Bäume prächtig und lieferten Chinin in guter Qualität. Bis 1918 entwickelte sich Java zum weltgrößten Chininproduzenten.

SÜSSE MEDIZIN

Inzwischen begann man, Chinin auch zur Vorbeugung von Malaria einzusetzen. Im Zeitalter der Kolonialisierung wurde Malaria zu einem großen Problem. Chinin war somit in aller Munde. Die britischen Truppen in Indien überdeckten den bitteren Geschmack des Chinins mit Zucker und verdünnten es mit Wasser. Soldaten und Offiziere erhielten jeden Tag eine Dosis davon. Es dauerte nicht lange, bis ein erfinderischer Geist der Mischung Gin hinzufügte. Dies brachte die Flamme der Begeisterung zum Lodern – ein Feuer, das bis heute anhält.

1858:
DAS ERSTE KOMMERZIELLE TONIC

Der geschäftstüchtige britische Kaufmann Erasmus Bond sah in dieser Vorliebe der britischen Soldaten und Offiziere eine Chance. Im Jahr 1858 produzierte er das erste kommerzielle Tonic: ein verbessertes, mit Kohlensäure angereichertes flüssiges Tonikum. Seine Erfindung galt zunächst als medizinisches Produkt, doch schon bald schaffte es das erste Tonic vom Medizinschränkchen in die Hausbar.

1944:
DIE WISSENSCHAFT MISCHT MIT

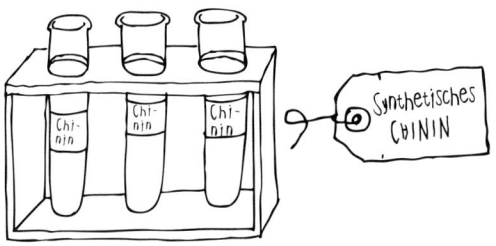

Bis zum Zweiten Weltkrieg wurde in Indonesien mehr als 95 % des weltweit verkauften Chinins produziert. Damit war es jedoch schnell vorbei, als die Japaner Java besetzten. Es kam zu einem Versorgungsengpass an medizinischem Chinin. Daher setzten Wissenschaftler alles daran, eine synthetische Alternative zu entwickeln, was 1944 gelang. Noch heute verwendet man für bestimmte Arten von Tonic synthetisches Chinin. Dass sich die synthetische Variante jedoch im Geschmack erheblich von der natürlichen unterscheidet, versteht sich von selbst.

TONIC HEUTE

Der Gin ist zurück – und das vielleicht machtvoller denn je. Mit der Entwicklung immer komplexerer und aromatischerer Gin-Varianten erreichen auch Filler (alkoholfreie Getränke zum Auffüllen des Glases) wie Tonic eine neue Qualität. In den letzten Jahren hat auch eine neue Generation an Tonics in die Barszene Einzug gehalten, die perfekt mit Gin harmonieren. Man kann mit Gewissheit behaupten, dass sie die Messlatte für den kultigen Longdrink noch einmal höher gelegt haben. Der Gin Tonic ist das beste Beispiel für eine perfekte Ehe, die ewig halten wird. Dieses Paar zu trennen ist schlichtweg undenkbar.

TONIC – WAS IST DAS EIGENTLICH?

Tonic ist ein mit Kohlensäure versetztes alkoholfreies Getränk. Sein bitterer Geschmack rührt vom zugesetzten Chinin her, das Ihnen inzwischen bekannt sein dürfte – sofern Sie die letzten Seiten gelesen haben. Zusätzlich zum Chinin wird Tonic Water mit Zucker oder anderen Süßungsmitteln aromatisiert. Oft wird der Geschmack auch durch die Zugabe verschiedener Fruchtextrakte intensiviert.

Aber konzentrieren wir uns wieder auf das Chinin: Wenn Sie eine Reise in die Tropen planen, sollten Sie nicht glauben, mit ein paar Gin Tonics wären Sie vor Malaria geschützt! Nun ja ..., denn dafür müssten Sie schon zwei Liter Tonic mit natürlichem Chinin trinken, was wiederum zehn Gin Tonic entspricht. Halten Sie das für eine gute Idee? Die Antwort überlassen wir Ihnen ...

GIN & TONIC
DAS PERFEKTE PAAR

Die ideale Kombination von Gin und Tonic beruht auf einem grundlegenden Prinzip: der richtigen Zusammenstellung von Aromen. Genau wie die Gin-Sorten klassifizieren wir deshalb auch die Tonics anhand ihrer Geschmacksrichtungen. Damit eine anregende Geschmacksmischung entsteht, sollten beide Aromen bestmöglich harmonieren, indem Sie die verschiedenen Gin-Sorten mit dem jeweils passenden Tonic mixen.

Nach unserer Meinung sollten Sie dabei mit dem Tonic beginnen. Der Hauptgrund ist schlicht, dass wir es Ihnen ein wenig einfacher machen möchten. Nehmen Sie es als Aufwärmübung oder vielleicht als Schutzmaßnahme gegen zu häufigen und frühzeitigen Kater. Vor allem aber ist ein Gin Tonic ohne Tonic undenkbar.

Genau wie beim Gin weisen auch die Tonics zahlreiche Unterschiede in puncto Aroma und Qualität auf. Unbedacht irgendein Tonic zu verwenden wäre dasselbe, wie einfach irgendein Benzin in den Tank eines Autos zu füllen. Im Zuge der Renaissance des Gins und seiner explosionsartig zunehmenden Popularität lebt auch das Tonic wieder auf. Es ist darüber hinaus stets ein dominanter Geschmack in unserem Gin Tonic. Am Anfang soll daher dieser Lobgesang auf das Tonic stehen, um ihm den gebührenden Raum zu geben. Wir präsentieren Ihnen eine völlig neuartige Generation von Tonics. Sie dürfen uns glauben: Das wird eine ebenso faszinierende wie vergnügliche Erfahrung, die Grundlage Ihrer künftigen Kreationen sein wird. Und vielleicht schwimmen wir tatsächlich gerne gegen den Strom, ein bisschen zumindest ...

TONIC:
KATEGORIEN

NEUTRAL   AROMATISCH   FRUCHTIG/BLUMIG

Für den perfekten Gin Tonic müssen Sie zunächst einmal wissen, welche Aromen in Ihrem Tonic stecken. Gerüstet mit diesem Wissen, können Sie dann Freunde und Verächter gleichermaßen beeindrucken. Der Gin spielt natürlich die Hauptrolle, aber damit Sie später Ihren ultimativen Gin Tonic kreieren können, ist einiges Grundlagenwissen über Tonic ebenfalls unverzichtbar. Wir klassifizieren die Tonics der neuen Generation anhand ihres Geschmacks: **neutral**, **aromatisch** sowie **fruchtig/blumig**.

Wir möchten Ihnen einen möglichst breiten Überblick verschaffen. Unser Augenmerk richten wir daher weniger auf die großen Marken wie Kinley Tonic, Nordic Mist Tonic Water oder Schweppes Indian Tonic. Wir konzentrieren uns vielmehr auf die neue Tonic-Generation. Diese Tonics verwenden zumeist natürliche Inhaltsstoffe und lassen infolgedessen den Gin wirklich durchschmecken.

Also legen Sie bitte die Sicherheitsgurte an, und bereiten Sie sich auf einen fulminanten Start vor – los geht's!

NEUTRALE TONICS

6 O'CLOCK
INDIAN TONIC WATER

HERKUNFT

Die Geschichte des 6 O'Clock beginnt mit Gin, und zwar mit dem Rezept von Edward Kain. Er war Wegbereiter, Erfinder, vor allem aber Abenteurer. Edward war Schiffsingenieur und lebte im 19. Jahrhundert. Es war die Zeit, als die Malaria noch zahlreiche Opfer forderte. Um sich vor der Krankheit zu schützen, tranken Edward und seine Kollegen auf ihren Reisen Tonic Water. Eines schönen Tages hatte Edward dann die fantastische Idee, dem Tonic ein wenig Gin beizumengen: Halleluja! Von nun an, so die Legende, genehmigte sich Edward jeden Tag seinen Gin Tonic. Dies tat er um 6 Uhr abends, daher der Name 6 O'Clock. Jahre später entwickelte Edwards Urenkel, Michael Kain, sein Konzept vom perfekt harmonierenden Paar. Den 6 O'Clock Gin brachte er gemeinsam mit dessen Partnergetränk Tonic auf den Markt. Hergestellt wird der 6 O'Clock in der Destillerie von Bramley & Gage, einem kleinen britischen Unternehmen. Seine Strategie ist so einfach wie naheliegend: Paare soll man nicht trennen, also gibt es den einen nicht, ohne das andere zu kaufen. Außerdem werden der Gin und das Tonic ausschließlich an Bars und Restaurants in Großbritannien abgegeben. Bramley & Gage produziert auch einen Sloe Gin.

ZUTATEN

Kohlensäurehaltiges Wasser ....
Zitronen- und Limettenextrakt..........................
Zitronensäure ....
Zucker ....
Natürliches Chinin ....

Das 6 O'Clock Tonic enthält keine synthetischen Süßungsmittel oder sonstigen Aromastoffe.

GESCHMACK UND AROMA

Der besonders rein anmutende Geschmack beruht auf der Verwendung von natürlichem Chinin und einer außergewöhnlichen Zitrusnote. Wunderbar ausgewogen mit eindeutigem Zitronenaroma. Ein vollmundiges Tonic, dabei jedoch von überraschender Spritzigkeit.

ABBONDIO
TONICA
VINTAGE EDITION

HERKUNFT

Abbondio kann auf eine mehr als 120 Jahre
lange Tradition zurückblicken und gehört zu
den ältesten Getränkeproduzenten Italiens.
Diese Marke hat den Ruf, die renommierteste
des Landes zu sein. Angelo Abbondio gründete
seine Fabrik für Erfrischungsgetränke 1889 in
Tortona. Er legte dabei besonderen Wert auf
Qualität und traditionelle Rezepturen. Die
Pin-up-Bilder auf seinen Flaschen sind recht
auffallend. Das Tonic von Abbondio wurde zu
Beginn des 20. Jahrhunderts entwickelt und
hieß ursprünglich bitter gazzosa.

ZUTATEN

Kohlensäurehaltiges Wasser ....
Rohrzucker..
Chinin..
Natürliche Aromastoffe...

GESCHMACK UND AROMA

Die traditionelle Rezeptur verbindet den sauren Geschmack
der Zitronen brillant mit der
Süße des Rohrzuckers. Leicht
mit Kohlensäure versetzt
und komplett ohne gen-
technisch veränderte
Produkte.

BRITVIC INDIAN TONIC WATER

HERKUNFT

Mitte des 19. Jahrhunderts experimentierte ein britischer Chemiker in seiner Freizeit mit der Herstellung alkoholfreier Erfrischungsgetränke. Einige Zeit später erwarb James MacPherson & Co. seine Rezepturen. Zunächst wurden die Getränke im Vereinigten Königreich unter der Bezeichnung British Vitamin Products vertrieben. Der Name wurde 1971 in Britvic abgeändert, und die gleichnamige Marke war entstanden.

ZUTATEN

Kohlensäurehaltiges Wasser ....
Zucker ....
Zitronensäure ....
Aromastoffe: darunter Chinin ....
Konservierungsmittel: Kaliumsorbat.................
Saccharin ....

GESCHMACK UND AROMA

In der Nase ein echtes Tonic mit sehr prominentem Zitrusduft. Im Mund spritzig bei trockenem und bitterem Abgang. Große Sprudelblasen.

CORTESE
PURE TONIC

HERKUNFT

Cortese Tonic wird von Bevande Futuriste
hergestellt. Das Unternehmen sieht sich ganz
in der Tradition der Kolonisten des 18. Jahrhunderts in Indien und Afrika. Diese mischten
Wasser mit Chinin, um ein Mittel gegen Malaria
zu erhalten. Neben Pure Tonic erzeugt das
Unternehmen sechs weitere Erfrischungs- und
Mischgetränke.

ZUTATEN

Kohlensäurehaltiges Wasser................................
Zucker ....
Zitronensäure...
Chinin..
Natürliche Aromastoffe..

GESCHMACK UND AROMA

Ein überraschend frisches und süßes Tonic.
Mit seinem runden Geschmack und seiner
Ausgewogenheit ist es gut zum pur Trinken
und Mischen geeignet.

FEVER-TREE INDIAN TONIC WATER

HERKUNFT

Die Geschichte dieses Tonics beginnt mit Charles Rolls, jenem Mann, der den Plymouth Gin neu herausbrachte. Bei einer gemeinsamen Tonic-Verkostung mit Tim Warrillow im Jahr 2000 bemerkten beide, dass viele Mixer Natriumbenzoat oder vergleichbare chemische Substanzen als Konservierungsmittel enthalten. Ein weiteres Manko in ihren Augen war die Verwendung von billigem Orangenaroma und künstlichen Süßungsmitteln. Sie waren mit Fug und Recht der Meinung, „dass das ein Angriff auf die Geschmacksknospen" ist. Nach dieser Erfahrung entwickelten sie eine ebenso simple wie brillante Idee. Ein Gin Tonic besteht immerhin zu drei Vierteln aus Tonic. Warum erfährt dann das Tonic so wenig Beachtung?! Dagegen wollten sie etwas unternehmen. In Großbritannien wurde ihr Fever-Tree Indian Tonic Water 2005 eingeführt. Der Name basiert auf der englischen Bezeichnung der chininliefernden Pflanzengattung Cinchona, der Fieberrindenbäume. Um ihren Ansprüchen gerecht zu werden, suchten Charles und Tim nach dem qualitativ hochwertigsten Chinin. Fündig wurden sie im Osten des Kongos. Fever-Tree ist ein Tonic der Premiumkategorie. Es wird nicht nur in sieben der zehn weltbesten Restaurants serviert, sondern auch in mehr als dreißig Ländern weltweit vertrieben. Das klingt nach einer wahrlich guten Idee …

ZUTATEN

Quellwasser...
Rohrzucker...
Zitronensäure...
Natürliche Aromastoffe...
Natürliches Chinin...

Bei der Herstellung des Fever-Tree Indian Tonic Water kommen acht pflanzliche Aromaträger zum Einsatz. Darunter sind so ungewöhnliche Zutaten wie Ringelblumenextrakt und Bitterorangen aus Tansania, Zitronen aus Sizilien, Thymian und Rosmarin aus der Provence, Ingwer aus Nigeria und von der Elfenbeinküste ... Muss man noch mehr sagen?

Fever-Tree wird zu 100 % mittels natürlicher Herstellungsverfahren erzeugt. Es kommen weder künstliche Süßungsmittel noch Konservierungsstoffe zum Einsatz.

GESCHMACK UND AROMA

Der Geschmack lässt sich als außerordentlich weich beschreiben. Die unverfälschten Zutaten und die aus der Parfümproduktion entlehnten Herstellungsverfahren erzeugen ein reines und zugleich raffiniertes Tonic mit champagnerartiger Perlage. Erfrischend, mit klarer Zitrusnote, beides perfekt unterstützt durch den natürlichen Bittergeschmack des Chinins. Der reine Abgang und das Ausbleiben jedweder Klebrigkeit im Mund machen dieses Tonic zu einem Mixer allererster Güte.

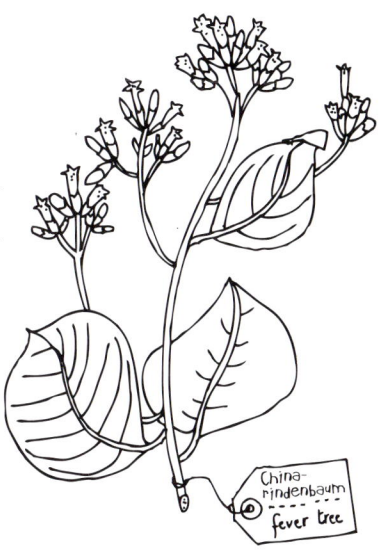

China-rindenbaum
fever tree

GOLDBERG
TONIC WATER

HERKUNFT

Dieses deutsche Tonic ist seit 2013 erhältlich und wird mit natürlichem Chinin hergestellt. Das Unternehmen MBG International Premium Brands vertreibt daneben auch weitere Goldberg-Mixer: Ginger Ale, Bitter Lemon, Intense Ginger und Soda Water. Für das Design der Flasche wurde Goldberg im Jahr 2013 mit dem *Red Dot Design Award* ausgezeichnet.

ZUTATEN

Kohlensäurehaltiges Wasser ....
Zitronensäure ....
Chinin...
Natürliche Aromastoffe...

GESCHMACK UND AROMA

Goldberg ist erfrischend, dafür sind die bitteren Früchte verantwortlich. An Aromen sind Mandarine und Limette ausgewogen vertreten. Die Zunge meldet Zitrusanklänge sowie eine bittere Note. Der Nachgeschmack ist trocken, wie es sich für ein gutes Tonic geziemt.

J.GASCO
DRY BITTER TONIC

HERKUNFT

J.Gasco Dry Bitter Tonic ist ein italienisches Tonic und wird aus hochwertigsten regionalen Zutaten hergestellt. Dieses Tonic ist etwas trockener und bitterer als sein Geschwisterprodukt, das Indian Tonic von J.Gasco. Das Dry Bitter Tonic eignet sich perfekt für alle, die ein sanfteres, etwas blumigeres Tonic mit reduzierter Süße bevorzugen. Es besteht zu 100 % aus natürlichen Zutaten ohne Zusatz von Farbstoffen oder Konservierungsmitteln. Die ungewöhnliche Geschichte dieser Mixer können Sie unter J.Gasco Premium Indian Tonic nachlesen.

ZUTATEN

Kohlensäurehaltiges Wasser ....
Zitronensäure ....
Chinin..
Natürliche Aromastoffe.......................................

GESCHMACK UND AROMA

Neutrales Tonic, dabei etwas bitterer als gewöhnlich. Perfekt zum Mixen geeignet, seine Bitterkeit verleiht jedem Glas eine besondere Raffinesse.

J.GASCO
INDIAN TONIC

HERKUNFT

Dieses Tonic verdankt seine Existenz einem ungewöhnlichen Traum, den J. Gasco während einer Expedition in die Dschungelwälder Französisch-Guayanas hatte. Dort suchte der Ökologe aus dem italienischen Piemont nach der legendären Großen Anakonda. Eines Nachts träumte er von einem unglaublich delikaten Trunk, den ihm eine geheimnisvolle Gestalt entgegenhielt. J. Gasco konnte diesen Traum nicht vergessen. Sein restliches Leben widmete er der Neuerschaffung jenes magischen Moments. Die überlieferten Rezepturen von J. Gasco sind noch heute die Grundlage für die J. Gasco-Mixer.

ZUTATEN

Kohlensäurehaltiges Wasser...............................
Zucker ....
Chinin...
Zitrusextrakt...

GESCHMACK UND AROMA

Ein typisch neutrales Tonic, perfekt als Mixer geeignet.

LEDGER'S
TONIC WATER

HERKUNFT

Im Jahr 1862 brach Charles Ledger zu einer Reise nach Peru auf, um die Samen des mythenumrankten Fieberrindenbaums zu finden. Zwei Jahre später entdeckte er in Bolivien einen Fieberrindenbaum, dessen Rinde ein noch besseres und stärkeres Chinin enthielt. Zu Ehren ihres Entdeckers erhielt diese Baumart den Namen Cinchona ledgeriana. Der Legende zufolge bewahrte Charles Ledger den Fieberrindenbaum vor der Ausrottung. Gemeinsam mit seinem Diener Manuel sammelte er die Samen des Baumes und brachte sie nach London. Den Großteil der Samen verkaufte er an die niederländische Regierung, die sie auf Java (damals eine niederländische Kolonie) auspflanzen ließ. Die restlichen Samen gelangten nach Australien und Indien. Ledger's Tonic wird mit Stevia anstelle von Maissirup oder anderen synthetischen Süßungsmitteln hergestellt. Eine Flasche Ledger's Tonic enthält deshalb nur 96,3 kJ (23 kcal) – weniger als jedes andere Tonic auf dem Markt.

ZUTATEN

Kohlensäurehaltiges Wasser ....
Stevia ....
Zitronensäure ....
Chinin aus Cinchona ledgeriana ....
Natriumcitrat...

GESCHMACK UND AROMA

Ledger's Tonic ist überaus feinperlig. Anfangs machen sich Orangennoten bemerkbar. Das Chinin lässt sich kaum herausschmecken, und für die Süße des Tonics sorgt Stevia. Im Nachgeschmack sind Zitrusaromen sowie dezente blumige Noten wahrnehmbar.

LOOPUYT TONIC

HERKUNFT

Ganz offensichtlich gehören Loopuyt Tonic und der gleichnamige Gin zusammen. Die Gründung der Brennerei Loopuyt reicht ins Jahr 1772 zurück, sie wurde erst kürzlich unter dem Namen P. Loopuyt & Co Distillers wiederbelebt. Im Sommer 2013 begann das Unternehmen, seinen Gin zu entwickeln. Das dazu passende Tonic folgte auf dem Fuß und kam im Dezember 2014 auf den Markt. Laut Jaco van de Leum, Meisterdestillateur bei P. Loopuyt & Co, ergibt die Kombination ihres Gins mit seinem maßgeschneiderten Tonic einen rundum angenehmen Longdrink, bei dem erfrischende Zitrusnoten und Aromen herausragende Akzente setzen.

ZUTATEN

Kohlensäurehaltiges Wasser ....
Zucker ....
Zitronensäure ....
Chinin..
Natürliche Aromastoffe.......................................

GESCHMACK UND AROMA

Sein hoher Kohlensäuregehalt verleiht dem Loopuyt Tonic Water eine prickelnde Frische. Es weist außerdem ein deutliches Zitronenaroma auf und hat einen leicht süßen Nachgeschmack.

ORIGINAL
PREMIUM TONIC
CLASSIC

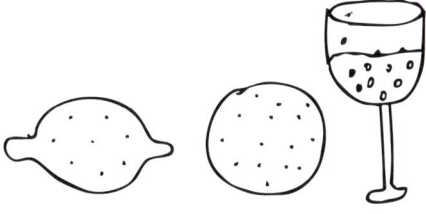

HERKUNFT

Original Tonic Water Classic wird von Magnifique Brands in Madrid hergestellt.

ZUTATEN

Kohlensäurehaltiges Wasser ....
Zucker ....
Chinin..
Zitrusprodukte ....
Natürliche Aromastoffe.......................................

GESCHMACK UND AROMA

Vom Erscheinungsbild kristallklar und grobperlig, mit natürlichem Aroma. Zu Anfang eine leichte Süße sowie Zitronen- und Orangennoten.

GROSSBRITANNIEN

PETER SPANTON
TONIC N°1

HERKUNFT

Peter Spanton gründete 1986 im Londoner
Stadtteil Clerkenwell die legendäre Bar Vic Nay-
lor's. Komplett in der Welt der alkoholischen
Getränke versunken, erlebte er 2005 seine Of-
fenbarung: Peter, selbst ein ehemaliger Alkoholiker, erkannte, dass viele Geschäftsleute vor
allem in der Weihnachtszeit Alkohol im Über-
maß konsumierten. Erstmals kamen ihm Zwei-
fel an der Szene, zu der er selbst gehörte. Als
trockener Alkoholiker fiel ihm auf, wie klein die
Auswahl an raffinierten Softdrinks war. Da kam
ihm die Erkenntnis, dass es bei alkoholfreien
Getränken für ein rein erwachsenes Publikum
eine Marktlücke gebe. Daraufhin begann er, in
seiner eigenen Küche mit verschiedenen Zutaten zu experimentieren. Darunter war auch die
brasilianische Acai-Beere. Sie gilt als Super-
food, ist aber schwierig zu verarbeiten. Nach
zahlreichen Versuchen und ebenso vielen Fehl-
schlägen stopfte Peter sämtliche Zutaten einfach in einen Seihbeutel. Zwei Tage später rann
langsam eine Flüssigkeit heraus, die ihn begeis-
terte. Bis Peter die richtige Rezeptur ausgetüf-
telt hatte, verging jedoch einige Zeit.

Vom Geschmack her ist die Acai-Beere nach
wie vor gewöhnungsbedürftig: Schokolade mit
einem metallischen Aroma. Um sein Getränk
zu süßen, verwendete Peter Spanton Concord-
Trauben. Das Getränk taufte er zu guter Letzt
auf den Namen Beverage N°7. Sein Acai Fruit
Blend war die erste Kreation von Peter Spanton
Beverages. Sein London Tonic erhielt den Namen Beverage N°1.

ZUTATEN

Kohlensäurehaltiges Wasser...............................
Zitronensaft ....
Natürliche Aromastoffe......................................
Zitronensäure ....
Sucralose...
Chinin..

GESCHMACK UND AROMA

Das Aroma eines echten Tonics, der kräftige Chiningeschmack wird durch sizilianisches Zitronenöl und Öl aus der Schale von Bitterorangen ausgeglichen.

SAN PELLEGRINO
OLD TONIC

HERKUNFT

San Pellegrino Old Tonic Water ist das Tonic der angesehenen Marke San Pellegrino. Sein lange anhaltender Erfolg basiert auf seiner einzigartigen Tradition, seinem guten Ruf und seiner legendären Individualität. All diese Faktoren stehen für seinen unverwechselbar italienischen Charakter. Schließlich ist San Pellegrino seit der Gründung 1899 eine Premiummarke, die als Synonym für Stil und Exklusivität gilt. Weltweit ist das sprudelnde Nass für seine außerordentliche Qualität bekannt und beliebt. Das Wasser stammt aus einer Tiefe von 400 Metern unter der Erdoberfläche. Aus dem dort vorherrschenden Kalk- und Vulkangestein nimmt es zahlreiche Mineralien auf. Über drei Tiefenquellen gelangt es an die Oberfläche und hat dabei eine Temperatur von 22–26 °C.

Die Firma Pellegrino vertreibt darüber hinaus eine exklusive Auswahl an Limonaden, die San Pellegrino Fruit Beverages. Das Tonic Water des Unternehmens wird im *Old-Tonic*-Stil hergestellt. Bei angenehmem Kohlensäuregehalt ist es am Gaumen ein wenig bitter.

ZUTATEN

Kohlensäurehaltiges Wasser ....
Zucker ....
Glucosesirup ....
Chinin..
Zitronensäure ....
Zitrusaromen...

GESCHMACK UND AROMA

Ein mäßig bitteres Tonic mit kristallklarer Optik. Elegant mit frischem Zitrusgeschmack, der die dezenten Kräuternoten in den Hintergrund verweist.

SCHWEPPES
PREMIUM MIXER
ORIGINAL

HERKUNFT

Für sein Premiumsortiment wählt Schweppes
eine Rezeptur mit Zucker und Zutaten, die zu
100 % aus natürlichen Quellen stammen. Mit
diesem Premiumtonic ist es Schweppes gelungen, jede einzelne Geschmacksknospe zu
erreichen.

ZUTATEN

Kohlensäurehaltiges Wasser ....
Zucker ....
Zitronensäure ....
Natürliche Aromastoffe.......................................
Chinin...

GESCHMACK UND AROMA

Eine ausgewogene Rezeptur sorgt für die
hervorragende Perlage, die man von einem
Schweppes-Getränk erwartet. Das neutrale
Tonic mit einem Hauch Limette bietet einen
eleganten, unverstellten Geschmack.

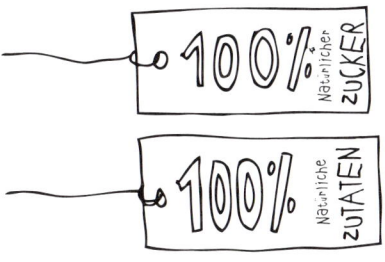

ORIGINAL
PREMIUM MIXER

SEAGRAM'S PREMIUM TONIC

HERKUNFT

Die Marke Seagram's stammt von der Destillerie Joseph E. Seagram & Sons in Waterloo (Ontario, Kanada) und verdankt ihren Charakter der rauen kanadischen Wildnis.

Im Jahr 1928 wurde Joseph E. Seagram & Sons von der Distillers Corporation Limited aufgekauft, die Samuel Bronfman gehörte. Seit dem Tod von Joseph Seagram firmierte die Brennerei nur noch schlicht unter dem Namen Seagram Company Ltd. Fälschlicherweise wird oft Samuel Bronfman als Gründer von Seagram bezeichnet. Im Lauf der Jahre erwarb die Seagram Company Ltd. beträchtliche Anteile auch an Medienunternehmen wie den Universal Studios. Es ist daher in gewisser Weise erstaunlich, dass Frankenstein kein ernsthaftes Alkoholproblem hatte ...

Im Jahr 2000 kaufte der französische Medienkonzern Vivendi einen Mehrheitsanteil an Seagram, was das Ende des kanadischen Unternehmens einläutete. Nach der Fusion zu Vivendi Universal wurden die diversen Getränkebereiche an PepsiCo, Diageo und Pernod Ricard veräußert. PolyGram (seit 1999 im Besitz von Seagram) schloss sich mit MCA Music Entertainment (einem anderen Musik-

konzern von Seagram) zu der Universal Music Group zusammen. Die Universal Studios wurden in das Unternehmen Vivendi Universal Entertainment eingegliedert, später von General Electric übernommen und nannten sich nach einer weiteren Fusion NBC Universal. Damit endet unser kurzer Ausflug in die Filmindustrie auch schon, und wir kehren zu unserem eigentlichen Thema zurück. Im Jahr 2002 übernahm die Coca-Cola Company den Mixerbereich (einschließlich Seagram's Premium Tonic Water) von Diageo und Pernod Ricard. Aber damit ist die Geschichte noch nicht zu Ende erzählt. Im Jahr 2006 veröffentlichte Pernod Ricard Pläne zur Schließung von Seagram's Distillery in Lawrenceburg (Indiana, USA). Die Destillerie wurde von CL Financial übernommen, die allerdings in Konkurs ging. Von da an stand das Unternehmen unter staatlicher Aufsicht. Zu guter Letzt wurde die Brennerei 2011 von MGP aus Atchison (Kansas, USA) erworben.

In einem Interview in der Zeitung *Globe and Mail* erklärte Charles Bronfman, der Sohn von Samuel Bronfman dazu: „Infolge der getroffenen Entscheidungen wurde Seagram zu dem, was es jetzt ist. Sie waren eine Katastrophe, sind eine Katastrophe und werden auch künftig eine Katastrophe sein."

ZUTATEN

Kohlensäurehaltiges Wasser .
Fructosesirup ....
Zitronensäure ....
Chinin...
Kaliumsorbat ....
Natrium......................................

GESCHMACK UND AROMA

Komplex und aromatisch. Mit deutlich wahrnehmbaren würzigen Noten.

THOMAS HENRY
TONIC WATER

HERKUNFT

Schon 1773 war der Name von Thomas Henry, einem bekannten Apotheker, auf dem Etikett einer Flasche in Manchester zu lesen. Wie die meisten Apotheker hatte er Freude am Experimentieren. Das ist noch heute ein Glück, denn dank seiner Experimente entstand das allererste Erfrischungsgetränk mit Kohlensäure. Und vielleicht wären wir ohne Thomas Henry nie zu unserem Lieblingsgetränk Gin Tonic gekommen. Heute ist Thomas Henry ein deutsches Unternehmen, das so manch einem Berliner Barkeeper das Herz aufgehen lässt. In dieser Stadt weiß man, wie man Partys feiert, und lädt nur allzu gern den Rest der Welt dazu ein. Über 200 Jahre später sind nun Sebastian Brack und Norman Stievert die Inspirationsquellen für Thomas Henry. Beide sind zwar keine Apotheker, doch sie lieben Erfrischungsgetränke und – das muss ehrlicherweise anerkannt werden – sie wissen, wie man erfolgreiches Marketing betreibt. Es gelang ihnen, ihr Rezept geheim zu halten, und Ende 2010 brachten sie neben weiteren Erfrischungsgetränken ihr Tonic auf den Markt.

ZUTATEN

Natürliches Mineralwasser ....
Zucker ....
Kohlensäurehaltiges Wasser ....
Zitronensäure ....
Chinarindenextrakt...
Chinin...

GESCHMACK UND AROMA

Das Thomas Henry Tonic Water ist reich an Aromen. Der ungewöhnlich hohe Chiningehalt sorgt für einen archetypisch bitteren Geschmack, der jedoch nicht zu lange anhält. Insgesamt ist der Geschmackseindruck erfrischend, rein und überraschend mild. Ein sozusagen erwachsenes Tonic mit einem Extraquantum Frische. Der chininhaltige Rindenextrakt verleiht dem Tonic Water von Thomas Henry seinen ganz individuellen Charakter.

AROMATISCHE TONICS

AQUA MONACO
TONIC WATER

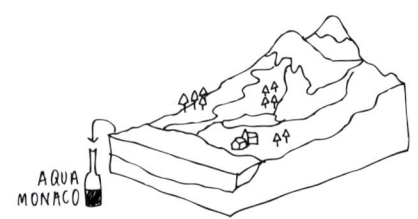

HERKUNFT

Als Basis für das Tonic Aqua Monaco wird ein natriumfreies Wasser aus der *Münchner Schotterebene* verwendet. Dies ist ein Sand-, Kies-und Geröllbett, das vor Jahrmillionen durch die Alpengletscher entstand. Das Gletschereis schob sich über das Land und führte Unmengen an Geröll und anderen Ablagerungen mit sich. Als die Gletscher schmolzen, wurde Schmelzwasser in den Gesteinsschichten des Schotterbetts eingeschlossen. Für das Tonic Water von Aqua Monaco wird heute dieses im Gestein gespeicherte Gletscherwasser aus der *Silenca Quelle* verwendet. Sie gehört der Privatbrauerei Schweiger, die damit ihr Bier braut. Die Geschichte, die sich hinter dem Namen Aqua Monaco verbirgt, ist ebenso einfach wie erzählenswert: Auf Italienisch heißt die bayerische Landeshauptstadt *Monaco di Baviera,* und dieser Klang geht ins Ohr. Frisch und doch schmeichelnd spiegelt er den Geist dieser Stadt perfekt wider: unkompliziert und vor Zuversicht strotzend.

ZUTATEN

Natürliches Quellwasser ....
Wenig Zucker ....
Chinin..
Zitronensäure ....
Kohlendioxid ....
Salbei ....
Chinottos (Duftorangen) ....

GESCHMACK UND AROMA

Durch die Verwendung von reinstem Wasser, besten Rohstoffen sowie mit einem deutlich verringerten Zuckergehalt entsteht ein edles, delikates Tonic. Erfrischend und durch ein feines Säurespiel und eine angenehme Chininnote belebt. Um das Sprudeln noch ein wenig munterer zu machen, wird Kohlendioxid zugefügt.

FENTIMANS
19:05 HERBAL
TONIC WATER

HERKUNFT

Fentimans 19:05 Herbal Tonic Water ist wahr-
scheinlich das mit der größten Anzahl an Botanicals hergestellte Tonic. Der Name erinnert an
das Gründungsjahr von Fentimans: 1905. Fentimans Tonic Water besteht zu 100 % aus pflanzlichen Rohstoffen. Es wird nach dem traditionellen Fentimans-Verfahren im Vereinigten
Königreich hergestellt. Dort produziert die
Familie Fentimans seit mehr als 100 Jahren
unter Verwendung bester Zutaten und natürlicher Aromastoffe. Die Geschichte von Fentimans können Sie unter Fentimans Tonic Water
im Kapitel zu den neutralen Tonics nachlesen.

ZUTATEN

Kohlensäurehaltiges Wasser ....
Zucker ....
Zitronensäure ....
Natürliche Aromastoffe.......................................
Chinin...
Zitronenblütenauszüge ....
Myrte ....
Ysop...
Fermentierte Wacholderauszüge........................
Iriswurzeln ....
Zitronengras und Kaffernlimettenblätter.........

GESCHMACK UND AROMA

Das 19:05 Herbal Tonic Water ist ein delikates
kräutriges Tonic. Die dezente Süße von Limet-
tenblüten harmoniert mit den Bitteraromen des
Chinins. Wacholderbeeren bewahren das Tonic
vor zu ausgeprägtem Kräutergeschmack.

FENTIMANS TONIC WATER

HERKUNFT

Im Jahr 1905 begann der Engländer Thomas Fentiman, Ginger Beer zu brauen. Er nutzte dafür ein traditionelles Rezept, das er als Gegenleistung für ein Darlehen erhalten hatte. Zunächst zerkleinerte Thomas Ingwerwurzeln und kochte sie in einem Kupferkessel aus, um ihre Aromen freizusetzen. Dieser Dicksaft wurde dann mit Bierhefe, Zucker und Botanicals wie Wacholderbeeren, Ehrenpreis und Schafgarbenextrakt in Holzfässern fermentiert. Da Thomas das Darlehen nie zurückerstattet wurde, war er bald Eigentümer eines einzigartigen Rezepts. Mithilfe eines Pferdefuhrwerks lieferte er sein Ginger Beer selbst aus. Das Bier füllte er in Steingutkrüge ab und schmückte diese mit einem Bild seines Hundes Fearless. Aber warum ausgerechnet ein Bild seines Hundes? Thomas war einfach mächtig stolz auf ihn. Schließlich wurde er zweimaliger Sieger bei der berühmten Hundeschau Crufts. Das Bild von Thomas' treuem vierpfotigen Freund ist heute immer noch Bestandteil des Fentiman-Logos. In unseren Tagen, mehr als 100 Jahre später, wurde das Brauverfahren natürlich modernisiert. Die Rezeptur ist jedoch praktisch unverändert, einschließlich der einwöchigen Fassgärung der Mischung. Die Zugabe von natürlichen Aromastoffen und Kräutern senkt den Alkoholgehalt von Fentimans Tonic Water auf unter 0,5 %. Der Verkauf als Erfrischungsgetränk ist damit rechtlich zulässig. Fentimans ist also nicht bloß ein Mixer wie jeder andere.

ZUTATEN

Kohlensäurehaltiges Wasser.
Zucker ....
Zitronensäure ....
Natürliche Aromastoffe ....
Chinin.......................................
Auszüge von Gewürzen wie Wacholderbeeren, Zimt und Kaffernlimettenblättern

Für Fentimans Tonic Water werden ausnahmslos rein natürliche Zutaten wie Orangen aus Sizilien verwendet.

GESCHMACK UND AROMA

Ein Tonic mit würziger Nase, mit Anteilen von Zitronen, Zitronengras und Ingwer. Da Fentimans Tonic Water mit weniger Chinin hergestellt wird als viele seiner Kollegen, hat es keinen metallischen Nachgeschmack. Das Tonic ist vielschichtig mit zahlreichen Nuancen, die fast unmerklich freigesetzt werden und dann jeweils in den Vordergrund treten.

FEVER-TREE
MEDITERRANEAN
TONIC WATER

HERKUNFT

Fever-Tree Mediterranean kam – zusammen mit sieben weiteren Mixern – einige Jahre nach der Markteinführung des ersten Tonic Waters auf den Markt. Die Geschichte von Fever-Tree findet sich in dem Abschnitt zu den neutralen Tonics.

ZUTATEN

Quellwasser...
Rohrzucker...
Zitronensäure ....
Natürliche Aromastoffe..
Natürliches Chinin ....
Zitronenöl aus Sizilien ....
Geranien ....
Rosmarin...
Mandarinen ....

GESCHMACK UND AROMA

In der Nase eindeutige Thymian- und Zitrus-aromen mit einem Hauch Rosmarin. Die milden Bitteraromen des natürlichen Chinins und die eleganten Kräuter- und Zitrusnoten ergänzt eine wundervolle, champagnerartige Perlenbildung.

LEDGER'S
TONIC WATER
& CINNAMON

HERKUNFT

Wie Ledger's Tonic wird auch Ledger's Tonic
Water & Cinnamon mit Stevia anstelle von
Maissirup oder anderen künstlichen Süßungs-
mitteln hergestellt. Der Zimt im Tonic regt die
Verdauungssäfte an, sodass Sie den mit ihm
gemixten Gin umso mehr genießen können.
Über die Herkunft von Ledger's Tonic können
Sie sich in dem Kapitel zu den neutralen Tonics
informieren.

ZUTATEN

Kohlensäurehaltiges Wasser ....
Zucker ....
Zitronensäure ....
Zimtaromen ....
Kalium- und Natriumsalze ....
Chinin...

GESCHMACK UND AROMA

Ein sehr elegantes Tonic mit einer ebenso dezenten wie deutlich wahrnehmbaren Zimtnote.

LEDGER'S
TONIC WATER
& TANGERINE

HERKUNFT

Ledger's Tonic Water & Tangerine wird genau wie Ledger's Tonic mit Stevia anstelle von Maissirup oder anderen künstlichen Süßungsmitteln hergestellt. Ein erfrischendes Tonic, das dank der Verwendung von Mandarinen Erinnerungen an wärmere Gefilde weckt.

Die Geschichte von Ledger's Tonic können Sie in dem Kapitel zu den neutralen Tonics nachlesen.

ZUTATEN

Kohlensäurehaltiges Wasser ....
Stevia ....
Zitronensäure ....
Chinin aus Cinchona ledgeriana ....
Natrium ....
Mandarinenaromen ....

GESCHMACK UND AROMA

Ein Tonic, das so erfrischend ist, wie ein Tonic sein sollte. Mit deutlichem Mandarinenaroma und einem Hauch Zitrone im Hintergrund.

ME
PREMIUM
TONIC WATER

HERKUNFT

Die Rezeptur von ME Tonic entsprang der Kreativität einer ganzen Reihe professioneller Cocktailspezialisten. ME Tonic spielt mit Gegensätzen, indem es natürliche und exotische Zutaten kombiniert. Es wird mit natürlichem Chinin und japanischen Yuzu-Früchten hergestellt. Diese wild wachsenden Zitrusfrüchte aus der Präfektur Wakayama sind handverlesen – nur durch sie erhält das ME Tonic seine vollkommenen Aromaeigenschaften.

ZUTATEN

Kohlensäurehaltiges Wasser ....
Zucker ....
Zitronensäure ....
Aromen aus Zitrusfrüchten und
Schwarzem Pfeffer ....
Chinin..
Natürliche Yuzu-Aromen ....

GESCHMACK UND AROMA

ME Tonic hat ein frisches und klares Wesen. Das Bouquet ist kraftvoll und ausdrucksstark und weist ein markantes Aroma auf. Den milden Zitrusgeschmack in Verbindung mit süßen nussigen Noten verdankt es der japanischen Yuzu-Frucht. Der Geschmack ist belebend und komplex, mit angenehmen Zitrusnoten am Anfang und einem feinen, lang anhaltenden prickelnden Geschmack. Zwischen süß und herb hält das Tonic perfekt die Waage. Natürliches Chinin sorgt für einen trockenen Nachgeschmack.

ORIGINAL PREMIUM TONIC CITRUS

HERKUNFT

Original Tonic Water Blue wird von Magnifique Brands in Madrid hergestellt.

ZUTATEN

Kohlensäurehaltiges Wasser ....
Zucker ....
Chinin ....
Zitrusprodukte ....
Grapefruits ....

GESCHMACK UND AROMA

Vom Erscheinungsbild her durchscheinend blau, mit ungekünsteltem Duft und feiner Perlage. Anfangs frische Limetten- und Zitronennoten, denen sich das bittere Chininaroma hinzugesellt. Es folgen zarte Anklänge an Orange und Grapefruit.

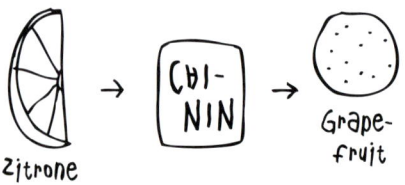

ORIGINAL
PREMIUM TONIC
MINT

HERKUNFT

Original Mint Tonic Water wird von Magnifique Brands in Madrid hergestellt. Bei seiner grünen Farbe denkt man unwillkürlich an Minze, die ihm ein dezentes Aroma verleiht.

ZUTATEN

Kohlensäurehaltiges Wasser ....
Zucker ....
Chinin..
Zitronensäure ....
Minzaromen ....

GESCHMACK UND AROMA

Wie die anderen Original Tonics ist das Original Mint Tonic Water leicht mit Kohlensäure versetzt. Schon beim ersten Nippen schmeckt man die Minze. Zusammen mit dezenten Zitrusaromen verleiht sie dem Tonic eine außergewöhnliche Frische. Auch im Nachgeschmack ist die Minze deutlich wahrnehmbar.

PETER SPANTON
TONIC N°4
CHOCOLATE

HERKUNFT

Peter Spanton N°4 ist ein Erzeugnis von Kühn-heit. N°4 unterscheidet sich vollständig von seinen Vorgängern und verblüfft mit einer ein-zigartigen Kombination von Bitterschokolade und frischer Minze. Entwickelt wurde das Tonic vor allem als Begleiter zu dunkleren Spirituosen wie Rum, Brandy und Amaretto – aber warum nicht auch zu Gin?

ZUTATEN

Kohlensäurehaltiges Wasser ....
Zucker ....
Zitronensäure ....
Schokoladen- und Minzaromen..........................
Quassia-Extrakt ....
Kalium- und Natriumsalze ....
Chinin..

GESCHMACK UND AROMA

In der Nase das Aroma frischer Minze. Lippen und Mund schmecken Noten von Bitterschokolade.

PETER SPANTON
TONIC N°5
LEMONGRASS

HERKUNFT

Das Tonic vereint den milden Geschmack von Zitronengras und warmen Ingwernoten. N°5 wird traditionell hergestellt. Aufgrund seines Geschmacks ist es vor allem für die Kombination mit Wodka und Wermut gedacht. Es passt jedoch definitiv auch zu einem Gin mit Zitrusaromen.

Die Geschichte von Peter Spanton Tonic können Sie in dem Kapitel zu den neutralen Tonics nachlesen.

ZUTATEN

Kohlensäurehaltiges Wasser ....
Zucker ....
Zitronensäure ....
Ingwer- und Zitronengrasaromen ....
Kalium- und Natriumsalze ....
Chinin...

GESCHMACK UND AROMA

Ein echtes Tonic, im Mund mit einem Hauch Zitrone und einigen unterschwelligen Ingwernoten.

PETER SPANTON
TONIC N°9
CARDAMOM

HERKUNFT

Wie alle Tonics in diesem Segment verblüfft auch Peter Spanton N°9 Cardamom mit seinen raffinierten Aromen. Die Verwendung von Kardamom verleiht dem Tonic eine wunderbare Wärme. Es eignet sich hervorragend für das Mixen mit kräutrigen und komplexen Gins oder auch als Gegenpart zu einem sanften Gin. Probieren Sie Ihre eigenen Kombinationen ...

Die Geschichte von Peter Spanton Tonic können Sie in dem Kapitel zu den neutralen Tonics nachlesen.

ZUTATEN

Kohlensäurehaltiges Wasser ....
Zucker ....
Zitronensäure ....
Kardamomaromen ....
Kalium- und Natriumsalze ....
Chinin..

GESCHMACK UND AROMA

Ein Tonic mit dem delikaten Aroma von Kardamom: süß und gleichzeitig würzig. Auch entfernte Anklänge an Gurken sind wahrnehmbar.

GROSSBRITANNIEN

SCHWEPPES
PREMIUM MIXER
GINGER & CARDAMOM

HERKUNFT

Für sein Premiumsortiment hat Schweppes eine Rezeptur mit Zucker und Zutaten entwickelt, die zu 100 % aus natürlichen Quellen stammen. Bei diesem aromatischen Tonic sorgen Ingwer und Kardamom für eine besondere Qualität. Dieser Mixer enthält weniger Zucker und mehr Aromen.

ZUTATEN

Kohlensäurehaltiges Wasser ....
Zucker ....
Zitronensäure ....
Natürliches Chininaroma ....
Ingwer ....
Kardamom..

GESCHMACK UND AROMA

Der Schweppes Premium Mixer Ginger & Cardamom ist ausgiebig mit Kohlensäure versetzt, was das Gin-Aroma verstärkt. In der Nase (bzw. im Bouquet) überwiegt Kardamom, doch beim Trinken schmeckt man vor allem Ingwer. Diese erfrischende und exotische Kombination passt vor allem zu blumigem Gin.

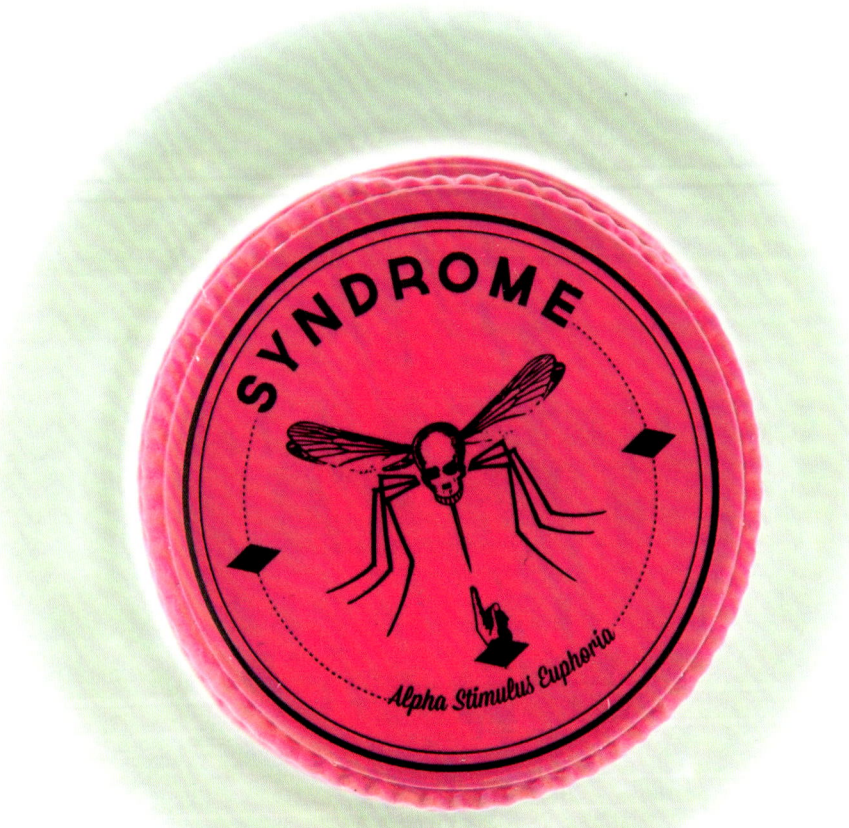

SYNDROME INDIAN TONIC VELVET

HERKUNFT

Dies ist die zweite Tonic-Variante des Antwerpeners Serge Buss. Der Gastronomie-Unternehmer ist für seine Bars Bounce und Tikibar im Süden der Stadt sowie für seine BUSS-N°509-Gins bekannt. Syndrome ist im besten Sinne des Wortes ein waschechtes belgisches Tonic, dessen Zutaten samt und sonders aus Belgien stammen. Die raffinierte Kombination von Bitterorangen und Thymian lässt ein innovatives Tonic entstehen.

ZUTATEN

Kohlensäurehaltiges Wasser ....
Zucker ....
Zitronensäure ....
Chinin..
Natürliche Orangen- und Thymianaromen......

GESCHMACK UND AROMA

Schon beim ersten Nippen wird klar, es ist ein Tonic, das zu delikaten und ein wenig trockenen, dabei aber prickelnden Noten tendiert. Für anhaltendes Kribbeln sorgt ein kräftiger, aber zugleich bedachtsamer Zusatz von Kohlensäure. Der lang währende bittere Geschmack ist bedingt durch den Zusatz von unverarbeitetem Chinin sowie Orangen. Thymian verleiht dem Tonic eine sehr elegante, leicht kräutrige Note.

FRUCHTIGE/
BLUMIGE
TONICS

CHILE

1724
TONIC WATER

HERKUNFT

2012 brachten die Produzenten des Gin Mare
das Tonic 1724 auf den Markt. Es wurde speziell
dafür entwickelt, mit diesem Gin kombiniert zu
werden. Um den Rohstoff für das Chinin im
1724 Tonic Water zu bekommen, muss man
hoch hinauf. Und zwar genau auf 1724 Meter
über dem Meeresspiegel, keinen Meter mehr
und keinen weniger. Wie Sie vielleicht schon
ahnen, kam das Tonic so zu seinem Namen. Das
verwendete Chinin stammt aus den Anden. Der
Ausgangsstoff wird dort entlang des sogenannten Inka-Pfads von Hand gesammelt. Hergestellt wird das 1724 Tonic Water in Chile.

ZUTATEN

Kohlensäurehaltiges Wasser ....
Natürliches Chinin ....
Zucker ....
Mandarinenauszüge ....

GESCHMACK UND AROMA

Dank seiner perfekten Balance zwischen Tradition und Originalität erschließt Ihnen das 1724
Tonic Water völlig neue Höhen. Das Chinin ist
weniger bitter, da es aus Lateinamerika stammt.
Geschmacksnuancen von Rosmarin und Thymian beleben das ausgewogene Aroma. Zart-
fruchtig mit eleganter Perlage und einem Hauch
Anis im Abgang.

FEVER-TREE ELDERFLOWER TONIC WATER

HERKUNFT

Das Fever-Tree Elderflower Tonic Water wurde (zusammen mit weiteren Fever-Tree-Mixern) einige Jahre nach dem ersten Tonic Water auf den Markt gebracht. Holunderblüten verleihen diesem Tonic eine deutlich blumige Note. Fever-Tree verwendet für dieses spezielle Tonic Holunderblüten, die in England auf dem Land gepflückt werden, genauer gesagt in den nordwestlich von London gelegenen Cotswolds. Die Süße der Holunderblüten und die Bitteraromen des Chinins halten sich perfekt die Waage, und so entsteht der raffinierte Charakter von Fever-Tree Elderflower Tonic Water.

Die Geschichte von Fever-Tree können Sie in dem Kapitel zu den neutralen Tonics nachlesen.

ZUTATEN

Quellwasser..
Rohrzucker...
Zitronensäure ....
Natürliches Chinin ....
Holunderblütenauszüge ....

GESCHMACK UND AROMA

Das reine und kristallklare Tonic hat ein süßes und blumiges Bouquet, das eine leichte Zitrusnote ergänzt. Holunderblüten und Chinin sorgen für einen perfekt ausgewogenen Geschmack. Der Nachgeschmack ist mild.

GENTS SWISS ROOTS PREMIUM TONIC

HERKUNFT

Hersteller des Tonics ist das Züricher Start-up-Unternehmen Gents GmbH. Sein Gründer ist der Journalist und Autor Hans Georg Hildebrandt. Als er das Tonic entwickelte, standen ihm der Sensoriker Patrick Zbinden, der junge Spitzenkoch Ralph Schelling sowie Markus Blattner, Star-Barmann im Züricher Hotel Widder, zur Seite. Als Inspiration für den Namen Gents diente eine in der Region heimische Kräuterart, der Gelbe Enzian. Die Pflanze wird bei der Herstellung von vielen typisch alpenländischen Getränken verwendet.

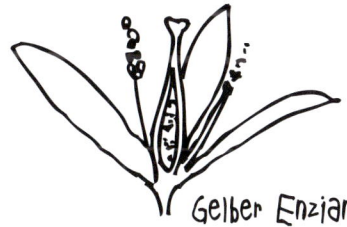

Gelber Enzian

ZUTATEN

Kohlensäurehaltiges Wasser ....
Zuckerrüben aus der Schweiz ....
Zitronenextrakte aus sizilianischen Zitronen .
Chinin aus Peru ....
Extrakte des Gelben Enzians ....

GESCHMACK UND AROMA

Die harmonische Mischung an Zutaten sorgt für eine hervorragende Balance der Aromen. Im Mund voll und angenehm elegant, mit leicht blumigen Noten.

INDI
BOTANICAL TONIC

HERKUNFT

Indi Tonic wurde 2012 von Indi & Co auf den Markt gebracht und stammt aus dem spanischen Sevilla. Auf der Suche nach einem perfekten Mixer ergründeten die spanischen Produzenten ihre eigenen kulinarischen Traditionen, Aromen und Farben. Seit Jahrhunderten trocknet man im Tal des Guadalquivir aromatische Kräuter, Orangen und Zitronen – für medizinische wie für kulinarische Anwendungen. Die temperamentvollen Andalusier entwickelten schließlich die Idee für Indi Tonic. Kombiniert man alte andalusische Traditionen mit exotischen Zutaten wie Chinin und Vanille, ist es bis zu einem unverwechselbaren Tonic im Glas nur noch ein kleiner Schritt. Fast ... Im spanischen Dorf El Puerto Santa Maria beginnt der Herstellungsprozess des Tonics mit dem Wässern der pflanzlichen Zutaten. Sie werden dabei in kaltem Wasser und Alkohol mazeriert bzw. eingeweicht. Die entstehende Flüssigkeit wird dann in einem Kupferkessel bei niedriger Temperatur destilliert. So ist eine langsame und fein abgestufte Destillation möglich. Das stellt sicher, dass die Aromen und Geschmacksstoffe möglichst vollständig und unverfälscht eingefangen werden. Zum Abschluss werden gereinigtes Wasser, Kristallzucker und Rohrzucker hinzugefügt.

ZUTATEN

Gereinigtes Wasser...
Chinin..
Verschiedene Zucker ....
Botanicals aus Gewürzen: Orangenschalen aus Sevilla, Kalonji (Samen des Echten Schwarzkümmels aus Indien), Kewra (Extrakt aus der Blüte der Pandanuss), Kardamom aus Indien

Indi Tonic wird ausschließlich von Hand hergestellt und enthält nur natürliche Zutaten.

GESCHMACK UND AROMA

Ein intensives Zitrusaroma mit einem Hauch Orangenschale dient als Grundton, mit dem die Kardamomaromen und die Frische der Kewra-Blüten vollendet harmonieren. Unaufdringlich kitzelt Echter Schwarzkümmel die Zunge, in Verbindung mit den Bitteraromen des Chinins und der Süße der verschiedenen Zuckerarten ergibt sich ein perfekter Dreiklang. Wir bevorzugen die Kombination mit Gin, doch Indi Tonic lässt sich gewiss auch pur genießen.

LEDGER'S
TONIC WATER
& LICORICE

ANIS

HERKUNFT

Genau wie Ledger's Tonic wird auch Ledger's
Tonic Water & Licorice mit Stevia hergestellt,
statt mit Maissirup oder künstlichen Süßungsmitteln. Das Tonic besitzt einen großartigen
Charakter und sogar noch mehr Aroma als
sein Schwester-Produkt. Lakritze verleiht dem
Mixer einen dezenten Anisgeschmack.

ZUTATEN

Kohlensäurehaltiges Wasser ....
Zucker ....
Zitronensäure ....
Lakritzaromastoffe ....
Kalium- und Natriumsalze ....
Chinin ....

GESCHMACK UND AROMA

Anfänglich erinnert der Geschmack an Orangen, danach treten subtile Lakritznoten in
Erscheinung. Für die Süße sorgt Stevia.

ORIGINAL
PREMIUM TONIC
BERRIES

HERKUNFT

Original Tonic Water Pink wird von Magnifique Brands in Madrid hergestellt.

ZUTATEN

Kohlensäurehaltiges Wasser ....
Zucker ....
Chinin...
Zitrusprodukte ....
Rote Früchte ....

GESCHMACK UND AROMA

Das fruchtige Tonic besitzt eine zartrosa Farbe und einen ungekünstelten Duft. Ein wenig grobperliger als die ursprüngliche Variante; bitter und süß halten sich hier exakt die Waage. Fruchtaromen treten langsam in Erscheinung und explodieren dann im Abgang; Zitrusnoten sind perfekt eingebunden.

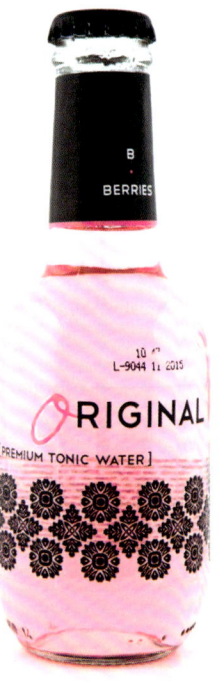

Q DRINKS
Q TONIC

HERKUNFT

Q Tonic ist das Kronjuwel von Q Drinks. Sein Schöpfer, Jordan Silbert, entwickelte das Tonic in dem New Yorker Stadtteil Brooklyn. Abgefüllt wird das Produkt heute in Worcester (Massachusetts, USA). Seit 2002 kreierte Silbert das Tonic quasi in seiner Garage. Ihm missfiel, dass in zu vielen Erfrischungsgetränken synthetisches Chinin eingesetzt wird. Für sage und schreibe nur zehn Dollar bestellte er sich via Internet Chinarinde aus Peru, was sich als sehr gute Investition erweisen sollte. Um seine Rezeptur weiterzuentwickeln zog er einen Fachmann hinzu. Gemeinsam beschlossen sie, Agavendicksaft beizumischen, um das Getränk süßer zu machen. Im Jahr 2006 nahm Q Drinks schließlich seine Geschäftstätigkeit auf.

ZUTATEN

Quellwasser mit hohem Mineralstoffgehalt.....
Zitronensäure...
Cinchona-Rinde aus Peru....................................
Agavendicksaft aus Mexiko................................

GESCHMACK UND AROMA

Q Tonic ist mild, hat dabei aber eine hervorragende Nase und einen gewissen Salzgeschmack. Das Tonic ist nicht süß, sodass der Geschmack des Gins nicht überdeckt wird. Erdige Töne sorgen dafür, dass das Chinin nicht im Vordergrund dominiert.

SCHWEPPES
PREMIUM MIXER
ORANGE BLOSSOM
& LAVENDER

HERKUNFT

Für das Premiumsortiment hat Schweppes eine Rezeptur mit Zutaten und Zucker zu 100 % aus natürlichen Quellen entwickelt.

ZUTATEN

Lavendel..
Orangenblüten...
Kohlensäurehaltiges Wasser................................
Zucker ....
Zitronensäure...
Natürliche Aromastoffe.......................................
Chinin...

GESCHMACK UND AROMA

Hier kommen die Aromen schonend verarbeiteter Lavendel- und Orangenblüten voll zur Geltung. Erst im Mund entfalten sich diese blumigen Noten vollständig. In Verbindung mit dem klassischen, groben Sprudel bringen sie angenehme Mittelmeerassoziationen ins Spiel.

SCHWEPPES
PREMIUM MIXER
PINK PEPPER

Rosa Pfeffer

HERKUNFT

Für das Premiumsortiment hat Schweppes eine Rezeptur mit Zutaten und Zucker zu 100 % aus natürlichen Quellen entwickelt.

ZUTATEN

Kohlensäurehaltiges Wasser ....
Zucker ....
Zitronensäure ....
Natürliche Aromastoffe.......................................
Chinin..
Rosa Pfeffer..

GESCHMACK UND AROMA

Eine kühne Geschmackskomposition, deren Hauptdarsteller rosa Pfeffer mit Bedacht ausgewählt wurde. Er betont den Charakter eines alkoholischen Getränks und bringt ein fruchtiges, aber auch rebellisches Element ins Spiel.

SYNDROME INDIAN TONIC RAW

HERKUNFT

Der Gastronomie-Unternehmer Serge Buss ist eher für seine Bars Bounce und Tikibar im Süden Antwerpens bekannt sowie für seine Ginmarke BUSS N°509. Doch Buss stellt mit Syndrome auch das erste belgische Premium-Tonic her. Es handelt sich um ein waschechtes belgisches Produkt, wenn auch das kristallklare Wasser aus Deutschland stammt, wo das Tonic abgefüllt wird. Syndrome Tonic bevorzugt das Althergebrachte, die Getränke beruhen auf den authentischen Rezepturen eines Drogisten aus dem 19. Jahrhundert. Serge gelang mit Indian Tonic Raw ein außergewöhnliches Tonic, dem er eine exotische Frucht namens „Buddhas Hand" hinzufügte. Dabei handelt es sich um eine ungewöhnliche gelbe Zitrusfrucht aus dem Fernen Osten, die in fingerartige Segmente gegliedert ist.

ZUTATEN

Kohlensäurehaltiges Wasser ....
Zucker ....
Natürliches Chinin ....
Buddhas Hand ....

GESCHMACK UND AROMA

Schon beim ersten Nippen erkennt man ein Tonic, das zu milden und leicht fruchtigen Noten tendiert. Ein kräftiger, zugleich behutsamer Zusatz von Kohlensäure sorgt für anhaltende und prickelnde Eindrücke. Der lange im Mund bleibende bittere Geschmack beruht auf der Zugabe von unverarbeitetem Chinin.

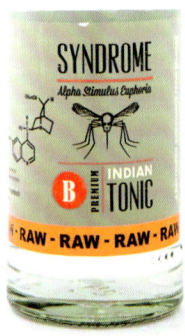

THOMAS HENRY
ELDERFLOWER
TONIC

holunderblüte

HERKUNFT

Thomas Henry Elderflower Tonic ist das neueste Produkt dieses Unternehmens auf dem Markt. Mehr zu der Geschichte von Thomas Henry finden Sie in dem entsprechenden Eintrag unter Neutrale Tonics.

Die Heilkräfte der Holunderblüte sind seit Jahrhunderten bekannt. Heutzutage nutzt man die Blüten für zahlreiche Zwecke, so beispielsweise als Zusatz in Likören oder Cocktails, ja selbst für Sekt. Thomas Henry Elderflower Tonic ist ein idealer Gin-Partner, denn die blumigen Noten sind ein ideales Gegengewicht zu den Wacholderaromen.

ZUTATEN

Natürliches Mineralwasser ....
Zucker ....
Kohlensäurehaltiges Wasser ....
Zitronensäure...
Chinin-Geschmacksstoff.....................................
Holunderblüten ....

GESCHMACK UND AROMA

Leicht und blumig-süß.

GROSSE MARKEN

KINLEY
TONIC

HERKUNFT

Das Kinley Tonic wurde von der Coca-Cola Company 1971 erstmals in Deutschland angeboten. Mittlerweile wird es auch in andere europäische Staaten und nach Asien exportiert.

GESCHMACK UND AROMA

Ausgesprochen bitterer Tonic-Geschmack, mit leicht süßen Noten im Hintergrund.

ZUTATEN

Kohlensäurehaltiges Wasser
Zucker ....
Zitronensäure ....
Aromastoffe ....
Chinin..
Konservierungsmittel
(Kaliumsorbat) ....
Antioxidationsmittel
(Ascorbinsäure)...............................

NORDIC MIST
TONIC WATER

HERKUNFT

Der Erstvertrieb des Nordic Mist Tonic Water
durch die Coca-Cola Company erfolgte 1992 in
New York, Boston, Pittsburgh und Philadelphia.

GESCHMACK UND AROMA

Nordic Mist hat ein dezentes Aroma mit feinen
Kiefernnoten. Der bittere Chiningeschmack ist
deutlich wahrnehmbar.

ZUTATEN

Kohlensäurehaltiges Wasser.
Zucker ....
Zitronensäure ....
Aromastoffe ....
Chinin.......................................
Natriumbenzoat ....

WELTWEIT

SCHWEPPES
INDIAN TONIC

HERKUNFT

Schweppes Indian Tonic steht in der Tradition
der Getränke, die britische Kolonisten in Indien
nutzten, um sich vor der Malaria zu schützen:
eine Mischung aus Chinin, Zucker und Bitterorangenschalen. Das Tonic wurde zuerst von
Cadbury Schweppes 1870 in London hergestellt.

GESCHMACK UND AROMA

Trocken und mit früh einsetzendem bitterem
Geschmack.

ZUTATEN

Kohlensäurehaltiges Wasser.
Zucker ....
Zitronensäure ....
Natürliche Aromastoffe.........
Chinin-Geschmacksstoff ....

AUSREISSER

TONIC LIGHT – SINNVOLL ODER UNSINN?

Verschiedene Marken vertreiben Light-Versionen ihrer Tonics. Diejenigen, die dies derzeit nicht tun, werden – dem Light-Trend folgend – aller Wahrscheinlichkeit nach nachziehen. Zucker wird hierbei durch synthetische Süßungsmittel, Fructose, Agavendicksaft oder Stevia ersetzt. Es sollte aber nicht verschwiegen werden, dass synthetische Süßungsmittel schon geraume Zeit in der Kritik stehen. Dagegen präsentiert sich Stevia als gesund oder zumindest gesünder. Stevia wird aus einer kleinen immergrünen südamerikanischen Staude gewonnen. Es ist natürlichen Ursprungs, 300-mal süßer als Kristallzucker und enthält absolut keine Kalorien. Inzwischen sind einige Tonics erhältlich, die diesen Süßstoff verwenden, z. B. Ledger's Tonic (siehe neutrale Tonics). Fructose und Agavendicksaft als Süßungsmittel sehen wir neutral. Aber warum sollte man überhaupt einen Gin Tonic mit einem Light-Tonic zubereiten wollen? Der Kaloriengehalt alleine kann dabei nicht den Ausschlag geben. Normale Tonics enthalten pro 100 ml durchschnittlich 35 kcal (146,5 kJ). Ein korrekt gemixter Gin Tonic enthält etwa 150 ml Tonic. Das entspricht ungefähr 53 kcal (221,9 kJ). Der Unterschied ist also vernachlässigbar. Warum sollte man auf ein Light-Tonic zurückgreifen, wenn einem der Geschmack nicht wirklich zusagt? Ein Tonic in der Light-Version ist nur geringfügig weniger süß als ein normales Tonic. Allerdings wird dadurch auch der Gin-Geschmack stärker betont, und deshalb haben wir beschlossen, Ihnen auch eine Auswahl an Light-Tonics zu präsentieren.

FENTIMANS LIGHT TONIC WATER

HERKUNFT

Die Light-Variante von Fentimans Tonic Water wird nach dem traditionellen Fentimans-Verfahren hergestellt. Verwendet werden ausschließlich natürliche Zutaten. Geschmacklich ist es der ursprünglichen Variante nicht unterlegen, doch eine Flasche enthält 33 % weniger Kalorien. Die Geschichte von Fentimans können Sie unter Fentimans Tonic Water nachlesen.

ZUTATEN

Kohlensäurehaltiges Wasser ....
Zucker ....
Zitronensäure ....
Natürliche Aromastoffe ....
Chinin ....
Kräuterauszüge wie beispielsweise
Wacholderbeeren ....
Zimt ....
Kaffernlimettenblätter ....

GESCHMACK UND AROMA

Das Tonic besitzt ein kräutriges Bouquet, das nach Zitronen, Zitronengras und Ingwer riecht. Es weist das für Fentimans charakteristische Zitrusaroma auf, ist dabei jedoch etwas weniger süß.

GROSSBRITANNIEN

FEVER-TREE
NATURALLY LIGHT
INDIAN TONIC WATER

HERKUNFT

Fever-Tree Naturally Light Indian Tonic besteht zu 100 % aus natürlichen Zutaten und steht der herkömmlichen Variante in nichts nach. Die 200-ml-Flasche enthält nur 171,7 kJ (41 kcal). Bei der Produktion dieses Tonics wird Fructose, d.h. Fruchtzucker, anstelle von künstlichen Süßungsmitteln verwendet. Die Geschichte von Fever-Tree können Sie in dem Kapitel zu den neutralen Tonics nachlesen.

ZUTATEN

Quellwasser..
Reine Fructose...
Zitronensäure..
Natürliche Aromastoffe.......................................
Natürliches Chinin...

GESCHMACK UND AROMA

Der Geschmack ist mild und hat denselben reinen Nachgeschmack wie Fever-Tree, jedoch bei reduziertem Kaloriengehalt. Das Spektrum der Aromen umfasst Limetten sowie einen Hauch Zitrus. Wie bei seinem herkömmlichen Pendant sorgen die natürlichen Bitteraromen des Chinins für eine perfekte Balance. Der reine Nachgeschmack und das Ausbleiben jedweder Klebrigkeit im Mund (bei der Light-Version sogar noch wesentlich deutlicher) machen das Fever-Tree Naturally Light Indian Tonic Water zu einem eleganten und vollendetem Begleiter von Gin.

NICHT ÜBERZEUGT? KOMPONIEREN SIE IHR EIGENES TONIC!

Sie können sich jederzeit Ihr eigenes Tonic herstellen. Eine Suche im Internet fördert Rezepte zutage, mit denen Sie schon recht weit kommen. Auch eine weitere Alternative bietet sich an: Tonic-Sirups. Die Verwendung eines Tonic-Sirups ermöglicht es Ihnen sogar, Ihren Gin Tonic auf ein ganz neues Niveau zu heben. Der ausschlaggebende Faktor liegt dabei im Geschmack, Ihrem persönlichen Geschmack. Denn der Sirup entscheidet, wie Ihr Gin Tonic schmeckt. Einen Tonic-Sirup mischt man üblicherweise mit kohlensäurehaltigem Wasser. Die Sirupmenge bleibt hierbei ganz Ihnen überlassen. Ist er zu bitter? Fügen Sie ein bisschen gesprudeltes Wasser hinzu. Als wir die erste Auflage dieses Buchs veröffentlichten, war nur ein Tonic-Sirup erhältlich: John's Premium® Tonic Syrup. Sein größter Nachteil bestand darin, dass dieser Sirup in Phoenix (Arizona, USA) hergestellt wurde. Der zusätzliche Aufwand und die hohen Einfuhrkosten haben in der Praxis dafür gesorgt, dass in Sachen Premium-Tonic eher der Getränkehändler vor Ort bzw. ein Gin-Spezialist konsultiert wurde. Mittlerweile gibt es Dutzende von alkoholfreien Tonic-Sirups in den Vereinigten Staaten und Großbritannien. Informieren Sie sich einfach auf www.onlybitters.com/tonics (Versand weltweit). Und auch in Europa gehen wir davon aus, dass sich dieses Virus demnächst vermehrt ausbreitet. Wir haben einige Tonic-Sirups für Sie ausgewählt.* Für alle, die es ein wenig stärker mögen, sind auch Tonic Bitters im Angebot.

---

* Bedenken Sie immer: Tonic-Sirups sind handwerklich hergestellt und bestehen zu 100 % aus natürlichen Zutaten. Das bedeutet allerdings auch, dass sie nur begrenzt haltbar sind. Unsere Empfehlung ist daher: im Kühlschrank lagern und vor dem Verfallsdatum aufbrauchen!

BTW BERMONDSEY
TONIC SYRUP

Für die Kreation dieses allerersten britischen, noch dazu handgemachten Tonic-Sirups ließ sich BTW Lab von einem Rezept aus der Zeit Queen Victorias inspirieren. Die Chinarinde wird in gereinigtem Wasser eingelegt, um das Chinin herauszulösen. Anschließend werden nur Zucker und Zitronensäure hinzugefügt. Anders als im Originalrezept, filtern die Hersteller den Sirup nicht. Auf diese Art bleibt die bräunliche Farbe des Sirups erhalten. Gibt man gesprudeltes Wasser hinzu, entsteht ein feiner Schaum. Die Verwendung des Sirups ist denkbar einfach: Geben Sie 25 ml BTW Tonic Syrup in 50 ml Gin und fügen Sie ganz nach Ihrem Geschmack gesprudeltes Wasser hinzu.

DEUTSCHLAND

PHENOMENAL
TONIC SYRUP

Die beiden Freunde Peter Hundert und Hendrik Schaulin wollten ihre Gins mit etwas anderem mischen als den sonst üblichen Verdächtigen. Sie begannen daher, mit eigenen Kreationen zu experimentieren, bis sie schließlich eine Rezeptur auf Basis von Zitrusprodukten, Ingwer, Zitronengras und Agavendicksaft entwickelten. Ihr Sirup traf pfeilgerade ins Schwarze, sodass sie beschlossen, pHenomenal Tonic professionell zu produzieren. Auch dieser Sirup ist ausgesprochen benutzerfreundlich: Man mischt 2 cl (20 ml) Sirup mit 10 cl (100 ml) eiskaltem gesprudeltem Wasser – und fertig ist das Instant-Tonic.

43 % THE BITTER TRUTH
TONIC BITTERS

Die Bitter Truth GmbH ist die Firma von Stefan Berg. Ein Porträt von ihm findet sich auch auf der linken Seite des Etiketts. Rechts ist Alexander Hauck zu sehen. Die beiden vertreiben eigentlich hauptsächlich Bitterspirituosen mit konzentrierten alkoholischen Aromaauszügen (beispielsweise auf der Basis von Pfirsich, Orange, Sellerie, Gurke oder auch Schokolade). Barmixer nutzen diese Spirituosen gerne, um Cocktails einen Extrakick zu verpassen. Das Sortiment umfasst aber auch einen Tonic Bitter. Dieser Bitter – wenige Tropfen davon genügen bereits – basiert auf einer Geschmackskombination aus Pomelo, sizilianischen Zitronen, Limetten, Bitterorangen, Wacholderbeeren, Iriswurzeln und Blättern eines japanischen Grüntees. Die ideale Möglichkeit, um ihrem G&T die Krone aufzusetzen!

GIN: KATEGORIEN

WÜRZIG/KOMPLEX   ZITRUS   SÜSS   BLUMIG

Historisch betrachtet, lässt sich Gin einer Reihe **klassischer Einteilungen** zuordnen: Old Tom, London Dry, Distilled, Plymouth und Compound Gin.

Seit Kurzem tauchen allerdings Schlag auf Schlag immer neue Gins auf. Deshalb wollen wir über diese alten Kategorien hinausgehen und eine spezielle **Geschmacksmatrix** zur Einteilung verwenden. Jede ihrer vier Achsen steht dabei für eine andere Geschmacksrichtung: **würzig/komplex**, **zitrus(-betont)**, **süß** und **blumig**. Diese Matrix wurde 2010 erstmals im führenden britischen Fachmagazin *IMBIBE* veröffentlicht.

Doch diese Matrix der Geschmacksnuancen konnte damals noch nicht die Begeisterung für Gins und die Kreativität der Tüftler und Destillateure voraussahnen. Neben den Gin-Sorten, die in den letzten Jahren entwickelt wurden, entstanden dank der Nutzung auch ausgefallener Botanicals ganz neue Geschmackserlebnisse, die sich am treffendsten als **exotisch** beschreiben lassen. Weil sich diese Gins kaum in der Geschmacksmatrix verorten lassen, widmen wir uns dieser Kategorie separat.

Im Rahmen unserer Klassifizierung empfehlen wir Ihnen auch, welches Tonic (oder welche Art Tonic) sich am besten mit welchem Gin kombinieren lässt. Sie haben bereits erfahren, dass sich die Tonics in drei Geschmacksrichtungen unterteilen lassen: neutral, aromatisch und fruchtig/blumig. Wir schlagen Ihnen daher zu jedem Gin auch die passende Tonic-Kategorie vor, aus der Sie dann Ihren Favoriten wählen können. Bei den Beschreibungen greifen wir auf ein anschauliches Hilfsmittel zurück: die **Gin-Geschmack-Tabelle**. Wir zeigen Ihnen darin die Vielfalt der Gins in Kombination mit den verschiedenen Tonic-Geschmacksrichtungen, damit Sie auf einen Blick erkennen, wie Sie die passendste Zusammenstellung erhalten.

NEUTRAL

FRUCHTIG/ BLUMIG

A.

AROMATISCH

Mit Garnituren beschäftigen wir uns dabei nicht. Die Grundlagen und die Konzentration auf die entscheidenden Fakten sollen momentan vorrangig sein. Schließlich hängt die Verwendung einer passenden Garnitur davon ab, welche Zutaten der von Ihnen bevorzugte Gin Tonic aufweist. Aber seien Sie unbesorgt, im nächsten Kapitel verknüpfen wir Theorie und Praxis und greifen bei dieser Gelegenheit das Thema wieder auf.

Hinterher stellen wir Ihnen in dem Abschnitt zu den 19 bemerkenswertesten Gins einige komplette Gin-Tonic-Rezepte mitsamt Garnitur vor und möchten Sie damit auch zur Entfaltung Ihrer eigenen Kreationen inspirieren.

Aber beginnen wir doch am Anfang …

KLASSISCHE GIN-KATEGORIEN

OLD TOM GIN

Der Name Old Tom Gin wird für süße (Retro-)Gins verwendet, wie sie zu Zeiten der Gin-Epidemie produziert wurden. Diese Art Gin wird zurzeit kaum getrunken. Infolge des Wiederauflebens klassischer Cocktails wird der Old Tom aber wieder angeboten und ist zunehmend leichter erhältlich. Dieser Gin ist süßer als der London Dry und ein wenig trockener als Jenever. Manchmal wird er deshalb auch als das fehlende Bindeglied zwischen beiden bezeichnet. Der Name Old Tom stammt aller Wahrscheinlichkeit nach aus dem 18. Jahrhundert. Viele Schankstuben montierten damals an ihre Fassade ein hölzernes Schild in Form eines schwarzen Katers (auf Englisch *tom cat*). Durstige Passanten konnten dem Tier einen Penny ins Maul werfen. Der Barmann goss daraufhin einen Schluck Gin in ein kleines Rohr, dessen Öffnung sich zwischen den Pfoten des Katers befand. Schon war der erste Getränkeautomat entstanden! Momentan gibt es fünf Old Tom Gins auf dem Markt. Vier von ihnen stellen wir im Folgenden kurz vor, den fünften finden Sie weiter hinten in dem Abschnitt zu den gelagerten Gins.

Old Tom Gins werden nicht mit Tonics kombiniert. Sie werden in erster Linie dazu eingesetzt, klassische Gin-Cocktails (wie Tom Collins oder Martinez) auf die Karte setzen zu können. Wenn Sie diese süßen Gins probieren möchten, trinken Sie sie am besten pur.

BOTH'S

BOTH
OLD TOM
GIN

BOTH'S

Alc. 47% vol.   94 Proof

BOTTLED BY
THE BOTH DISTILLERY

ESTᴰ 1866

BOTH'S OLD TOM GIN

47 %

ZUTATEN

Keine Angaben verfügbar.

KOMBINIEREN MIT

pur genießen oder in klassischen Cocktails

HERKUNFT

Both's Old Tom Gin ist der einzige Gin der Brennerei Both, die sich der Wiedereinführung der süßen Retro-Gins verschrieben hat. Der mit 47 % recht hohe Alkoholgehalt hebt diesen Gin unter den anderen Old Tom Gins heraus, die nur einen geringeren Alkoholgehalt erreichen. Das Etikett auf der Flasche besteht aus Filz und ist mit goldfarbenen Schmuckornamenten verziert. Das Design lässt einen sogleich an die ruhmreichen Tage des Old Tom Gins um 1700 denken.

GESCHMACK UND AROMA

Both's ist in der Nase eher zurückhaltend, mit moderat süßen und blumigen Akzenten. Im Mund ist deutlich eine fruchtige Süße wahrnehmbar, gefolgt von intensiven floralen Noten. Vor dem Hintergrund eines milden Wacholdergeschmacks zeichnet sich unverkennbar der hocharomatische (lilafarbene) Lavendel ab. Obwohl es sich um einen kräftigen Gin handelt, ist der Abgang vergleichsweise sanft.

HAYMAN'S OLD TOM GIN

40 %

HERKUNFT

Die Familie Hayman ist eine der ältesten Brennereidynastien Großbritanniens. Nach ihrer Rezeptur wurde dieser Old Tom Gin ursprünglich an der Wende vom 19. zum 20. Jahrhundert produziert. Im Jahr 2007 wurde er wiedereingeführt. Der Grund war die steigende Nachfrage durch Barkeeper und Mixologen, die ihre klassischen Gin-Cocktails wieder so mixen wollten wie in den *Goldenen Zwanzigern*. Im 19. Jahrhundert war der Familienbetrieb von James Burrough übernommen worden, der auch die Rezeptur für den Beefeater Gin besaß.

GESCHMACK UND AROMA

Hayman's Old Tom Gin ist ein leicht gesüßter Gin mit markanten botanischen Noten, beides unterscheidet ihn von anderen Gins. Dieser Gin taucht in zahlreichen Original-Rezepten für klassische Cocktails auf, wie Tom Collins oder Martinez.

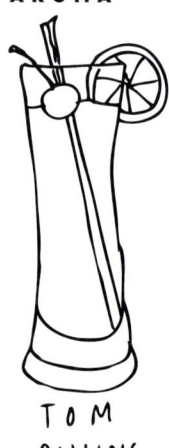

TOM COLLINS

ZUTATEN

Wacholderbeeren ....
Koriandersamen ....
Angelika ....
Orangen- und Zitronen-
schalen ....
Iriswurzelpulver ....
und weitere Zutaten

KOMBINIEREN MIT

pur, mit einem neutralen Tonic oder in klassischen Cocktails

WEITERE GIN-KREATIONEN

- Hayman's 1820 Gin Liqueur / 40 % / zitrusbetont
- Hayman's 1850 Reserve Gin / 40 % / gelagert
- Hayman's Sloe Gin / 26 % / Schlehenlikör
- Hayman's Royal Dock Gin / 57 % / extra stark

jensen

jensen's
london
distilled
old
tom
gin

bermondsey gin ltd.,se1 3tq

70cl. **e** 43%vol.

TD12/164

JENSEN'S OLD TOM GIN

HERKUNFT

Dieser Old Tom Gin ist ein Produkt von Christian Jensen, der einen London Dry Gin kreieren wollte. Auf einer Japanreise hatte er aber die Gelegenheit, eine Auswahl alter Gins zu verkosten, von denen einige noch aus den 1940er-Jahren stammten. Der Barmann, der Christian mit diesen Schätzen bekannt machte, brachte ihn auf die Idee, einen eigenen Old Tom Gin herzustellen. Christian nahm eine Probe zu den Thames Distillers mit. Nach Versuchen mit zahlreichen Rezepturen entwickelten sie Jensen's Bermondsey London Dry Gin. Dieser war ein Erfolg, und danach konzentrierte Christian seine Anstrengungen auf die neue Herausforderung. Schließlich schuf er Jensen's Old Tom Gin, der auf einer Rezeptur aus den 1840er-Jahren basiert. Seinen Charakter erhält er von einer Palette reiner Aromen, bei denen Wacholder dominiert. Die Süße des Gins wird nicht durch Zuckerzusatz, sondern durch Süßholzwurzel erreicht.

GESCHMACK UND AROMA

Jensen's Old Tom duftet nach Eukalyptus und Wacholderbeeren, mit dabei sind auch Lakritze, Orangenschalen und sehr zarte Mandelaromen. Im Geschmack überwiegt Eukalyptus, unterstützt durch Lakritze. Im Abgang ist der Eukalyptus lange wahrnehmbar, daneben auch weitere pflanzliche Noten.

ZUTATEN

Wacholderbeeren ....
Lakritze....................................
Eukalyptus ....

KOMBINIEREN MIT

pur, in klassischen Cocktails oder mit einem neutralen Tonic kombinieren

WEITERE GIN-KREATION

• Jensen's Bermondsey Gin / 43 % / klassisch

SECRET TREASURES
OLD TOM STYLE GIN

ZUTATEN

Reife Wacholderbeeren aus dem Apennin sowie weitere (nicht namentlich aufgeführte) Kräuter und Extrakte.

KOMBINIEREN MIT

pur genießen oder in klassischen Cocktails

HERKUNFT

Dieser Gin ist einer der sogenannten Secret Treasures, einer Kollektion von Premiumspirituosen des deutschen Unternehmens Haromex. Von diesem Gin werden pro Jahr nur 700 Flaschen hergestellt, was ihn besonders exklusiv macht. Der Old Tom Style Gin von Secret Treasures kam erstmals 2007 auf den Markt. Im selben Jahr wurde er beim Bar Convent Berlin als *Spirituose des Jahres* nominiert.

GESCHMACK UND AROMA

Das Aroma von Secret Treasures Old Tom Style Gin ist süß und erdig. Der leichte Wacholderduft entfaltet sich im Mund rasant zu voller Üppigkeit. Das Mundgefühl ist trocken und glühend, der Abgang lang und von dezenter Süße geprägt.

The
SECRET TREASURES

LONDON DRY GIN

Beim London Dry handelt es sich um einen Gin aus qualitativ besonders hochwertigen Zutaten. Die Bezeichnung kann daher als Gütezeichen gelten. Alle Zutaten werden gemeinsam in einem Brennvorgang destilliert. Nach der Destillation darf nur noch eine einzige Zutat hinzugefügt werden: Wasser. London Dry repräsentiert die klassische Art der Gin-Herstellung und nicht den Herstellungsort. Er muss deshalb nicht zwangsläufig aus London kommen. Erzeugt wird der fertige London Dry in einer traditionellen Brennblase durch die gemeinsame Re-Destillation von Ethylalkohol mit allen Aromastoffen.

Bestimmungen, die ein London Dry Gin einhalten muss, um diese Bezeichnung tragen zu dürfen (EU-Vorgaben):

▌ *Der Ethylalkohol muss qualitativ hochwertig sein. Der Methanolgehalt darf dabei den Wert von 5 g/hl bei 100 % Vol. Alkohol nicht übersteigen.*

▌ *Die genutzten Aromastoffe müssen natürlichen Ursprungs sein, und dürfen nur zur Aromatisierung während der Destillation eingesetzt werden. Es dürfen darüber hinaus keine künstlichen Aromastoffe verwendet werden.*

▌ *Das erzeugte Destillat muss einen Mindestalkoholgehalt von 70 % aufweisen.*

▌ *Es darf nach der Destillation noch weiterer Ethylalkohol hinzugefügt werden, dieser muss jedoch von derselben Qualität sein.*

▌ *Das Destillat darf gesüßt werden, wobei das Endprodukt aber höchstens 0,5 g Zucker pro Liter enthalten darf.*

🔖 *Nach der Destillation darf als weitere Zutat nur Wasser hinzugefügt werden.*

🔖 *Ein London Dry Gin darf nicht gefärbt sein.*

DISTILLED GIN

Der Distilled Gin durchläuft dasselbe Verfahren wie der London Dry Gin. Nach dem Brennen dürfen jedoch weitere Auszüge zugesetzt werden oder es dürfen dem Destillationsvorgang noch andere Zutaten beigegeben werden. Viele *Premium-Gins* fallen in diese Kategorie.

COMPOUND GIN

Compound Gins enthalten zumeist Zusätze an Aromastoffen und Extrakten, bei denen oft keine Destillation von Botanicals im eigentlichen Sinne erfolgt. Das Etikett gibt häufig nur an, dass es sich um einen Gin handelt. Viele Gin-Marken, die in Supermärkten erhältlich sind, oder die Eigenmarken von Spirituosenhändlern sind größtenteils Compound Gins.

PLYMOUTH GIN

Der Plymouth Gin wird von der Black Friars Distillery gebrannt, die sich in den Mauern eines einstigen Klosters befindet. Anfang des 20. Jahrhunderts erfreute er sich großer Beliebtheit. Die Herkunftsbezeichnung ist geschützt und gilt für alle in Plymouth gebrannten Gins. Bis heute gibt es jedoch nur eine einzige Marke mit dieser Bezeichnung. Der Plymouth Gin sollte mit einem neutralen Tonic kombiniert werden.

GROSSBRITANNIEN

PLYMOUTH GIN

HERKUNFT

1793 begann Fox & Williamson in einem alten Dominikanerkloster mit der Destillation von Gin der Marke Plymouth. Kurz darauf wurde die Brennerei in Coates & Co umbenannt und firmierte so bis März 2004. 2005 wurde die Marke von der schwedischen V&S Group gekauft. Seit 2008 gehört sie dem französischen Unternehmen Pernod Ricard. Die erste Flasche Plymouth Gin zierte ein Mönch. 2006 veränderte sich die Gestalt der Flasche: Vom Stil her eher Art déco, befindet sich nun auf der Vorderseite ein Bild der *Mayflower*. Seit 2012 präsentiert sich der Plymouth Gin in einer klassisch geformten Flasche aus grün getöntem Glas. Bei der Destillation kommt eine einzigartige Kombination von mindestens sieben verschiedenen Kräutern und Gewürzen sowie reiner Getreidealkohol zum Einsatz. Zwischen 1999 und 2006 erhielt der Plymouth Gin zahlreiche Preise und Auszeichnungen, unter anderem der International Spirits Challenge, des Beverage Testing Institute, der International Wine and Spirits Competition und der San Francisco World Spirits Competition.

GESCHMACK UND AROMA

Das Wacholderaroma ist klar wahrnehmbar, unterstützt durch Lavendel, Kampfer, Zitrone, Salbei und Eukalyptus. Der Geschmack ist frisch, mit Zitronen-und Orangennoten. Die Aromen von Koriander und weißen Pfefferkörnern geben dem Charakter dieses Gins Form.

ZUTATEN

Wacholderbeeren ....
Kardamom............................
Iriswurzeln ....
Koriander ....
Zitronen- und Orangen-
schalen ....

KOMBINIEREN MIT

neutralem Tonic oder klassischen Cocktails

WEITERE GIN-KREATION

• Plymouth Gin Navy Strength / 57 % / extra starker Plymouth Gin

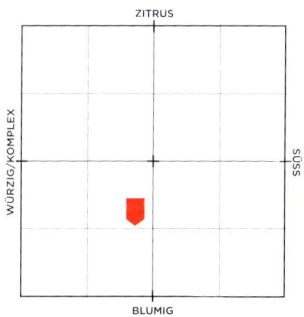

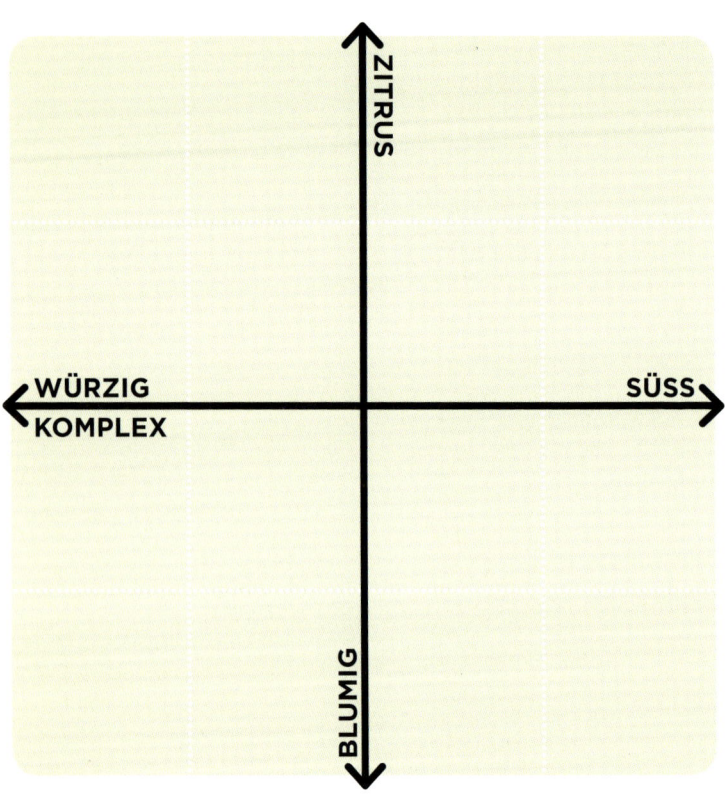

ZITRUS

WÜRZIG
KOMPLEX

SÜSS

BLUMIG

KLASSIFIZIERUNG ANHAND DER GESCHMACKSMATRIX

Um die Nutzung der Geschmacksmatrix zu verdeutlichen, wollen wir zunächst beispielhaft einige Vertreter der neuen Gin-Generation in der Matrix einordnen. Das bedeutet nicht, dass sich für die alte Riege aus Bombay Sapphire, Beefeater Gin, Gordon's Gin (um nur einige zu nennen) kein Platz in der Geschmacksmatrix findet. Aufgrund ihres klassischen Gin-Geschmacks gruppieren sich die typischen London Dry Gins in der Nähe des Zentrums. Auch die Tonics werden in der Geschmacksmatrix verortet. So erfahren Sie auf einen Blick, welches Tonic mit welchem Gin kombiniert werden sollte. Jedes neutrale Tonic kann im Prinzip mit jedem Gin gemischt werden. Ihre Stärken spielen sie allerdings im Zentrum der Matrix bei den klassischen London-Dry-Aromen aus. Beginnen wollen wir zunächst mit New Western (Dry) Gin bzw. der neuen Gin-Generation.

NEW WESTERN DRY GIN
ODER DIE NEUE GIN-GENERATION

Die neue Generation von Gins entstand seit der Jahrtausendwende. Neben der dominanten Wacholderbeere kennzeichnet sie ein kräutriges und ausgewogenes Aroma. Die Bezeichnung New Western Gin wurde von Ryan Magarian geprägt, einem international einflussreichen US-amerikanischen Barkeeper und Mitschöpfer des Aviation Gin. In diesem Buch fassen wir die frühere Gin-Generation mit der neuen Gin-Generation zusammen, damit es für Sie einfacher und klarer wird.

Um die Etablierung der New Western Dry Gins haben sich sowohl die Hersteller großer Marken wie auch rührige regionale Destillerien und Gin-Adepten verdient gemacht. Mit Adepten bezeichnen wir jene leidenschaftlichen Gin-Anhänger, die bei Brennereien „anklopfen", um dort ihren eigenen Gin entwickeln zu lassen. Sie alle waren sich in der Erkenntnis einig, dass es ein großes Potenzial für die Schaffung neuer Gins mit mehr Geschmacksfreiheit gab. Damit traten, neben der Wacholderbeere, die schon so viele Jahre die Hauptrolle gespielt hatte, noch weitere Botanicals ins Rampenlicht. Rechtlich gesehen, muss die Wacholderbeere auch weiterhin den Geschmack dominieren. Die neue Gin-Generation definiert sich aber nicht mehr alleine durch den Wacholder, sondern genauso durch die umsichtige Einbeziehung weiterer unterstützender Aromen.

Ryan Magarian zufolge war der Tanqueray Malacca einer der ersten der neu kreierten New Western Dry Gins. Mangels Erfolg verschwand die 1997 eingeführte Gin-Marke allerdings bereits 2001 wieder vom Markt. Allem Anschein nach war damals einfach noch nicht der richtige Zeitpunkt für diese Evolutionsstufe des Gins gekommen. Seit 2013 ist die Marke wieder erhältlich und hat sich als durchschlagender Erfolg erwiesen. Hendrick's Gin zog nach und brachte einen Gin mit den Aromanoten von Salatgurken und bulgarischen Rosen in den Handel. Es folgten weitere neue, handwerklich erzeugte Gins. Nur zu gerne punkten viele mit ihrer Kreativität und regionalen Spezialitäten. Bis zum heutigen Tag steigt die Anzahl der am Markt angebotenen New Western Dry Gins beständig.

ROSEN AUS BULGARIEN

GURKE

DIE GESCHMACKSMATRIX
UND EINIGE GIN-VERTRETER

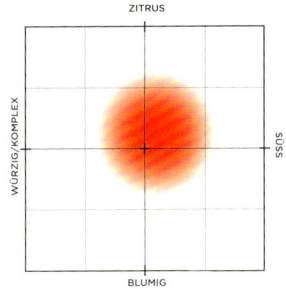

IM ZENTRUM:
DER KLASSISCHE LONDON-DRY-STIL
MIT NEUTRALEN TONICS KOMBINIEREN

Beim London Dry Gin handelt es sich um eine Art Gütesiegel, das allerdings nichts über Produktionsort oder Geschmack des Gins aussagt. Zweifelsohne galt der Geschmack des London Dry (vor der *Gin-Explosion* der letzten Jahre) als der typische Gin-Geschmack: bitter-scharf (süß) mit zarten Zitrusnoten und trockenem Abgang. Die London Dry Gins unserer Tage haben jedoch kaum Gemeinsamkeiten mit den Dry Gins der Vergangenheit.

Damit er sich London Dry nennen darf, muss ein Gin bestimmte EU-Auflagen und -bedingungen einhalten (siehe Seite 108). Diese Vorgaben erfüllen auch viele neue Gins, die daher genauso in diese Kategorie gehören. Die neuen Gins experimentieren dabei aber mit neuen Botanicals und Destillationstechniken. Sie entfernen sich dadurch mehr und mehr vom Zentrum der Geschmacksmatrix. Zusammenfassend lässt sich also feststellen: Gins in Zentrumsnähe weisen den klassischen London-Dry-Geschmack auf. Je weiter ein Gin vom Zentrum der Matrix entfernt ist, desto differenzierter sind die Geschmacksnuancen. Oder anders ausgedrückt, umso stärker zeigt sich der zitrusbetonte, süße, blumige, würzig/komplexe Geschmack des Gins.

BEEFEATER GIN

HERKUNFT

Die Marke Beefeater gehört heute zu Pernod Ricard und wird durch die James Burrough Ltd. abgefüllt und vertrieben. Der Familie Burrough gehörte Beefeater bis 1987. Benannt ist der Gin nach der ehemaligen königlichen Leibgarde und Torwache im Tower of London, den *Yeomen Warders*. Besser bekannt sind sie als *Beefeater*. Die Herstellung des Beefeater Gin weist eine Besonderheit auf: Vor dem Brennen lässt man die Schalen von Zitronen und Orangenn, ganze Wacholderbeeren sowie weitere pflanzliche Botanicals 24 Stunden in Alkohol ziehen. Diese Vorgehensweise sorgt dafür, dass die Aromastoffe einen besonders runden Geschmack liefern. Der Brennvorgang selbst dauert etwa acht Stunden – auf das Genaueste überwacht durch den Destillationsmeister Desmond Payne.

GESCHMACK UND AROMA

Unter den typischen London Dry Gins am Markt besitzt dieser Klassiker den größten Wiedererkennungswert. In der Nase Wacholder, schwarzer Pfeffer und Orangen, hat der Beefeater Gin einen scharfen und trockenen Geschmack. Den Gaumen verwöhnt ein Feuerwerk an Zitrusaromen, im Abgang zeigen sich Wacholdernoten.

 www.beefeatergin.com

ZUTATEN

Wacholderbeeren ....
Angelikawurzeln.....................
Angelikasamen ....
Koriandersamen ....
Süßholzwurzeln.....................
Mandeln.................................
Iriswurzeln ....
Sevilla-Orangen (Bitterorangen).................................
Zitronenschalen.....................

KOMBINIEREN MIT

neutralem Tonic

WEITERE GIN-KREATIONEN

- Beefeater24 / 45 % / blumig
- Beefeater Burrough's Reserve / 43 % / gelagert

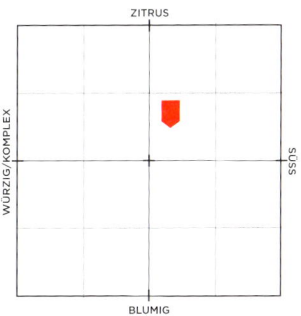

GROSSBRITANNIEN

GREENALL'S LONDON DRY GIN

HERKUNFT

Greenall's London Dry Gin stammt aus dem Jahr 1761. Seither hat sich wenig an dem überlieferten Familienrezept geändert. In den letzten 250 Jahren wurde dieser Gin in Warrington gebrannt. Thomas Dakin hatte die Destillerie gegründet

und sie 1860 an die Familie Greenall verkauft. Handwerkliches Können und Fachkunde wurde innerhalb der Familie Greenall über Generationen weitergereicht. Als siebter Brennmeister der Unternehmensgeschichte wacht heute Joanne Moore mit Argusaugen über die Qualität von Greenall's Gin.

GESCHMACK UND AROMA

Ein frischer und anregender Gin mit Anklängen von Wacholderbeeren und Zitrusfrüchten am Gaumen. Ein traditioneller, gut ausbalancierter London Dry Gin, mit einem wohlabgerundeten, nicht zu komplexen Aroma.

ZUTATEN
Keine Angaben verfügbar.

KOMBINIEREN MIT
neutralem Tonic

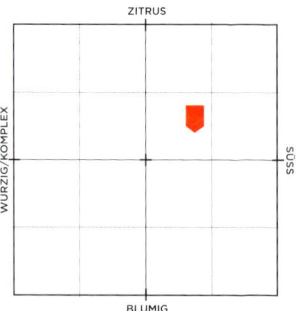

40 %

45 %

MARTIN MILLER'S DRY GIN
MARTIN MILLER'S WESTBOURNE STRENGTH GIN

HERKUNFT

Born of Love, Obsession and Some Degree of Madness ist ein wundervoller Slogan für diesen außergewöhnlichen Gin. Er wurde 1997 von Martin Miller und zwei Freunden entwickelt. Wie viele andere hatten sie einst in einer Bar an schlechten Gin Tonics genippt und sich danach gemeinsam auf die Suche nach dem perfekten Gin begeben. Martin war davon überzeugt, dass die besten Gins mit mindestens zehn Botanicals hergestellt werden. Martin Miller's wird nur in begrenzter Stückzahl im Herzen Englands gebrannt, und zwar im Black Country bei Birmingham. Und die Brennblase, in der er destilliert wird, trägt sogar einen eigenen Namen: Angela. Zuerst wurde aus einer der Gin-Zutaten – der Gurke – ein Geheimnis gemacht. Aber das war einmal, denn Martin Miller gesteht selbst ein, dass er nur schlecht ein Geheimnis wahren kann. Das Wasser für diesen Gin kommt aus Island, denn die Macher haben sich geschworen, nur das reinste Wasser zu verwenden. Der ursprüngliche Martin Miller's wurde 1999 mit einem Alkoholgehalt von 40 % produziert. Nachdem sich Barkeeper und Mixologen einen etwas *stärkeren* Martin Miller's gewünscht hatten, entwickelte man den Westbourne Strength mit 45 %. Dieser Gin wird durch zwei Destillationen hergestellt: Das erste Destillat von Wacholderbeeren und erdigen Botanicals wird durch ein zweites De-

Wacholderbeeren ....
Koriander ....
Angelika ....
Lakritze...................................
Cassia-Rinde ....
Iris...
Limettenschalen (eine kleine
Menge) ....

ZUTATEN BEI DER ZWEITEN DESTILLATION

Bitterorangenschalen ....
Limetten- und Zitronenschalen

KOMBINIEREN MIT

fruchtigem/blumigem oder
neutralem Tonic

stillat mit Bitterorangen, bitteren Limetten und
Zitronenschalen ergänzt.

GESCHMACK UND AROMA

Martin Miller's 40 % hat im Bouquet ein starkes
Zitrusaroma sowie Wacholdernoten. Der Nach-
geschmack ist mild und süß. Beim Westbourne
Strength dominiert die Wacholderbeere, der
Nachgeschmack ist jedoch ebenfalls mild.

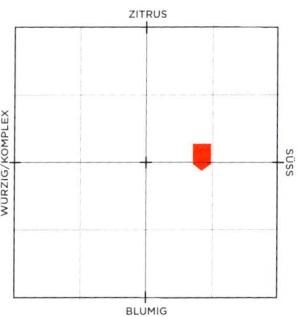

OXLEY COLD DISTILLED LONDON DRY GIN

HERKUNFT

Dieses exquisite Premiumprodukt ist ein außergewöhnlicher und eleganter Gin in einer höchst ansehnlichen Flasche. Der Gin wird bei -5°C kalt destilliert. Da sich die Molekülstruktur bei dieser Temperatur nicht ändert, bleiben die Aromastoffe der Botanicals besser erhalten. Als der Oxley Gin 2009 auf den Markt kam, löste er in der Gin-Welt einen wahren Tsunami aus. Die Oxley Spirits Company (im Besitz von Bacardi-Martini) begann von 2002 an mit der Entwicklung des Oxley Gins. Acht Jahre und 38 Rezepturen später stand das richtige Zutatenverhältnis. Oxley Gin enthält 14 Botanicals und wird bei den Thames Distillers in einer speziellen Anlage von Hand und in begrenzter Stückzahl produziert. Pro Tag werden knapp 240 Flaschen erzeugt – was den hohen Ladenpreis erklärt.

GESCHMACK UND AROMA

Ein erfrischender Gin mit wunderbaren Kornakzenten. Die Wacholderbeere dominiert nicht, das Aroma liefern Lavendel, Vanille und Mandeln, auch sanfte Zitrusnoten sind vertreten.

ZUTATEN

Wacholderbeeren ....
Echtes Mädesüß ....
Pomelo ....
Anis ....
Vanille ....
Orangen ....
Zitronen ....
Kakao und weitere Zutaten ..

KOMBINIEREN MIT

Eis, eventuell mit einer Pomelozeste oder einem neutralen Tonic

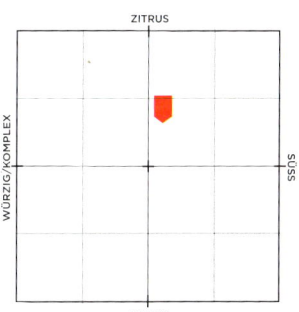

SIPSMITH GIN

HERKUNFT

Das Unternehmen Sipsmith Independent Distillers wurde 2009 in London gegründet. Nachdem sie jahrelang verschiedenste Erfahrungen in der Getränkebranche gesammelt hatten, beschlossen einige Freunde, sich ganz ihrer Leidenschaft für handwerklich erzeugte Spirituosen zu widmen und sich als Gin-Brenner selbstständig zu machen. Sie bezeichneten sich selbst als *sip-smiths* – Schluckschmiede – und vertrauten voll und ganz einem althergebrachten Produktionsverfahren, der sogenannten *One-shot*-Destillation. Hierbei werden die Botanicals gemeinsam mit dem Alkohol destilliert. Die Kräuter werden jeweils nur einmal und für ein Batch verwendet. Neben den Zutaten macht auch die Verwendung von Wodka als Basisalkohol dieses Produkt zu einem wirklich einzigartigen London Dry Gin. Für seinen Geschmack und das handwerkliche Können hat Sipsmith Gin zahlreiche Auszeichnungen eingesammelt.

GESCHMACK UND AROMA

In der Nase erinnern die blumigen Noten an Sommerwiesen, sie werden abgerundet durch den Duft von Wacholderbeeren sowie frische Zitrusakzente. Aromen von Wacholder, Tarte au Citron und Orangenmarmelade sind im Gin wahrnehmbar. Im Abgang zeigt sich der Sipsmith Gin wie jeder klassische London Dry: trocken, mit Wacholder- und Zitronennoten.

 www.sipsmith.com

ZUTATEN

Wacholderbeeren ....
Sevilla-Orangen ....
Zitronenschalen aus Spanien
Koriandersamen aus Bulgarien
Angelika aus Frankreich ....
Süßholzwurzeln aus Spanien
Iriswurzeln aus Italien ....
Zimt aus Madagaskar ....
Cassia-Rinde aus China ....
Gemahlene spanische Mandeln

KOMBINIEREN MIT

neutralem Tonic

WEITERE GIN-KREATIONEN

- Sipsmith Sloe Gin / 29 % / Schlehenlikör
- Sipsmith Summer Cup Gin / 29 % / Sommerlikör
- Sipsmith London Dry Gin VJOP / 57,7 % / extra stark

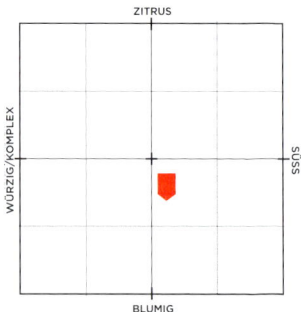

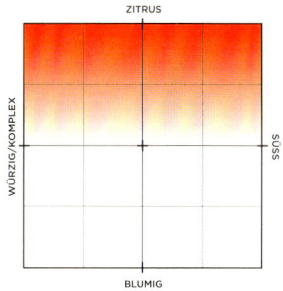

IM OBEREN BEREICH: ZITRUS
MIT AROMATISCHEN TONICS KOMBINIEREN
(ODER MIT NEUTRALEN TONICS)

Die Gins im oberen Bereich der Geschmacksmatrix haben einen ausgesprochen zitrusbetonten Charakter: würzige, saure Noten wie diejenigen von Bergamotte, Grapefruit, Orange, Zitrone und Limette. Das bedeutet nicht, dass man diese Aromen unbedingt herausschmeckt, denn oft entdeckt man noch ganz andere geschmackliche Akzente. Doch die Meisterdestillateure und Entwickler dieser Gin-Sorten sind sich darin einig, dass es sich bei Zitrusfrüchten um außergewöhnlich wichtige und vor allem um ausgesprochen delikate Zutaten handelt. Kurz gesagt, die Kategorie *Zitrus* ist ein Sammelbegriff für ein buntes Allerlei dieser Früchte mit der besonderen Schale. In diesem Bereich der Geschmacksmatrix können Sie also von einem (Zitrus-)Gin zum nächsten (Zitrus-)Gin große Unterschiede feststellen. Und noch etwas anderes ist hervorzuheben: Diese Gins bestechen stets mit einer gewissen Frische, insbesondere in einem Gin Tonic. Sie empfehlen sich daher besonders für warme Sommertage.

ADLER GIN

42 %

HERKUNFT

Dieser sorgfältig gebrannte Gin geht auf eine 1874 im Berliner Stadtteil Wedding gegründeten Forschungs- und Lehranstalt zurück, aus der die Preussische Spirituosen Manufaktur hervorging. Auch der Wappenvogel auf dem Etikett verweist auf Preußen. Die Grundlage für den Adler Gin sind ein Weizendestillat sowie kräutrige Botanicals. Produziert wird er mittels Vakuum-Destillation bei Temperaturen unter 80°C (ebenso wie der Sacred Gin). Vor seiner Abfüllung in Flaschen reift der Gin drei bis acht Monate in Steingutbehältern.

GESCHMACK UND AROMA

Ein sehr milder und ausgewogener Gin mit Noten von Zitrus, Wacholderbeeren, Lavendel und Ingwer.

 www.psmberlin.de

ZUTATEN

Wacholderbeeren ....
Koriander ....
Lavendel ....
Zitronenschalen ....
Ingwer ....

KOMBINIEREN MIT

aromatischem (oder neutralem) Tonic

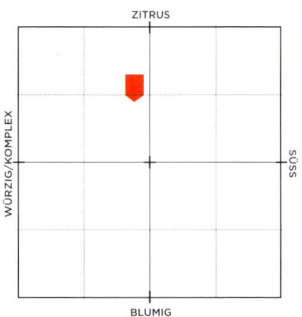

ZITRUS

WÜRZIG/KOMPLEX

SÜSS

BLUMIG

ADLER

BERLIN
DRY GIN

1874

0,7 Liter   42 % vol

PREUSSISCHE SPIRITUOSEN MANUFAKTUR

AVIATION AVIATION

AVIATION

: AMERICAN GIN™ :

BATCH DISTILLED

FROM AN ADVENTUROUS BLEND OF
SPICES FROM AROUND THE WORLD

42% ALC BY VOL · 700 ML

AVIATION AMERICAN GIN

42 %

HERKUNFT

Der Aviation Gin ist das Ergebnis einer Zusammenarbeit zwischen dem Mixologen Ryan Magarian und der Brennerei The House of Spirits in Portland (Oregon, USA). Nach mehr als 30 Versuchsansätzen entstand dieser Gin 2002. Ziel war es, einen Gin zu erschaffen, der sich perfekt dazu eignet, um den klassischen Aviation Cocktail zu mixen. Diesen hat der Barmann Hugo Ensslin vor etwa 100 Jahren in New York kreiert. Deshalb auch der Name des Gins. Die Wacholderbeere spielt im Aviation Gin nur eine Nebenrolle. Er gehört zu einer völlig neuen Kategorie an Dry Gins, die die Vorherrschaft der Wacholderbeere beenden und die Botanicals in den Vordergrund rücken.

GESCHMACK UND AROMA

Ein milder und ausgewogener Gin mit ausgeprägt blumigem Aroma. Die Wacholderbeere tritt in den Hintergrund und überlässt den Kräuteraromen von Kardamom und Lavendel die Bühne.

ZUTATEN

Wacholderbeeren ....
Kardamom ....
Lavendel ....
Hemidesmus indicus ....
Koriander ....
Anis ....
Süßorangenschalen ....

KOMBINIEREN MIT

neutralem oder blumigem/ fruchtigem Tonic

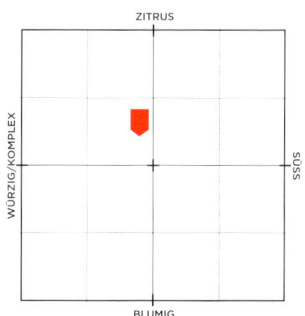

ZITRUS

WÜRZIG/KOMPLEX

SÜSS

BLUMIG

BLUECOAT GIN

HERKUNFT

Benannt wurde der US-amerikanische Gin aus Pennsylvania nach den Uniformröcken jener Männer, die im Amerikanischen Unabhängigkeitskrieg gegen die britischen Soldaten kämpften. Der Gin wird fünffach gebrannt, bevor er von Hand in die markanten kobaltblauen Flaschen abgefüllt wird. Die Destillation erfolgt in einer handgearbeiteten, kupfernen Brennblase. Als Grundlage dient ein Destillat aus den vier Getreidesorten Mais, Roggen, Weizen und Gerste. Die Brennerei setzt für die Herstellung das Batch-Verfahren ein. Hierbei wird die Brennblase langsam erhitzt, und die Alkoholdämpfe steigen nur nach und nach auf – das Ergebnis ist dieser erlesene Premium-Gin.

GESCHMACK UND AROMA

In der Nase kann man den Duft von Zitrusfrüchten und sanfte Wacholdernoten wahrnehmen. Am Gaumen überwiegt ein Wechselspiel von Zitrus- und Kräuteraromen. Der Nachgeschmack hält lange an.

ZUTATEN

Wacholderbeeren aus biologischem Anbau ....
Koriandersamen ....
Schalen von Zitrusfrüchten ..
Angelikawurzeln und weitere Zutaten ....

KOMBINIEREN MIT

aromatischem oder neutralem Tonic

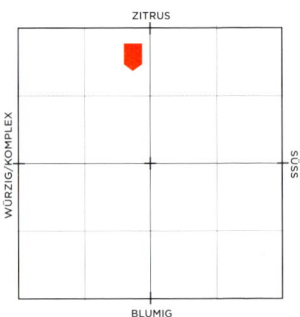

ZITRUS

WÜRZIG/KOMPLEX

SÜSS

BLUMIG

ZITRUS

BOODLES GIN

HERKUNFT

Boodles ist ein klassischer London Dry Gin und seit 1845 erhältlich. Er gehört zu den Ahnherrn des modernen London Dry Gin. Bis heute wird er nach traditionellem Rezept unter Verwendung einer Carter-Head-Brennblase in England hergestellt. Interessanterweise werden bei diesem Gin keine Zitrusfrüchte verarbeitet.

Der Grund hierfür ist eine pragmatische Entscheidung seiner etwas kauzigen Hersteller. Sie gingen davon aus, dass der typische Gin-Konsument sowieso seinen Gin Tonic mit einem Zitronenschnitz trinkt – und für den Rest sorgt dann schon der Koriander. Boodles Gin wurde nach dem Londoner Herrenclub Boodle's benannt. Dieser wurde 1762 gegründet und von Edward Boodle geleitet. Ein berühmtes Mitglied des Clubs war Winston Churchill.

GESCHMACK UND AROMA

Trocken, frisch und rein mit dezentem Geschmack nach Wacholderbeeren.

ZUTATEN

Wacholderbeeren aus Italien
Salbei ....
Rosmarin ....
Muskat ....
Koriander ....
Cassia-Rinde ....
Angelika- und Kümmel-
samen ....

KOMBINIEREN MIT

aromatischem oder neutralem Tonic

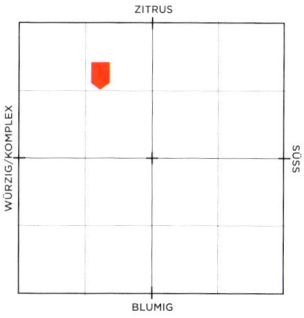

BOTANIC GIN
PREMIUM [1]
BOTANIC GIN
ULTRA PREMIUM [2]

40 %

45 %

HERKUNFT

Obwohl dieser Gin in Spanien produziert wird, handelt es sich beim Botanic doch um einen waschechten London Dry Gin. Die Produzenten verwenden ausschließlich qualitativ hochwertiges englisches Getreide, dessen Maische dreifach gebrannt wird. Eine bemerkenswerte Zutat des Botanic Gin ist Buddhas Hand, eine Zitronatzitronenart, die in Japan als bushukan bekannt ist. Diese äußerst wohlriechende Zitrusfrucht mit den fingerartigen Fruchtsegmenten gehört zu den ältesten Zitrussorten. Die Frucht enthält kein safthaltiges Fruchtfleisch, sie wird vorwiegend wegen ihrer aromatischen Schale kultiviert.

Der Botanic Ultra Premium basiert auf der Rezeptur des echten London Dry. Dessen traditionelle Herstellungsverfahren bleiben dabei gewahrt, allerdings wird der Gin vierfach in alten Brennblasen destilliert. So erklärt sich der höhere Alkoholgehalt, der viel Zuspruch bei gestandenen Gin-Liebhabern findet. Natürlich lassen seine Macher auch beim Ultra Premium nicht die Finger von ihrer Spezialzutat Buddhas Hand.

GESCHMACK UND AROMA

Der Botanic ist ein leichter, trockener Gin, bei dem Wacholder- und Mandelaromen im Vordergrund stehen. Im Nachgeschmack wird die milde Zitrusnote von Buddhas Hand spürbar sowie auch Bergamotte und Süßorange.

ZUTATEN

Wacholderbeeren ....
Buddhas Hand ....
Mandarinen ....
Thymian ....
Koriander ....
Zitronen ....
Zimt ....
Pfefferminze ....
Kamille....................................
Anis ....
Süßorangen.............................
Mandeln ....
Kardamom ....
Mangofrüchte.........................

KOMBINIEREN MIT

aromatischem oder neutralem Tonic

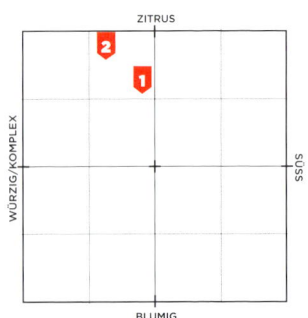

BROKEN HEART

GIN

Distilled in the Pure South of New Zealand

40% ALC BY VOL. 700ML | NZ MADE

BROKEN HEART GIN

HERKUNFT

Der Broken Heart Gin wird auf der Südinsel Neuseelands destilliert. Er beweist, dass selbst in den entlegensten Winkeln der Erde guter Gin produziert werden kann. Die Geschichte des Broken Heart Gins begann mit zwei befreundeten Deutschen, die in den neuseeländischen Alpen lebten. Jörg, ein Ex-Pilot, und Bernd, ein Ex-Ingenieur, widmeten sich ganz dem Brennen edler Spirituosen. Sie investierten viel Zeit in die Entwicklung dieses herausragenden Luxus-Gins mit 11 Botanicals und einem Hauch Orange. Doch das Schicksal hatte andere Pläne. Bernd erkrankte und verstarb. Jörg und Bernds Freundin, die mit einem *gebrochenen Herzen* zurückblieben, entschieden sich dafür, den Gin ihm zu Ehren so zu taufen: Broken Heart. Bei der Wine and Spirits Competition in London gewann dieser Gin übrigens 2013 eine Silbermedaille.

GESCHMACK UND AROMA

Ein eleganter und klassischer Geschmack mit einer spielerischen Note von Orangen.

ZUTATEN

Wacholderbeeren ....
Koriander ....
Zitronenschalen ....
Lavendel ....
Zimt ....
Angelikawurzeln und
weitere Zutaten ....

KOMBINIEREN MIT

aromatischem oder neutralem Tonic

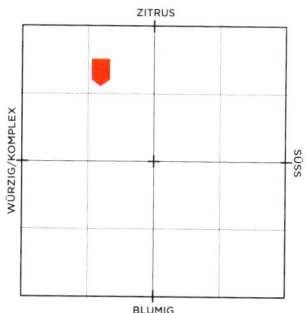

BROOKLYN GIN

40 %

HERKUNFT

Wie der Name schon vermuten lässt, stammt dieser Gin aus New York. Brooklyn Gin ist das Produkt zweier leidenschaftlicher Gin-Liebhaber. Die Gründer des kleinen Unternehmens sind Joe Santos und Emil Jattne, die beide früher für Bacardi tätig wären. Den Brooklyn Gin beschreiben sie als *handwerklich erzeugten Small-Batch-Gin*, denn in ihrer Firma werden alle anfallenden Arbeiten von Hand ausgeführt. Darüber hinaus verwenden Sie nur frische Botanicals wie Wacholderbeeren und Zitrusfrüchte. Es vergehen drei Tage, bis 330 Flaschen des Gins hergestellt sind. Für die Destillation werden ausschließlich regionale Erzeugnisse verwendet (Früchte und Getreide aus Orange County).

GESCHMACK UND AROMA

Ein frischer Gin mit ausgeprägtem Zitrusaroma, das durch Wacholderbeeren verstärkt wird. Der Nachgeschmack ist trocken.

ZUTATEN

Wacholderbeeren ....
Schalen von Zitrusfrüchten ..

KOMBINIEREN MIT

aromatischem oder neutralem Tonic

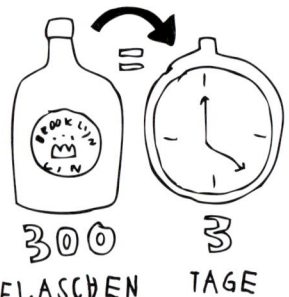

300 FLASCHEN   3 TAGE

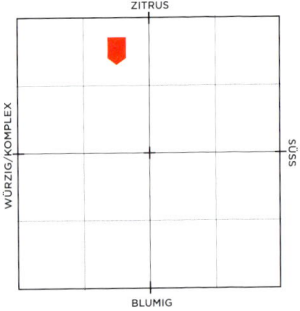

Burleigh's

LONDON DRY
GIN

BURLEIGH'S LONDON DRY GIN

HERKUNFT

Nach nur acht Monaten war Phil Burey am Ziel seiner Träume: Zusammen mit dem Brennmeister Jamie Baxter gelang es ihm, seiner Heimatstadt Leicestershire einen Platz auf der Gin-Landkarte zu verschaffen. Er hatte eine kleine Brennerei gegründet und produzierte seinen Gin auf der Bawdon Lodge Farm in Nanpantan. Ihre Inspiration für die Zutaten fanden die beiden in den Wäldern der Umgebung des Bauernhofs, wo sie die meisten der elf Botanicals aufspürten.

GESCHMACK UND AROMA

Das Bouquet ist erfrischend, mit einem Hauch Eukalyptus sowie Zitrusnoten. Den kräftigen Geschmack prägen ebenfalls Eukalyptus und Wacholderbeeren. Im Hintergrund klingen zart kräutrige und blumige Noten an. Der Nachgeschmack ist pfeffrig.

ZUTATEN

Wacholderbeeren ....
Weißbirke ....
Löwenzahn ....
Große Klette ....
Holunderbeeren ....
Iris und weitere Zutaten ....

KOMBINIEREN MIT

aromatischem oder neutralem Tonic

WEITERE GIN-KREATIONEN

- Burleigh's Distiller's Cut / 47 % / würzig
- Burleigh's Navy Strength / 47 % / extra stark

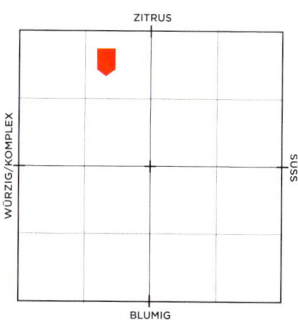

46 % COTSWOLDS DRY GIN

HERKUNFT

Die Cotswolds sind eine ländliche Region im Herzen Englands. Sie sind als *Gebiet von außergewöhnlicher natürlicher Schönheit* bekannt, und genau dort wird dieser Gin hergestellt. Die Cotswolds Distillery ist eine noch junge Brennerei, die von Dan Szor gegründet und vom ehrgeizigen Chefdestillateur Alex Davies geleitet wird. Neben Gin möchte das fest in der Region verwurzelte Unternehmen neben Eau de vie und weiteren Spirituosen auch Rye Whisky anbieten (erste Flaschen 2017). Der Gin wird mit neun sorgsam ausgewählten Botanicals in einer maßgefertigten Holstein-Destillierblase gebrannt, die 500 Liter fasst.

GESCHMACK UND AROMA

Das Bouquet ist frisch mit Pomelo-, Koriander- und Wacholdernoten. Den reinen Geschmack prägen neben den sanften und trockenen Akzenten der Angelikawurzel ebenfalls Pomelo- und Korianderaromen. Entfernt sind Anklänge von Pfeffer und Lavendel wahrnehmbar.

 www.cotswoldsdistillery.com

ZUTATEN

Wacholderbeeren ....
Koriander ....
Angelikawurzeln ....
Lavendel ....
Kalifornischer Lorbeer ....
Grapefruit ....
Limetten ....
Schwarzer Pfeffer ....
Kardamom ....

KOMBINIEREN MIT

aromatischem oder neutralem Tonic

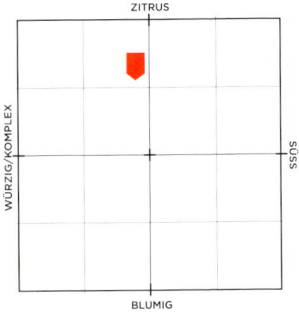

SMALL BATCH RELEASE

Estᵈ 2014

COTSWOLDS

DRY GIN

PRODUCT OF ENGLAND

INAUGURAL
RELEASE

BATCH Nᵒ   01/14   NUMBER OF BOTTLES 6005/7000

THE FOUNDER

sIns

GIN DESTILADO 40% VOL / 0,70 L. / Servir *cr*

Elaborado y Embotellado por R.E. 300/CS para Gin *s*

GINSELF

40 %

HERKUNFT

Seit 2009 wird in Valencia der Ginself produziert, und das schmeckt man auch. Die Produktion ist auf ein Batch-Volumen von 500 Litern begrenzt, was in etwa der Füllmenge von 715 Flaschen entspricht. Die Hersteller verwenden ausschließlich Kräuter und Früchte allerbester Qualität, nur dies garantiert die höchstmögliche Konzentration der Auszüge. Die Schöpfer dieses Gins haben sich auf die Fahne geschrieben, wahren Gin-Liebhabern eine einzigartige Erfahrung zu bieten. So erklärt sich auch der Name Ginself.

GESCHMACK UND AROMA

Ein wohldefinierter Gin mit Wacholder- und Zitrusaromen, im Mund elegant, mit süßem Nachgeschmack.

ZUTATEN

Wacholderbeeren ....
Süßorangen.............................
Bitterorangen ....
Orangenblüten ....
Mandarinen ....
Zitronenschalen ....
Angelikawurzeln ....
Angelikasamen ....
Erdmandeln ....

KOMBINIEREN MIT

aromatischem oder neutralem Tonic

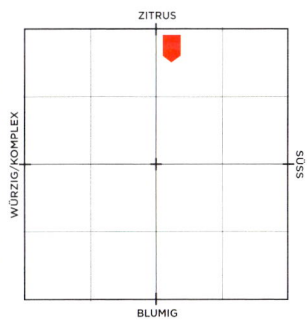

ZITRUS

WÜRZIG/KOMPLEX

SÜSS

BLUMIG

HASWELL GIN

HERKUNFT

Dieser preisgekrönte London Dry Gin wird von Julian Haswell erzeugt. Die drei wichtigsten Zutaten für einen klassischen London Dry Gin sind nach der Auffassung von Julian Wacholderbeeren, Angelika und Koriandersamen. Auf dieser Basis kreiert er einen Gin mit den außergewöhnlich deutlichen Zitrusaromen von Süß- und Bitterorangen sowie einer Spur Zitrone.

GESCHMACK UND AROMA

Markante Zitrusaromen von Orangen mit einem Hauch Zitrone.

ZUTATEN

Wacholderbeeren ....
Angelika ....
Koriandersamen ....
Bohnenkraut ....
Limettenschalen aus Spanien
Aframomum melegueta bzw.
Paradieskörner (eine Pfefferart aus Westafrika ....
Bitterorangenschale aus
Marokko und Haiti ....
Süßorangenschalen aus
Marokko und Spanien ....
Süßholzwurzeln.......................

KOMBINIEREN MIT

aromatischem Tonic (oder neutralem Tonic)

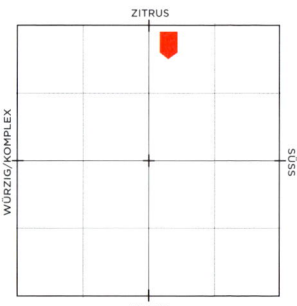

Haswell

LONDON DISTILLED
DRY GIN

70cl.   ALC. 47% BY VOL.

46 % LONDON N°3

HERKUNFT

Seinen britischen Wurzeln zum Trotz wird dieser Gin in den Niederlanden von de Kuyper Royal Distillers gebrannt. Das Unternehmen ist in Familienbesitz und der weltgrößte Hersteller von Buntlikören.

Die Rezeptur und die de Kuyper gewährte Lizenz zum Herstellen des Gins stammen von Berry Bros. & Rudd. Bei diesem Unternehmen handelt es sich um Londons älteste Wein- und Spirituosenhändler. Seit 1698 sind sie in der Londoner St. James Street ansässig, und zwar im Haus Nr. 3 – worauf die Bezeichnung des Gins anspielt. Mit Wacholderbeeren als Fundament ist dieser Gin ein wahres Loblied auf die Integrität und den Charakter des traditionellen London Dry Gin. Sechs perfekt aufeinander abgestimmte Botanicals werden hierzu in traditionellen Brennblasen aus Kupfer destilliert.

GESCHMACK UND AROMA

Der London N°3 ist mit drei verschiedenen Kräutern und drei Sorten von Früchten aromatisiert und perfekt ausbalanciert. Neben frischen Grapefruit- und Orangenaromen nimmt man deutliche Kardamomnuancen wahr. Für den Geschmack zeichnet vor allem die Grapefruit verantwortlich, der würzige Koriander leistet Unterstützung. Im Abgang zeigt sich eine erdige Trockenheit.

ZUTATEN

Wacholderbeeren aus Italien
Orangenschalen aus Spanien
Grapefruit.................................
Angelika ....
Koriandersamen aus
Marokko...................................
Kardamom...............................

KOMBINIEREN MIT

aromatischem Tonic
(oder neutralem Tonic)

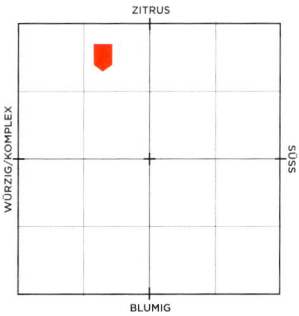

N°209

HERKUNFT

Der N°209 Gin ist ein renommierter, handwerklich gefertigter Spitzen-Gin aus San Francisco. Der Name erklärt sich dadurch, dass diese Brennerei als 209. in den Vereinigten Staaten zugelassen wurde. Sein Entstehen verdankt der Gin Leslie Rudd. Er erzeugt in seinem Weingut im Napa Valley exklusive Weine und arbeitete dafür mit dem Destillateur Arne Hillesland zusammen. Arnes schöpferischer Geist erwies sich als perfekte Ergänzung zu Leslies Weinkenntnis. Das Ergebnis ist ein sanfter, einprägsamer Gin von außerordentlicher Qualität.

GESCHMACK UND AROMA

Der N°209 beginnt mit einer würzigen Nase, die neben Zitrusnoten auch blumige Anteile und eine gewisse Schärfe aufweist. Der Aromenreigen beginnt mit Kopfnoten von Zitrone und Limette, gefolgt von Orange. Wenn sich der Gin im Mund erwärmt, werden die blumigen Nuancen von Koriander und Bergamotte freigesetzt. Raffiniert folgen darauf die warmen, pfeffrigen Aromen von Kardamom und Wacholderbeere. Eine überraschende Wendung tritt ein, wenn die *Minzanteile* des Kardamoms freigesetzt werden. N°209 endet mit Cassia-Rinde im Abgang.

ZUTATEN

Wacholderbeeren ....
Angelika ....
Zitronenschalen......................
Bergamotte-Orangenschalen
Koriander ....
Kardamom................................
Cassia-Rinde ....

KOMBINIEREN MIT

aromatischem Tonic
(oder neutralem Tonic)

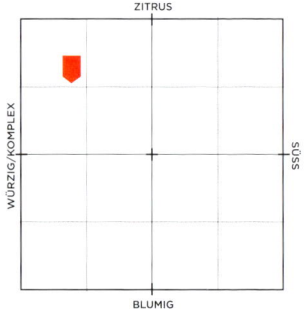

N

GIN VLC

70 CL   39% VOL

39 % N GIN VLC

HERKUNFT

Dieser Gin aus Valencia ist der Stolz der sonnen-verwöhnten Region und wird mit typischen Botanicals aus dem Umland hergestellt. Die Hauptrolle spielt dabei die Orange, für die diese Gegend berühmt ist. Der Gin wird zweifach in einer Brennblase gebrannt.

GESCHMACK UND AROMA

Ein erfrischender Gin mit ausgeprägten Anklängen von Orangen und weiteren Zitrusfrüchten. Am Gaumen ist er weich und elegant.

ZUTATEN

Wacholderbeeren ....
Orangen ....
Zitronen ....
Mandarinen ....
Rosmarin ....
Lakritze ....
Koriander ....
Kardamom ....
Angelikawurzeln ....
Salbei ....
Chardonnay-Trauben.............

KOMBINIEREN MIT

aromatischem oder neutralem Tonic

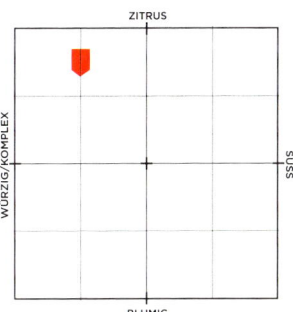

41,3 %

TANQUERAY RANGPUR GIN

HERKUNFT

Der Tanqueray Rangpur Gin kam 2006 auf den Markt und ist die perfekte Abrundung für das Markenportfolio von Tanqueray. Dieser Gin gehört der neuen Gin-Generation an, die sich von den bisherigen Gins abhebt. In diesem Fall sind dafür die Aromen der Rangpur-Frucht (einer Kreuzung zwischen Mandarine und Zitrone) aus Indien verantwortlich.

GESCHMACK UND AROMA

Der Duft süßer Zitrusfrüchte und das milde Bouquet von Rosen laden zum bedächtigen Genießen ein. Die pflanzlichen Aromen umschmeicheln die Zunge und führen zum wacholdergeprägten Höhepunkt, bevor dann Zitrusnoten für den Ausklang sorgen.

ZUTATEN

Wacholderbeeren ....
Rangpurfrüchte.......................
Koriander ....
Kalifornischer Lorbeer...........
Ingwer.....................................

KOMBINIEREN MIT

aromatischem Tonic
(oder neutralem Tonic)

WEITERE GIN-KREATIONEN

- Tanqueray Dry Gin/ 43,1%/leichter Zitruscharakter
- Tanqueray Ten Gin/ 47,3%/blumig
- Tanqueray Old Tom Gin/ 47,3%/süßer Retro-Gin

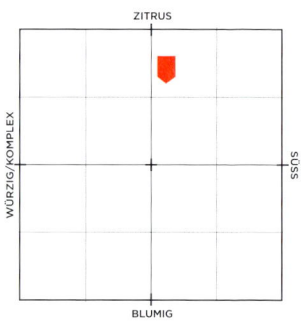

Tanqueray

EXPORT STRENGTH

ANGPU

UCED AND BOTTLED IN GREAT
FOR CHARLES TANQUERAY & C

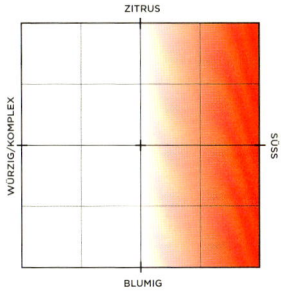

AUF DER RECHTEN SEITE: SÜSS
MIT FRUCHTIGEN TONICS KOMBINIEREN
(ODER MIT NEUTRALEN TONICS)

Unter den Gins mit ausgeprägt süßem Geschmack finden sich sowohl die Old Tom Gins der Retrowelle (mit Zusätzen von natürlichem Zucker) als auch die Dry Gins, bei denen süße Botanicals dominieren. In vielen Fällen sind Süßholzwurzeln hier eine Hauptzutat. Die Lakritze ist sozusagen die *Zuckerstange* des Meisterdestillateurs: Vereinfacht gesagt, bestimmt die verwendete Menge an Lakritze, ob ein Gin in die süße Geschmacksrichtung tendiert.

BATCH Nº 21/12

Fifty Pounds

GIN

RARE *and* HANDCRAFTED
LONDON DRY GIN

Distilled in London

ORIGINAL RECIPE

FIFTY POUNDS GIN

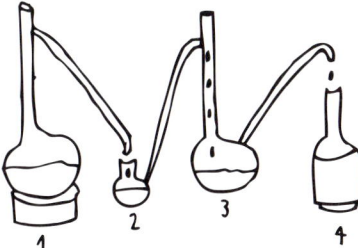

HERKUNFT

Der Fifty Pounds Gin stammt aus einer kleinen Brennerei im Südosten Londons. Dieser ganz besonders milde London Dry hat seinen Namen von der *Steuererhöhung*, die 1736 im Zusammenhang mit dem Gin-Gesetz verfügt wurde. Fifty Pounds wird mittels traditioneller Verfahren erzeugt, bei denen ausschließlich natürliche Zutaten verwendet werden. Der Neutralalkohol wird durch vierfache Destillation von Weizenmaische gewonnen. Danach wird der Alkohol noch einmal gebrannt – und dieses Mal unter Zusatz von Kräutern und Botanicals aus der ganzen Welt.

GESCHMACK UND AROMA

Der Fifty Pounds Gin besitzt ein aufregendes Bouquet, das einem prallen Duftstrauß aus Zitrusfrüchten, Minze, Lavendel und Wacholderbeere gleicht. Geschmacklich drängen insbesondere Anis und pfeffrige Aromen in den Vordergrund. Koriandersamen locken die Süße noch stärker hervor.

ZUTATEN

Wacholderbeeren aus Kroatien ....
Koriandersamen aus dem Nahen Osten ....
Paradieskörner aus der Region des Golfs von Guinea ....
Bohnenkraut aus Südfrankreich..
Orangen- und Zitronenschalen aus Spanien ....
Lakritze aus Kalabrien ....
Angelika aus Westeuropa.......
Es kommen zwar noch weitere Zutaten zur Anwendung, welche das sind, wird jedoch im Südosten Londons als Geheimnis bewahrt.

KOMBINIEREN MIT

fruchtigem Tonic
(oder neutralem Tonic)

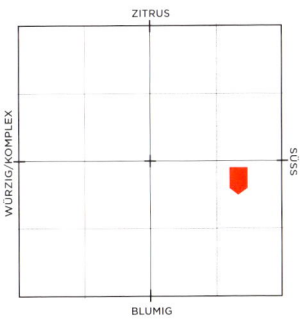

44 % OLD ENGLISH GIN

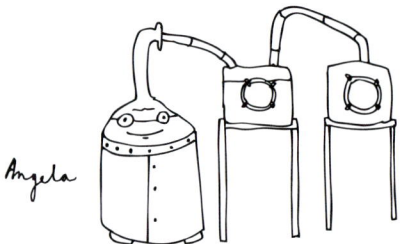

Angela

HERKUNFT

Dieser Gin wird nach einer Rezeptur aus dem Jahr 1783 hergestellt. Und gebrannt wird er von den Langley Distillers in der ältesten Brennblase Englands. Nach der Großmutter des ursprünglichen Destillateurs wird sie Angela oder Grandma genannt. Einzigartig ist auch die Abfüllung dieses Gins, die ausschließlich in wiederverwendete Champagnerflaschen erfolgt. Der Old English Gin kam 2012 auf den Markt.

GESCHMACK UND AROMA

Sobald der Korken aus der Flasche ist, wird man mit dem frischen Aroma der Wacholderbeeren belohnt. Rasch folgt auf diesen Duft ein gehaltvoller, erdiger Komplex aus warmem Heu, schwarzem Pfeffer und Gewürzen. Im Hintergrund: Anklänge von Basilikum und Minze. Der Geschmack überrascht mit kontrollierter Süße und einem seidenweichen Mundgefühl.

ZUTATEN

Wacholderbeeren ....
Koriander ....
Zitronen- und Orangen-
schalen ....
Angelika ....
Iriswurzeln ....
Cassia-Zimt ....
Zimt ....
Lakritze ....
Muskat......................................
Kardamom................................

KOMBINIEREN MIT

fruchtigem Tonic
(oder neutralem Tonic)

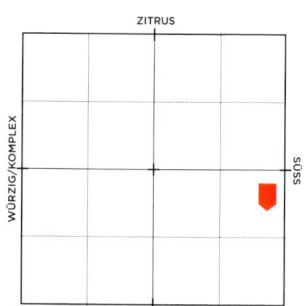

PURE OLD POT STILL

HAMMER
& SON
LTD.

AD ORIGINEM 1783

Old English
GIN

DISTILLED AND BOTTLED IN ENGLAND

SIKKIM GIN
PRIVÉE [1], BILBERRY [2] & FRAISE [3]

HERKUNFT

Sikkim Gin ist eine spanische Marke, die ihren Gin in England mittels kupferner Brennblase destillieren lässt. Sikkim Gin gibt es in drei Versionen: Sikkim Gin Privée, Sikkim Gin Bilberry und Sikkim Gin Fraise. Das Alleinstellungsmerkmal dieses Gins ist eine Kombination aus britischem Gin und indischem Tee. Der Name Sikkim verweist auf den gleichnamigen, dünn besiedelten indischen Bundesstaat im Himalaya. In dieser Region wird der Temi-Tee erzeugt, eine Art Darjeeling. Der Tee reift sechs Monate in Eichenfässern und nimmt dabei durch Oxidation eine rote Farbe an. Und diesen hochwertigen Tee schmeckt man in den Sikkim-Gins. Die erzeugten Destillate sind sanfte, blumig-süße Gins ... für Feinschmecker!

SIKKIM

PREMIUM GIN

PRIVÉE

GESCHMACK UND AROMA SIKKIM GIN PRIVÉE

Ein weicher Gin mit dem süßen Geschmack des roten Tees.

GESCHMACK UND AROMA SIKKIM GIN BILBERRY

Ein süßer und fruchtiger Gin mit blumigem Aroma.

GESCHMACK UND AROMA SIKKIM GIN FRAISE

Ein vollmundiger Gin mit Geschmacksnoten von Erdbeeren und Waldfrüchten.

ZUTATEN SIKKIM GIN PRIVÉE

Wacholderbeeren aus den Niederlanden...........................
Roter Tee aus Sikkim ....
Koriander ....
Weitere feine Kräuter.............

ZUTATEN SIKKIM GIN BILBERRY

Wacholderbeeren aus den Niederlanden...........................
Roter Tee aus Sikkim ....
Iris...
Heidelbeeren ....
Koriander ....
Kalmus ....
Orangenschalen ....

ZUTATEN SIKKIM GIN FRAISE

Wacholderbeeren aus den Niederlanden...........................
Roter Tee aus Sikkim ....
Blütenessenzen ....
Walderdbeeren.........................
Großfrüchtige Moosbeeren (Cranberries) ....
Koriander ....
Iris...
Orangenschalen ....

KOMBINIEREN MIT

fruchtigem/blumigem oder neutralem Tonic

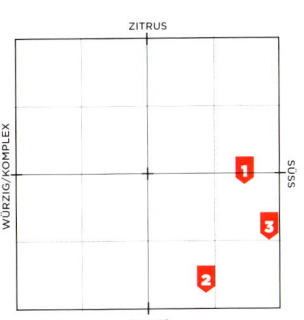

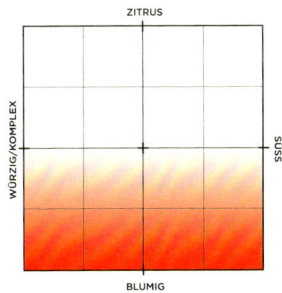

IM UNTEREN BEREICH: BLUMIG
MIT FRUCHTIGEN TONICS KOMBINIEREN
(ODER MIT NEUTRALEN TONICS)

Gins, die im unteren Bereich der Geschmacksmatrix verortet werden, besitzen einen besonders blumigen Charakter, beispielsweise durch sommerliche Aromen wie die von Holunderblüten und Geißblatt. Diese floralen Aromen entstehen durch die Verwendung von verschiedensten Pflanzenauszügen und Blüten. (Anmerkung des Herausgebers: Was nicht unbedingt die naheliegendsten Botanicals für die Herstellung von Gin sind.) Auch Gins mit einem vorwiegend fruchtigen Charakter sind in diesem Bereich der Matrix zu finden.

BLOOM
PREMIUM LONDON DRY GIN

HERKUNFT

BLOOM Gin wird von G & J Distillers hergestellt, einer der größten Brennereien Großbritanniens. Dieser Gin ist ideal für all diejenigen, denen ein ausgeprägter Wacholdergeschmack nicht zusagt. Bei diesem Gin spielen stattdessen Pomelo und Kamille sowie Bach-Blüten die Hauptrolle. Verantwortliche Brennmeisterin ist Joanne Moore, eine der wenigen im Gin-Geschäft tätigen Destillateurinnen, zudem ist sie eine international anerkannte Jenever-Expertin. Von der Konzeption bis zur Herstellung überwacht Joanne alle Phasen der Gin-Herstellung. Ihre Innovationsfreude und ihre Begeisterung für das Produkt führten zu dieser ungewöhnlichen Kreation. Als Gin der höchsten Premiumklasse ist er nun ein Aushängeschild in der Palette der verschiedenen Gin-Marken des Unternehmens.

GESCHMACK UND AROMA

Ein äußerst delikater Gin, bei dem sich anfangs die floralen Noten der Bach-Blüten zeigen. Für einen perfekten Ausklang sorgt das Zitrusaroma der Pomelos.

ZUTATEN

Wacholderbeeren ....
Bach-Blüten ....
Pomelos....................................
Kamille und weitere Zutaten

KOMBINIEREN MIT

fruchtigem oder neutralem Tonic

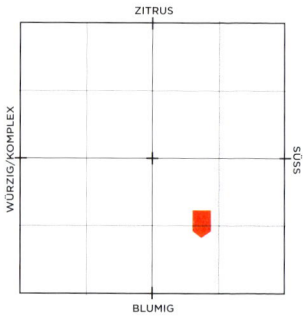

BLOOM

PREMIUM
LONDON DRY GIN

A delicate floral
gin inspired by the true
beauty of nature

Luispiz
Arribou a Portugal

CITADELLE GIN

44 %

HERKUNFT

Citadelle Gin ist ein französischer Gin mit 19 verschiedenen pflanzlichen Zutaten, der dreifach destilliert wird. Die Marke kam erstmals 1998 auf den Markt. Citadelle wird in der Stadt Cognac von Gabriel & Andreu produziert und von Cognac-Ferrand vertrieben. Namenspatron des Gins ist eine in Dünkirchen gelegene Brennerei aus dem 18. Jahrhundert. Dieser Gin hat derart viele Preise gewonnen, dass sie sich hier gar nicht alle aufzählen lassen. Für die Botanicals werden keine Kosten gescheut: Um diese Schatzkiste an Aromaträgern zu bestücken, wurde weltweit nach den besten Zutaten gesucht.

GESCHMACK UND AROMA

Auf der Basis von frischen Blüten, Jasmin, Geißblatt und Zimt entfaltet sich sein angenehmer und aromatischer Charakter. Es ist ein Gin mit einem ungewöhnlich breiten Aromenspektrum – was allerdings bei 19 verschiedenen Botanicals nicht weiter verwundert. Je länger man ihn im Mund behält, umso mehr verändert sich der Aromenkomplex, und Zutaten wie Anis, Getreide und Zimt treten in den Vordergrund. Ein lebhafter, ausgeprägt blumiger Gin.

WEITERE GIN-KREATION

• Citadelle Réserve Gin / 44,7 % / gelagert

ZUTATEN

Wacholderbeeren aus Frankreich
Koriander aus Marokko ....
Orangenschalen aus Mexiko .
Kardamom aus Indien ....
Lakritze aus China ....
Kubebenpfeffer aus Java ....
Aromastoffe aus Frankreich ..
Fenchel vom Mittelmeer........
Iriswurzeln aus Italien ....
Zimt aus Sri Lanka ....
Veilchen aus Frankreich ....
Mandeln aus Spanien.............
Cassia-Zimt aus Südostasien
Angelika aus Deutschland .....
Paradieskörner (eine Pfefferart)
Kreuzkümmel aus Holland ...
Muskat aus Indien...................
Zitronen aus Spanien.............
Sternanis aus Frankreich ....

KOMBINIEREN MIT

fruchtigem Tonic (oder neutralem Tonic)

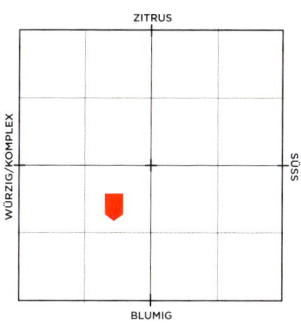

DÄNEMARK

44 %
GERANIUM GIN

ZUTATEN

Wacholderbeeren ....
Öl aus dänischen Geranien ....
Koriander ....
Zitronenschalen ....
Angelika ....
Iriswurzeln ....
Anis ....
Zimt und weitere ungenannte
Zutaten

KOMBINIEREN MIT

fruchtigem Tonic
(oder neutralem Tonic)

WEITERE GIN-KREATION

• Geranium 55 Gin /
  55 % / extra stark

HERKUNFT

Geranium Gin ist die Kreation eines Teams aus
Vater und Sohn, das sich familienintern auf die
Suche nach dem perfekten Gin begab. Der Däne
Henrik Hammer und sein Vater haben einen Gin
geschaffen, dessen Geschmack trocken und zugleich blumig ist. Dieser London Dry Gin kombiniert Wacholderbeeren mit dem Öl von Gera-
nienpflanzen. Der Geranium Gin wird auf
traditionelle Art gebrannt, allerdings ergänzt
durch ein paar neue Verfahren. Henriks Vater,
einem Chemiker, gelang die Extraktion der
ätherischen Öle aus der Geranienpflanze, und
wir können diese Ergebnisse heute genießen –
bzw. vielmehr trinken.

GESCHMACK UND AROMA

Geranium Gin hat ein leicht pikantes und
deutlich blumiges Aroma, geschmackliches
Rückgrat ist dabei sein London-Dry-Charakter.

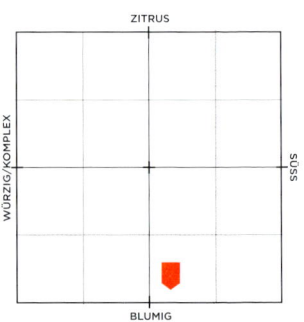

Geranium

*Premium
London Dry Gin*

by Hammer & Son

GOLD 999,9 DISTILLED GIN

HERKUNFT

Die Geschichte des Gold 999,9 Gin beginnt (zumindest so, wie sie erzählt wird) mit einem vergoldeten Brennkessel, der Anfang des 20. Jahrhunderts im Elsass entdeckt wurde. Offenkundig stammte er aus der Zeit des Deutsch-Französischen Kriegs von 1870/71. Der heutige Besitzer erwarb den Brennkessel, um damit eine *goldene* Spirituose zu erzeugen. So kam der Gin zu seinem Namen: Gold 999,9 bzw. Feingold. Der Gold 999,9 Finest Blend wird heute in Fougerolles von The Water Company gebrannt. In manchen afrikanischen Ländern hat dieser Gin nicht zuletzt wegen seiner auffallenden Aufmachung eine treue Anhängerschaft.

GESCHMACK UND AROMA

Das anfängliche Aroma prägen unzweifelhaft Wacholderbeeren, direkt gefolgt von einem Hauch Mandarine. Am Ende entfalten sich schlagartig blumige Noten, für die vor allem Enzian, Veilchen und Mohn verantwortlich sind.

ZUTATEN

Wacholderbeeren ....
Mandarinen ....
Ingwer ....
Veilchen ....
Mohn ....
Koriander ....
Angelikawurzeln....................
Zimt ....
Enzian ....

KOMBINIEREN MIT

fruchtigem oder neutralem Tonic

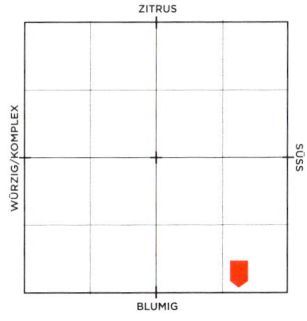

G'VINE FLORAISON

40 %

HERKUNFT

G'Vine Gin wird von EuroWineGate produziert, einem 2001 gegründeten französischen Unternehmen, das im Arrondissement Cognac an-

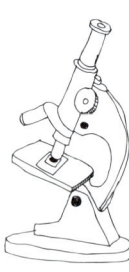

sässig ist. Die Gründer sind Önologen und haben zusammen eine über 45-jährige Erfahrung in der Produktion und dem Verkauf von Weinen und Spirituosen. Grundlage für diesen gewagten Gin der höchsten Luxusklasse ist die seit alters her geschätzte Ugni-Blanc-Traube. Die Marke vollführt den Brückenschlag von einem aromatisierten Wodka zum Gin. Floraison ist die französische Bezeichnung für die Blütezeit, wenn die Fruchtbildung der Weintrauben gerade einsetzt. Das geschieht jedes Jahr Mitte Juni. Der G'Vine Gin hat zahlreiche Preise gewonnen.

GESCHMACK UND AROMA

Der Geschmack des G'Vine ist mild, mit Nuancen von Blüten und Gras. Sein Aromenspektrum ist phänomenal: samtig, vollmundig, mild sowie von überwältigender Würze, robust, intensiv und keck. Hier trifft man auf einen Alkohol, der sanfter und stärker ist als der eines klassischen Gins auf Getreidebasis. Neben der Geschmacksvielfalt der übrigen aromatischen Pflanzen ist auch die sanfte Note von Weinblüten wahrnehmbar.

ZUTATEN

Wacholderbeeren ....
Ugni-Blanc-Trauben ....
Koriander ....
Pfefferkörner ....
Ingwer ....
Lakritze ....
Kardamom ....
Cassia-Zimt ....
Limetten ....

KOMBINIEREN MIT

1724 Tonic Water oder Fever-Tree Tonic

WEITERE GIN-KREATION

• G'Vine Nouaison /
  43,9 % / komplex

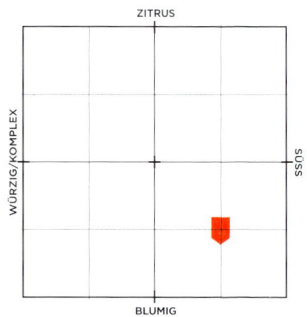

hernö

swedish excellence

40,5 %

HERNÖ SWEDISH
EXCELLENCE GIN

HERKUNFT

Hernö Gin kommt aus der am nördlichsten gelegenen Brennerei der Welt im nordschwedi-
schen Dala. Gebrannt wird der Gin in einem
Kupferkessel mit einem Fassungsvermögen
von 250 Liter, der in Deutschland von Hand
gefertigt wurde. Der Kupferkessel heißt *Kierstin*
und wurde 2012 montiert. Der gesamte Pro-
duktionsablauf geschieht von Hand, und es
werden ausschließlich natürliche Botanicals
sowie Getreidealkohol aus eigener Produktion
verwendet. Bevor die Destillation beginnt,
lässt man die acht Botanicals im Kessel für
mindestens 18 Stunden mazerieren. Der Gin
besitzt eine ausgeprägte Persönlichkeit, die
die Individualität von Brennerei und Brennmeister widerspiegelt.

GESCHMACK UND AROMA

Den Anfang machen Wacholdernoten, bevor
blumige Aromen geballt in Erscheinung treten. Der Abgang ist lang und klingt mit viel-
fältigen Zitrus- und Nussaromen nach, für
Letztere ist die Verwendung von Mandeln
und Muskat verantwortlich.

 www.hernogin.com

ZUTATEN

Wacholderbeeren ....
Koriander ....
Echtes Mädesüß ....
Cassia-Zimt ....
Schwarzer Pfeffer ....
Vanille......................................
Preiselbeeren ....
Zitronenschalen......................

KOMBINIEREN MIT

fruchtigem Tonic (oder neutralem Tonic)

WEITERE GIN-KREATIONEN

• Hernö Navy Strength Gin /
  57 % / extra stark
• Hernö Old Tom Gin /
  43 % / süßer Retro-Gin
• Hernö Juniper Cask Gin /
  47 % / gelagert

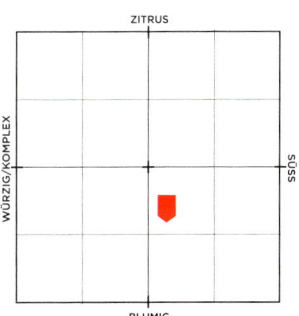

MAYFAIR LONDON DRY GIN

HERKUNFT

Mayfair Gin entstammt dem Geist von vier Unternehmern, die die Vielfalt und die Eleganz ihres Stadtteils einfangen wollten – dem Londoner Stadtteil Mayfair in Westminster. Den Ruf dieser Gegend bestimmen zahlreiche Botschaften, Fünfsternehotels und angesehene Gastronomiebetriebe. Der Gin wird vor Ort bei den Thames Distillers gebrannt. Diese Brennerei wird in London seit mehr als 300 Jahren von derselben Familie betrieben. Charles Maxwell, der derzeitige Chef, repräsentiert die achte Generation der Familie. Die Destillerie verwendet einen kupfernen Brennkessel namens Thumbelina.

GESCHMACK UND AROMA

Die überbordende Präsenz der Kräuter bietet dem Gaumen ein geschmackliches Feuerwerk. Der Nachgeschmack ist blumig.

ZUTATEN

Wacholderbeeren ....
Koriandersamen ....
Angelikawurzeln....................
Bohnenkraut ....
Iriswurzeln und weitere Zutaten

KOMBINIEREN MIT

fruchtigem Tonic
(oder neutralem Tonic)

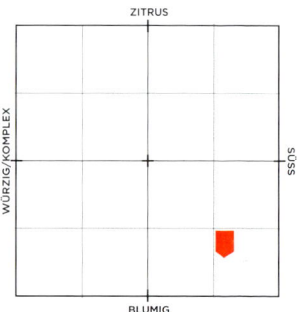

ZITRUS

WÜRZIG/KOMPLEX

SÜSS

BLUMIG

NOLET'S DRY GIN

47,6 %

HERKUNFT

1691 gründete Joannes Nolet in der niederländischen Stadt Schiedam seine Brennerei. Mittlerweile produziert die Destillerie Nolet in Schiedam seit zehn Generationen hochwertige Spirituosen. Es ist die älteste noch betriebene Brennerei in den Niederlanden, die sich im Besitz der Gründerfamilie befindet. Für Nolet's Silver Dry Gin werden außergewöhnliche Botanicals verwendet, die für Gin völlig neu sind, wie türkische Rosen, Pfirsiche und Himbeeren. Die Grundlage für diesen Gin wird im Pot-Still-Verfahren destilliert. Die Extrakte von Rosen, Pfirsichen und Himbeeren werden separat gebrannt und dann mit dem Wacholderbrand zusammengeführt. Anschließend darf die Mischung ruhen, damit sich das perfekte Gleichgewicht einstellt.

GESCHMACK UND AROMA

Dieser Premium-Gin der Extraklasse ist ein gutes Beispiel für einen fruchtig-blumigen Gin mit den Aromen von Rosen, Pfirsichen und Brombeeren. Der Geschmack ist für einen Gin, gelinde gesagt, überraschend und weicht von dem traditionellen Wacholderaroma ab. Trotz seines hohen Alkoholgehalts ist dieser Gin sehr mild.

 www.noletdistillery.com

ZUTATEN

Wacholderbeeren ....
Weizen ....
Limetten ....
Iriswurzeln ....
Lakritze....................................
Pfirsiche...................................
Himbeeren ....
Rosen aus der Türkei ....

KOMBINIEREN MIT

fruchtigem Tonic
(oder neutralem Tonic)

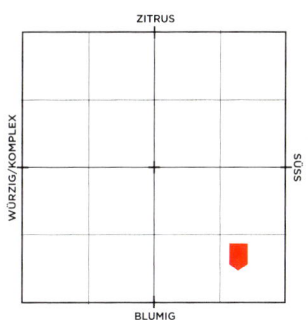

TANN'S GIN

HERKUNFT

Tann's Gin ist seit 1977 auf dem Markt – womit er schon zu den Gin-Veteranen zählt. Er kommt aus der Region um Barcelona. Produziert wird er von der Destilerias Campeny mittels eines dreistufigen Infusionsverfahrens. Da das Unternehmen die südeuropäischen Märkte im Blick hat, bemühte man sich bei der Herstellung, die frischen fruchtigen und blumigen Aspekte dieses Gins stärker hervorzuheben. Der Geschmack hat daher im Lauf der Jahre eine leichte Wandlung erfahren. Tipp: Um sich einen ersten Eindruck zu verschaffen, sollte man diesen Gin mit einer natürlichen Limonade probieren. Dieser Gin hat in den letzten Jahren verschiedene Preise gewonnen: die Bronzemedaille bei der IWSC, Silber beim Spirit Award in Brüssel, Silber bei der Spirits Challenge sowie eine Goldmedaille beim Spirits Business Award.

GESCHMACK UND AROMA

Ein trockener, dabei aber blumiger Gin; der Nachgeschmack ist rein.

ZUTATEN

Wacholderbeeren ....
Koriandersamen ....
Gurken..
Rosenblätter............................
Kardamom.................................
Mandarinenschalen ....
Orangenblüten.........................
Zitronenschalen.....................
Lakritze ....
Himbeeren ....

KOMBINIEREN MIT

fruchtigem Tonic
(oder neutralem Tonic)

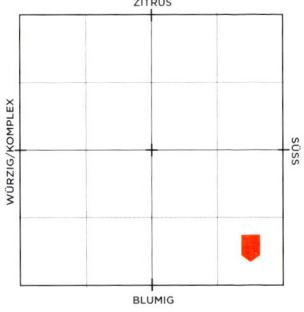

TARQUIN'S HANDCRAFTED CORNISH DRY GIN

42 %

HERKUNFT

Tarquin's Handcrafted Gin stammt von der wilden Atlantikküste Nordcornwalls. Die Small-Batch-Produktion erfolgt bei der dortigen Southwestern Distillery. Überwacht wird sie von Tarquin, dem Gründer und Destillationsmeister. Neben Gin stellt das Familienunternehmen auch Pastis her. Das Herz der Brennerei ist der kupferne Brennkessel namens Tamara. Bei der IWSC 2014 gewann Tarquin's Gin eine Goldmedaille. Manche der Zutaten, wie die Devon-Veilchen, stammen aus dem eigenen Garten der Familie. Die übrigen Botanicals kommen aus der ganzen Welt.

GESCHMACK UND AROMA

Sein Duft erinnert an den süßen Hauch, den Orangenblüten verströmen. Der Geschmack ist frisch und süß mit exotischen Noten. Der Nachgeschmack ist eher kräutrig (vorwiegend Kardamom).

ZUTATEN

Wacholderbeeren aus dem Kosovo.....................................
Devon-Veilchen aus Nordcornwall ....
Koriandersamen aus Bulgarien
Süßorangenschalen................
Zitronenschalen......................
Grapefruitschalen...................
Angelikawurzeln aus Polen ...
Iriswurzeln aus Marokko ......
Samen des Grünen Kardamoms aus Guatemala..............
Bittermandeln aus Marokko .
Zimt aus Madagaskar.............
Lakritze aus Usbekistan.........

KOMBINIEREN MIT

neutralem oder fruchtigem Tonic

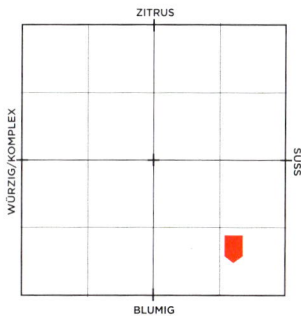

THE DUKE MUNICH DRY GIN

45 %

HERKUNFT

Benannt wurde dieser Gin nach Heinrich dem Löwen, Herzog von Sachsen und Bayern. Anno 1158 legte er durch die Verlagerung der Salzstraße und den Bau einer Brücke über die Isar den Grundstein für den wirtschaftlichen Aufstieg Münchens zur späteren Hauptstadt des bayerischen Königreichs. Der Duke Gin wird in München unter Verwendung von 13 Botanicals hergestellt. Darunter auch zwei typischerweise für Bier verwendete Aromaträger: Hopfen und Malz. Alle verwendeten Kräuter stammen aus ökologischer Landwirtschaft. Für den Charakter des Duke Gins sind vor allem unbehandelte Wacholderbeeren verantwortlich. Vor dem Abfüllen in Flaschen wird der Gin gefiltert und erlangt so seine Reinheit.

GESCHMACK UND AROMA

Nase und Gaumen umschmeicheln Wacholderbeeren, doch bei der Verkostung lässt sich auch Koriander deutlich identifizieren. Ein markant blumiger Geschmack sowie ein cremiger Nachgeschmack mit Anklängen von Schokolade und Kaffee.

ZUTATEN

Wacholderbeeren ....
Koriander ....
Zitronenschalen.....................
Lavendel..................................
Ingwer ....
Orangenblüten........................
Hopfen ....
Malz ....
Zimtrinde ....
Großfrüchtige Moosbeeren
(Cranberries) ....
Kümmel ....
Eine Geheimzutat...................

KOMBINIEREN MIT

neutralem oder aromatischem Tonic

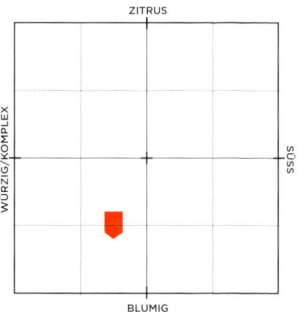

ZITRUS

WÜRZIG/KOMPLEX

SÜSS

BLUMIG

THE LONDON N°1 GIN

HERKUNFT

Der London N°1 wird in begrenzter Stückzahl unter den wachsamen Blicken des Meisterdestillateurs Charles Maxwell vierfach destilliert. Seine markante Farbe verschafft ihm den Beinamen The Original Blue Gin. Die auffallende Blaufärbung kommt von der Mazeration mit Gardenienblüten. Dieser Gin der höchsten Premiumklasse hat vier Charakteristika: Quellwasser aus Nordlondon, bestes Getreide aus Suffolk und Norfolk, ein gewissenhafter Destillationsvorgang sowie die Nutzung von einem Dutzend Kräutern und Gewürzen aus der ganzen Welt. Der London N°1 gehört zum exklusiven Zirkel von Gins, die noch in London selbst destilliert werden.

GESCHMACK UND AROMA

Gardenien prägen diesen Gin, und das riecht man schon beim Öffnen der Flasche. Der Geschmack ist eher süß, dabei aber mit kräutrigen Akzenten.

ZUTATEN

Wacholderbeeren aus Kroatien ....
Schwarze Johannisbeeren aus Hongkong.........................
Anis aus der Türkei ....
Zimt aus Sri Lanka ....
Koriander aus Marokko ....
Iriswurzeln aus Italien ....
Zitronen- und Orangenschalen aus Italien ....
Bohnenkraut aus den französischen Alpen...........................
Mandeln aus Griechenland ...
Gardenien ....
Bergamotte-Öl ....

KOMBINIEREN MIT

fruchtigem Tonic (oder neutralem Tonic)

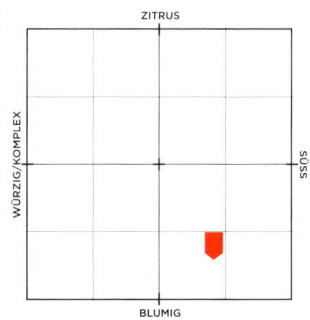

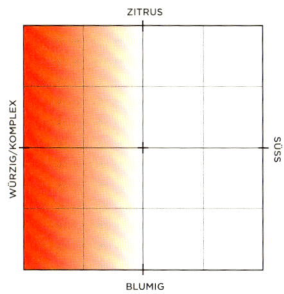

AUF DER LINKEN SEITE: WÜRZIG/KOMPLEX
MIT AROMATISCHEN TONICS KOMBINIEREN
(ODER MIT NEUTRALEN TONICS)

Es überwiegen komplexe Aromen und würzige Noten. Hier finden Sie erdige Geschmacksnuancen, Pfeffer und Anklänge von Kräutern und Gewürzen wie Fenchel und Ingwer, aber auch Schokolade, Äpfel und Holz. Gins, die in diesem Segment der Geschmackspalette liegen, sind für den Gin-Liebhaber ein wahres Vergnügen. Bei den anderen Bereichen unserer Geschmacksmatrix kann man von einheitlichen Aromen sprechen. Das bedeutet beileibe nicht langweilig, sondern steht eher für die Verlässlichkeit des Inhalts. Mit den Gins dieser Kategorie erlebt der Genießer jedoch eine Achterbahnfahrt an Geschmackseindrücken. Wer einen würzig/komplexen Gin pur probiert, wird bemerken, dass die ersten charakteristischen Aromen des Gins häufig im Körper durch neue Nuancen ergänzt werden. Im Abgang zeigen sich sogar meist noch weitere neue Geschmackseindrücke. Es ist jener Facettenreichtum, der den Geschmack komplexer Gins charakterisiert. Tatsächlich werden wir immer wagemutiger, umso regelmäßiger wir diese Gins probieren. Die Abenteurernaturen werden auf dem Jahrmarkt eben immer magisch von der Achterbahn angezogen. Sie gehen lieber auf Nummer sicher? In dem Fall wäre es vermutlich klug, diesen Bereich der Geschmacksmatrix auszusparen.

BLACKWOODS VINTAGE DRY GIN

HERKUNFT

Blackwoods Gin ist ein schottischer Dry Gin der Premiumklasse mit Kräutern von den Shetlandinseln. Diese Inselgruppe befindet sich nordöstlich des schottischen Festlands. Obwohl sie seit 1472 zu Schottland gehört, liegt das norwegische Bergen geografisch näher als Edinburgh. Das Klima der Shetlandinseln ähnelt stark dem skandinavischen: lange Winter und kurze Sommer. Die Inseln faszinieren durch spektakuläre Landschaften und sind an schönen Tagen wahrhaft idyllisch. Atemberaubend sind aber auch die Stürme, die regelmäßig über sie hinwegfegen. Auf den schwer erreichbaren Klippen gedeihen wunderschöne, seltene Blumen, doch aufgrund der extremen klimatischen Bedingungen wachsen auf den Inseln nur einige Hundert Pflanzenarten. Der Blackwoods Gin wird auf Grundlage eines regionalen skandinavischen Rezepts produziert. Alljährlich, im kurzen nordischen Sommer, werden die pflanzlichen Zutaten von Hand gepflückt. Die Jahreszahl auf der Flasche gibt an, aus welchem Jahr die Botanicals stammen. Hieraus ergeben sich leichte geschmackliche Unterschiede. Neben der Variante, die 40 % Alkohol enthält, gibt es auch einen 60%igen Gin. Dieser wurde speziell für kundige Mixologen entwickelt. Pro Jahr werden nur 22.000 Flaschen produziert – genauso viele, wie Einwohner auf den Shetlandinseln leben.

ZUTATEN

Wacholderbeeren ....

Grasnelken ....

Sumpfdotterblumen...............

Echtes Mädesüß ....

Koriander ....

Zitronenschalen......................

Zimt ....

Lakritze....................................

Muskat......................................

GESCHMACK UND AROMA

Die Nase nimmt Zitrus- und Orangenaromen in Hülle und Fülle wahr. Der Gin ist am Gaumen mild, dabei aber frisch mit deutlichen Verweisen auf Wacholder. Ein pflanzenbasierter Gin, der eine Hommage an die Shetlandinseln ist.

KOMBINIEREN MIT

neutralem oder aromatischem Tonic

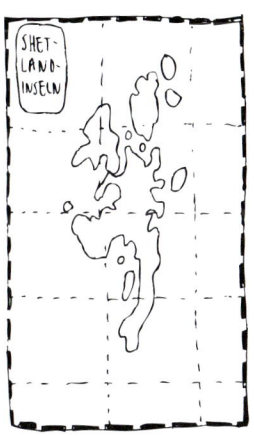

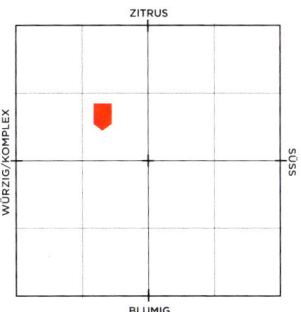

Reisetbauer

BLUE
GIN

PREMIUM
AUSTRIAN
QUALITY
VINTAGE
DISTILLED
DRY GIN
SMALL BATCH

43% VOL ℮ 70CL

40 % BLUE GIN

HERKUNFT

Der Blue Gin stammt aus den Händen des österreichischen Destillateurs Hans Reisetbauer,
der diesen überraschenden Gin 2006 auf den
Markt brachte. Der Destillationsvorgang ist
ungewöhnlich. Kleine Kupferblasen, von denen
jede 300 Liter fasst, werden für die erste Destillation der Ausgangsstoffe genutzt. Im Pot-
Still-Verfahren wird ein Rohbrand mit
40 % Vol. aus der Getreidesorte *Mulan* und
Mais erzeugt. Bei der zweiten Destillation
kommen 96%iger Alkohol und 27 Botanicals
aus nicht weniger als zehn verschiedenen
Ländern zum Einsatz. Darunter Spanien, Viet-
nam, Ägypten, Rumänien, China, Indonesien,
die Niederlande, die Türkei und die Vereinigten Staaten. Nach der dreitägigen Mazerati-
onsphase wird die Mischung erneut im Pot-
Still-Verfahren verarbeitet, dabei werden die
Botanicals und der Alkohol voneinander
getrennt. Zu guter Letzt wird der Blue Gin
noch mit kristallklarem Quellwasser von einer
Alm verdünnt.

GESCHMACK UND AROMA

Der Geschmack ist frisch, elegant und würzig.
Die typischen Wacholderaromen werden durch
Zitrusnoten komplettiert. Den würzigen Abgang
mit seinem überraschend erdigen Geschmack
sollte man auf alle Fälle einmal probiert haben.

ZUTATEN

Wacholderbeeren ....
Geriebene Zitronenschalen......
Angelika ....
Koriandersamen ....
Kurkuma......................................
Lakritze..

KOMBINIEREN MIT

aromatischem Tonic
(oder neutralem Tonic)

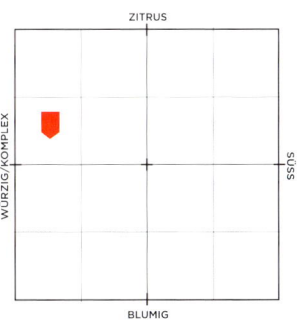

40 %

BULLDOG GIN

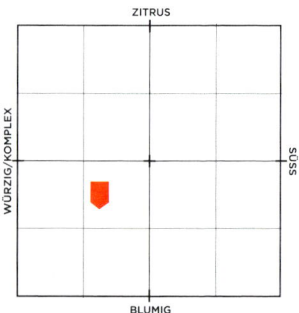

HERKUNFT

Ein betont maskuliner Gin aus London, den 2007 ein ehemaliger Investmentbanker auf den Markt brachte. Die zwölf Botanicals in dem Gin dokumentieren die Weltoffenheit der Marke. Als Zeichen seines dominanten Charakters schmückt die Flasche des Bulldog Gins ein nietenbesetztes Hundehalsband. Dieser Gin wird vierfach destilliert und findet weltweit regen Zuspruch. Bulldog Gin lässt sich hervorragend *on the rocks* genießen. Er weiß sich aber auch in jedem Cocktail zu behaupten.

GESCHMACK UND AROMA

Sobald man es wagt, die Flasche zu öffnen, macht sich schon ein ausgesprochen blumiges Bouquet von Koriander und Zitrusfrüchten bemerkbar. Am Gaumen zeigt er sich sehr trocken und mild, wobei Wacholderbeeren dominieren. Pflanzliche Aromen sorgen für die Ausgewogenheit des Bulldog Gins.

ZUTATEN

Wacholderbeeren ....
Mandeln...................................
Lavendel...................................
Cassia-Rinde ....
Koriandersamen ....
Longan-Früchte (eine Art Litchi)....................................
Lakritze....................................
Mohn ....
Lotusblätter ....

KOMBINIEREN MIT

aromatischem Tonic
(oder neutralem Tonic)

WEITERE GIN-KREATION

• Bulldog Gin Extra Bold / 47 % / extra stark

ZITRUS

WÜRZIG/KOMPLEX

SÜSS

BLUMIG

BULLDOG

A Brazen B...
Perfectly B...
Natural Pro...
And Hint...
Bulldog G...
Tra...
Mee...
B...

GROSSBRITANNIEN

DODD'S GINH

HERKUNFT

Dodd's Gin ist der erste Gin der London Distillery Company. Das Unternehmen wurde 2011 durch Crowdfunding gegründet und produziert auch Whisky. Ansässig ist es – zusammen mit anderen Unternehmen, darunter eine Bar, ein Boxclub, eine Kunstgalerie, ein Design-Atelier sowie ein Streetfood-Wagenbetreiber – in einer ehemaligen Molkerei im Londoner Stadtbezirk Battersea.

Für die Destillation ist derzeit der Chemiker Andrew MacLeod Smith verantwortlich. Bemerkenswert an diesem Gin ist die Tatsache, dass er aus zwei separat gebrannten Gins besteht, die miteinander zum Dodd's Gin gemischt werden. Zuerst wird ein klassischer London Dry Gin produziert, und danach wird ein zweites Destillat aus Botanicals gebrannt. Einige Wochen später werden die beiden Brände gemischt und mit einem Alkoholgehalt von 49,9 % abgefüllt. Einzigartig ist bei diesem Gin auch die Verwendung von Honig. Graham Michie, der ebenfalls an der Gin-Produktion beteiligt ist, stellt inzwischen eigene Tonic-Sirups her. Was für ein kreativer Geist!

GESCHMACK UND AROMA

Ein milder und hervorragend ausbalancierter Gin mit einem kleinen Honiggruß auf der Zunge.

ZUTATEN

Wacholderbeeren ....
Kardamom...............................
Angelikawurzeln......................
Frische Limettenschalen ....
Himbeeren ....
Lorbeer (*Laurus nobilis*) ....
Kalifornischer Lorbeer (*Umbellularia californica*) ....
Honig von der London Honey Company und weitere Zutaten

KOMBINIEREN MIT

neutralem oder aromatischem Tonic

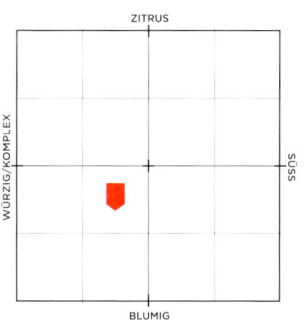

44 % FERDINAND'S SAAR DRY GIN ¹
30 % FERDINAND'S SAAR QUINCE GIN ²

HERKUNFT

Ferdinand's Saar Dry Gin wird aus Riesling-Trauben hergestellt, die auf dem Weingut Zilliken an den steilen Schieferhängen des Saarburger Rauschs von Hand gelesen werden. Für einen Gin von außergewöhnlicher Qualität sorgen neben der Handwerkskunst des Meisterbrenners Andreas Vallendar auch die mehr als 30 fein aufeinander abgestimmten Botanicals. Manche von ihnen stammen direkt aus dem Weinberg, während andere extra vor Ort angebaut werden. Ferdinand's Saar Dry Gin verdankt seinen Namen dem königlich-preußischen Forstmeister Ferdinand Geltz. Diese historische Persönlichkeit war Mitgründer des VDP Mosel-Saar-Ruwer Weinguts Zilliken, einem der schönsten Weingüter Deutschlands. Ferdinand's Quince Gin wird aus frisch gepflückten Quitten hergestellt, die in der Nachbarschaft der Brennerei wachsen. Wie Ferdinand's Saar Gin wird auch dieser Gin nach der Destillation mit Wein infundiert, und zwar mit einem Rausch Riesling Kabinett.

ZUTATEN FERDINAND'S SAAR DRY GIN

Wacholderbeeren ....
Thymian...................................
Lavendel..................................
Schlehen ....
Hagebutten..............................
Angelikawurzeln......................
Hopfenblüten ....
Rosen ....
Mandeln..................................
Koriander ....
Ingwer.....................................

ZUTATEN FERDINAND'S SAAR QUINCE GIN

Wacholderbeeren ....
Thymian...................................
Lavendel..................................
Schlehen ....
Hagebutten..............................
Angelikawurzeln......................
Hopfenblüten ....
Rosen ....
Mandeln..................................
Koriander ....
Ingwer.....................................
Quitten ....

KOMBINIEREN MIT

aromatischem oder
neutralem Tonic

GESCHMACK UND AROMA FERDINAND'S SAAR DRY GIN

Das Aroma weist neben Zitrusanklängen blumige und grasige Noten auf, doch auch Trauben und Wacholderbeeren sind wahrnehmbar. Lavendel und Rosenblätter hauchen der geschmacklichen Komplexität Leben ein, dem sich dann noch das Rieslingaroma hinzugesellt.

GESCHMACK UND AROMA FERDINAND'S SAAR QUINCE GIN

Ein wunderbares Gleichgewicht von süß und bitter. Dank seines geringen Alkoholgehalts lässt er sich auch hervorragend pur genießen.

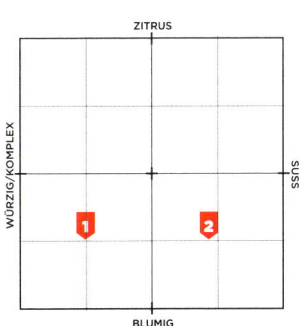

43 % INVERROCHE CLASSIC GIN

HERKUNFT

Inverroche Gin ist der erste Gin aus Südafrika und ist Beleg für den weltweiten Siegeszug des Gins. Die Inverroche Distillery ist als sogenannte *limited distillery* zugelassen, sie ist in der Region verwurzelt, hat ein begrenztes Produktionsvolumen und liefert eine hervorragende Qualität. Der Ort Inverroche liegt an der Mündung des Goukou River in den Indischen Ozean, in der Nähe des Küstenorts Stilbaai. Die Gegend besticht durch ihre Naturschönheiten: Hinter sanften Hügeln und Dünen zeigen sich Berge mit ursprünglichen Wäldern. Die Brennerei ist von Weingärten, Olivenhainen und landestypischer Fynbos-Vegetation umgeben. Der Name Inverroche geht auf keltische und französische Ortsangaben zurück. Das keltische *Inver* steht für die Vereinigung von Gewässern. *Roche* ist das französische Wort für Felsen und bezieht sich auf die Kalksteinfelsen der Gegend. Die Gebäude der Brennerei sind aus diesem Kalkstein errichtet, das Logo ist ein geometrisches Blütenornament, welches das Wechselspiel von Wasser und Felsen symbolisiert. Inverroche Gin Classic wird zweifach destilliert, und neben Wacholderbeeren spielen Pflanzen der örtlichen Fynbos-Vegetation eine weitere Hauptrolle.

ZUTATEN

Wacholderbeeren ....
Fynbospflanzen ....
Cassia-Rinde ....
Zimt ....
Anis ....
Lakritze ....
Süßorangenschalen ....
Zitronenschalen ....
Ingwer ....
Angelikawurzeln ....
Fenchelsamen ....
Koriandersamen ....
Sternanis ....
Kardamom ....
Iriswurzeln ....
Limettenschalen ....
Paradieskörner ....
Muskat ....
Kalmuswurzeln und weitere
Zutaten

KOMBINIEREN MIT

aromatischem Tonic
(oder neutralem Tonic)

WEITERE GIN-KREATIONEN

- Inverroche Gin Amber /
  43 % / gelagert
- Inverroche Gin Verdant /
  43 % / blumig

GESCHMACK UND AROMA

Ein eleganter, belebender und komplexer Gin, hergestellt mit einer geschmackvollen Mischung afrikanischer und traditioneller Kräuter. Erfrischend und trocken am Gaumen mit Kopfnoten von Wacholder und Zitrus, denen Kräuteraromen folgen. Feine Fynbosnoten verleihen dem Gin einen milden Abgang.

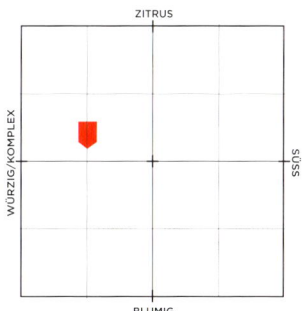

41,5 %

MOMBASA CLUB GIN

ZUTATEN

Wacholderbeeren ....
Cassia-Rinde ....
Kreuzkümmel..........................
Koriander ....
Gewürznelken ....
Tropische Angelika ....

HERKUNFT

Der Mombasa Club Gin ist ein archetypischer Retro-Gin. Hergestellt wird er nach einer Rezeptur aus dem 19. Jahrhundert, die ursprünglich für britische Kolonisten in Mombasa (Kenia) bestimmt war. Diese Kolonisten gründeten den ersten exklusiven Klub, den legendären Mombasa Club. Einige seiner Klubmitglieder, natürlich ausschließlich Engländer, hatten das Vorrecht, diesen Gin zu genießen. Heutzutage wird diese Spirituose aus sorgsam ausgewählten aromatischen Kräutern und Gewürzen handwerklich hergestellt. Den authentischen Aromen dieser exklusiven Rezeptur wurde so neues Leben eingehaucht.

KOMBINIEREN MIT

aromatischem Tonic
(oder neutralem Tonic)

WEITERE GIN-KREATION

• Mombasa Colonel's Reserve / 43,5 % / würzig

GESCHMACK UND AROMA

Der Mombasa Club Gin riecht exotisch und schmeckt süß, zugleich aber auch frisch. In einem Wort: elegant. Insgesamt ist er recht würzig, und die Limetten- und Anisaromen runden den Charakter ab. Im Abgang zeigen sich lang anhaltende Bitternoten. Mombasa Club Gin eignet sich hervorragend für den Genuss *on the rocks*.

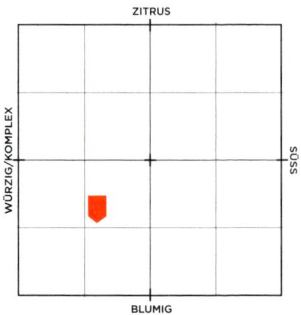

MONKEY 47

HERKUNFT

Der Monkey 47 ist ein komplexer, vollaromatischer Gin aus dem Schwarzwald. Die Zahl in seinem Namen bezieht sich sowohl auf die Anzahl der verwendeten Botanicals (47) als auch auf den Alkoholgehalt (47 %). Vor der Abfüllung in Flaschen reift der Monkey 47 etwa 100 Tage in Steingutgefäßen. Auf dem Etikett ist nicht nur das Abfülldatum angegeben, sondern auch die jeweilige Nummer von Reifegefäß und Flasche. Neben der traditionellen britischen Rezeptur wird der Charakter des Monkey 47 auch durch die Botanicals bestimmt, die aus dem Schwarzwald und aus Indien stammen. Der Gin wird von der Brennerei Black Forest Distillers produziert.

GESCHMACK UND AROMA

Monkey 47 ist ein höchst ungewöhnlicher Gin mit einem reinen Geschmack. Den Wacholder- und Zitrusaromen gesellen sich süße und blumige Noten hinzu, was dem Gin einen pikanten Biss verleiht. Pfeffrige Gewürze und bittere Früchte vervollständigen den Genuss.

ZUTATEN

47 Botanicals, darunter
Wacholderbeeren ....
Großfrüchtige Moosbeeren
(Cranberrys) ....
Kiefernnadeln ....
Lavendel ....
verschiedene Pfeffersorten ...
Gewürznelken ....
Etwa die Hälfte der Botanicals stammt aus dem Schwarzwald.

KOMBINIEREN MIT

aromatischem Tonic
(oder neutralem Tonic)

WEITERE GIN-KREATIONEN

• Monkey 47 Distiller's Cut/
  47 %/komplex
• Monkey 47 Sloe Gin/
  29 %/Schlehenlikör

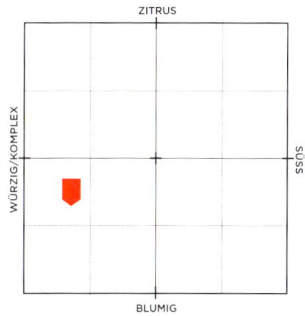

40 %

OPIHR
ORIENTAL SPICED
LONDON DRY GIN

ZUTATEN

Wacholderbeeren aus dem
Umland Venedigs....................
Kubebenpfeffer aus Malaysia
Schwarzer Pfeffer und Kar-
damom aus Indien..................
Kreuzkümmelsamen aus der
Türkei.......................................
Koriander aus Marokko ....
Orangen aus Spanien ....

KOMBINIEREN MIT

aromatischem Tonic
(oder neutralem Tonic)

HERKUNFT

Der Opihr Oriental Spiced London Dry Gin
wird in Großbritannien produziert, gewürzt
wird er mit Zutaten aus aller Welt. Auf der
sehr unterhaltsam gestalteten Unternehmens-
website kann man die Reise der Gewürze auf
originelle Art nachvollziehen. Gebrannt wird
der Gin in der ältesten Destillerie Englands, bei
G & J Distillers.

GESCHMACK UND AROMA

Ein exotischer und komplexer Gin mit dem
zarten Duft von Kreuzkümmel, Kardamom
und Zitrusfrüchten. Pfeffrige Noten sind die
perfekte Ergänzung zu den anderen Kräuteraromen.

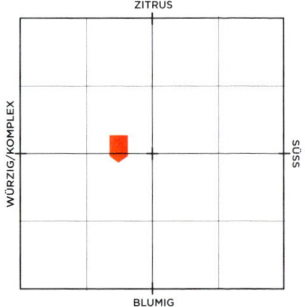

WÜRZIG/KOMPLEX

ST. GEORGE
TERROIR GIN [1], BOTANIVORE GIN [2] & DRY RYE GIN [3]

HERKUNFT

St. George Spirits wurde 1982 von Jörg Rupf als kleine handwerkliche Brennerei gegründet. Mittlerweile ist St. George Spirits von einem Einmannbetrieb zu einem großen Unternehmen expandiert, das sich über 65.000 m² erstreckt. Die dort tätigen Destillateure fühlen sich allerdings immer noch den ursprünglichen Werten verpflichtet. Die Brennerei befindet sich auf dem Gelände der früheren Alameda Naval Air Station in Kalifornien. Derzeit umfasst ihr Angebot drei Gins. Unter den verschiedenen Botanicals im Terroir Gin sind drei hervorzuheben, die eine Hommage an den *Golden State* Kalifornien darstellen, dies sind Douglaskiefer, Kalifornischer Lorbeer und Salbei. Der Begriff Terroir wird im übertragenen Sinne verwendet, er bezieht sich auf die geografische Region, in der die Zutaten wachsen. St. George Botanivore oder der *Botanical*-Verzehrer verdankt seinen Namen der Fülle an Botanicals (19 Arten), die in dem Gin enthalten sind. Der Dritte im Bunde, St. George Dry Rye Gin, ist ein besonderer Gin, denn er wird mit Roggen hergestellt, was diesem Gin seinen warmen und malzigen Charakter verleiht. Der Dry Rye Gin enthält zudem 50 % mehr Wacholderbeeren als die anderen beiden Gins aus dem Hause St. George.

 www.stgeorgespirits.com

ANGELIKA

GESCHMACK UND AROMA ST. GEORGE TERROIR GIN

Wacholderbeeren spielen bei diesem Gin fast eine Nebenrolle, es dominieren stattdessen Lorbeer und Kiefer.

GESCHMACK UND AROMA ST. GEORGE BOTANIVORE GIN

Zugleich erfrischend, elegant und würzig.

GESCHMACK UND AROMA ST. GEORGE DRY RYE GIN

Der Gin duftet nach Muskat und frischen Wacholderbeeren. Auch geschmacklich dominiert die Wacholderbeere, daneben Noten von pikantem Pfeffer, Lavendel und weiteren Kräutern.

ZUTATEN ST. GEORGE TERROIR GIN

Wacholderbeeren ....
Koriandersamen ....
Douglaskiefer.............................
Kalifornischer Lorbeer............
Kalifornischer Salbei und
weitere Zutaten ....

ZUTATEN ST. GEORGE BOTANIVORE GIN

Wacholderbeeren ....
Angelikawurzeln.......................
Kalifornischer Lorbeer...........
Bergamotte-Orangenschalen
Schwarzer Pfeffer....................
Kreuzkümmel............................
Kardamom..................................
Koriander ....
Zimt ....
Hopfen ....
Dillsamen..................................
Fenchel......................................
Ingwer ....
Zitronenschalen.......................
Limettenschalen ....
Iriswurzeln ....
Sevilla-Orangenschalen ....
Sternanis ....

ZUTATEN ST. GEORGE DRY RYE GIN

Schwarzer Pfeffer....................
Kreuzkümmel...........................
Koriander ....
Grapefruitschalen....................
Limettenschalen ....

KOMBINIEREN MIT

neutralem Tonic

46 %

THE BOTANIST ISLAY DRY GIN

HERKUNFT

The Botanist ist eine Kreation der Bruichlad-dich Distillery, die für ihre qualitativ hochwertigen Single Malt Whiskys bekannt ist. Für die Herstellung des Small-Batch-Gins werden neben 9 traditionellen Aromaträgern auch 22 einheimische, von Hand gepflückte Botanicals verwendet. Diese wachsen wild auf der Insel Islay, von der auch exzellente, getorfte Whiskys stammen. Der Gin wird in einer nicht alltäglichen Brennblase namens Ugly Betty destilliert. Betty lässt sich von niemandem hetzen und arbeitet mit geringem Druck, was die Freisetzung der zarten Aromen begünstigt.

 www.thebotanist.com

GESCHMACK UND AROMA

Ein prickelnder Geschmack mit Noten von
Kiefernharz, Wacholderbeeren, Eukalyptus
und delikatem Ingwer. Die würzige Komplexität wird durch Lakritze gemildert. Im Abgang
erneut Wacholder sowie Parma-Veilchen-
Nuancen.

ZUTATEN

Wacholderbeeren ....
Cassia-Rinde ....
Zimtrinde ....
Koriandersamen ....
Lakritze....................................
Iriswurzeln ....
Holunderbeerwein ....
Farne..
Weißdorn.................................
Rhabarber...............................
Brennnesselsirup ....
Veilchensirup..........................
Heidekraut ....
Frühlingsblumen ....
Süßdoldensamen ....
Seetang....................................
Moos ....
Birne ....
Angelikawurzeln.....................
Limetten ....
Apfelminzeblätter...................
Kamille ....
Pfefferminzblätter..................
Thymian...................................
Myrte und weitere Zutaten

KOMBINIEREN MIT

aromatischem Tonic
(oder neutralem Tonic)

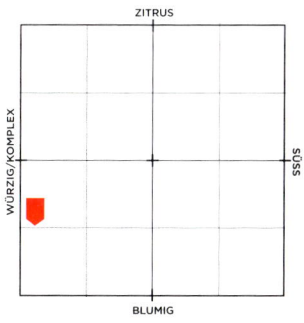

UNGAVA CANADIAN PREMIUM GIN

43,1 %

HERKUNFT

Ungava Gin wurde
von Susan und
Charles Crawford
entwickelt. Das Ehe-
paar lebt in Domaine
Pinnacle, inmitten der
Apfelplantagen von
Frelighsburg im

Süden Quebecs. Ursprünglich wollten sie Cider
herstellen. Rasch aber gingen sie einen Schritt
weiter und experimentierten mit der Produktion ihres ersten Gins: Ungava. In der Sprache
der Inuit bedeutet dies: auf die offene See
hinaus. Die gelbe Farbe des Gins stammt von
den außergewöhnlichen Rhododendron-Tee-
mischungen, die bei seiner Herstellung verwendet werden. Die sechs Botanicals, die dem
Ungava Gin seinen Geschmack verleihen, werden in der kurzen Sommersaison gesammelt.

GESCHMACK UND AROMA

Es handelt sich um einen würzigen Gin mit
ausschließlich natürlichen Zutaten, mit einem
kräftigen Aroma und mildem Geschmack.

ZUTATEN

Wacholderbeeren aus dem
Norden Kanadas ....
Hagebutten von Wildrosen ...
Moltebeeren.............................
Schwarze Krähenbeeren........
Labrador-Tee *(Rhododendron
groenlandicum)* ....
Arctic Blend *(Rhododendrum
subarcticum)* ....

KOMBINIEREN MIT

einem neutralen Tonic
(vorzugsweise)

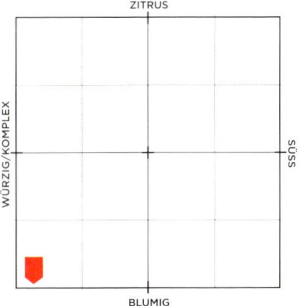

WHITLEY NEILL
HANDCRAFTED GIN

42 %

HERKUNFT

Der Whitley Neill Gin ist ein handwerklich erzeugter Gin von außerordentlicher Qualität. Er ist von der wilden Schönheit Afrikas inspiriert und wird in England hergestellt. Dort wird er in *small batche*s von Johnny Neill gebrannt, er ist ein Nachkomme von Thomas Greenall und der Letzte in einer langen Reihe von Meisterdestillateuren dieser Familie. Der Whitley Neill verbindet das Fachwissen aus acht Generationen mit einer ungezähmten Abenteuerlust seines Schöpfers. Das Ergebnis ist ein unvergleichlicher, preisgekrönter Gin. Meisterlich werden seltene afrikanische Kräuter und Früchte sowie ungewöhnliche Aromen vortrefflich zu einem exotischen Abenteuer zusammengeführt. Dieser Gin benetzt die Wände des Glases wie ein guter Wein.

GESCHMACK UND AROMA

Die Nase nimmt intensive Kräuteraromen wahr, der Geschmack ist würzig, mit feinen Zitrusnoten.

ZUTATEN

Wacholderbeeren ....
Koriandersamen ....
Kapstachelbeere (Physalis) ...
Baobab-Früchte ....
Schalen der Römischen
Limette......................................
Süßorangenschalen................
Angelikawurzeln......................
Cassia-Rinde ....
Iriswurzeln ....

KOMBINIEREN MIT

aromatischem oder
neutralem Tonic

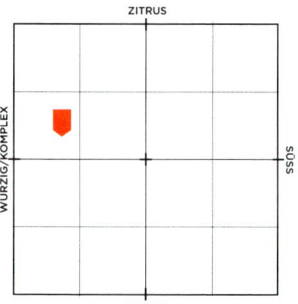

ZITRUS

WÜRZIG/KOMPLEX

SÜSS

BLUMIG

38 % XORIGUER GIN

HERKUNFT

Xoriguer Gin kommt von der Baleareninsel Menorca (Mahon), die Marke wurde von Miguel Pons Justo gegründet. Der Name Xoriguer leitet sich von einer alten Windmühle ab, die sich im Besitz der Familie Pons befindet und im Jahr 1784 errichtet wurde. Gin wird auf Menorca seit der britischen Besatzung im 18. Jahrhundert produziert. Wie der Plymouth Gin ist dies einer der wenigen Gins weltweit, die nach einem Ort benannt sind. Bei der Destillation wird Weinalkohol verwendet und kein Korndestillat wie sonst allgemein üblich. Vor seiner Abfüllung in Flaschen reift der Gin zunächst noch in Fässern aus amerikanischer Eiche. Als wichtigste Zutat dient natürlich die Wacholderbeere, die Namen der übrigen Botanicals sind dagegen ein sorgsam gehütetes Geheimnis.

GESCHMACK UND AROMA

Das Bouquet weist zarte Noten von frischen Blüten und Vanille auf. Am Gaumen zeigen sich Wacholdernoten und blumige Anklänge (Veilchen), der Nachgeschmack ist warmwürzig.

ZUTATEN

Wacholderbeeren und weitere geheime Zutaten ......

KOMBINIEREN MIT

einem neutralen Tonic (vorzugsweise)

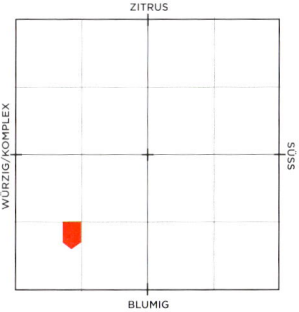

ZITRUS

WÜRZIG/KOMPLEX

SÜSS

BLUMIG

EXOTISCHE GINS

Die Geschmacksmatrix ist normalerweise ein gutes Hilfsmittel bei der Einordnung von unterschiedlichen Gin-Arten. Aufgrund der neueren Geschmacksentwicklungen lassen sich jedoch einige Gins nicht eindeutig in der Matrix platzieren. Diese Gins definieren wir daher als exotisch. So, wie die Whisky-Produzenten vor einigen Jahren in ihrer Welt die Geschmacksgrenzen in bislang unbekannte Regionen ausweiteten, so zeigen sich auch heute im Universum des Gins vollkommen neue Geschmackserlebnisse.

Lassen Sie uns das an einem Beispiel verdeutlichen. In Bezug auf Whisky taucht in der letzten Zeit immer häufiger das Wort *finisher* auf. Die großen Marken versuchen, das Produkt Whisky attraktiv zu halten, indem sie neue Geschmacksrichtungen anbieten. Statt Whisky nur in klassischen Holzfässern zu lagern, verwenden die Hersteller neuerdings auch alte Wein-, Portwein- oder Madeirafässer. Dadurch entstehen vollkommen neue Geschmacksvarianten. Dasselbe Phänomen zeigt sich auch beim Gin. Die Produzenten durchbrechen die bisherigen *Geschmacksgrenzen* und experimentieren mit neuen Zutaten und Verfahren. So wird beispielsweise im Hoxton Gin Kokosnuss als Zutat verwendet, und beim Gin Mare wird die Arbequina-Olive eindrucksvoll eingesetzt. Auch neue Herstellungsverfahren haben sich bewährt. So lässt man etwa manche Gins zusätzlich in Holzfässern reifen, wie den Ransom Old Tom Gin, den Columbian Aged Gin und den Citadelle Réserve Gin. Um diese Entwicklungen gebührend zu würdigen, legen wir in diesem Kapitel unser Augenmerk auf exotische Zutaten. Die fassgereiften Gins stellen wir dann später vor, und zwar in dem Abschnitt über Ausreißer.

Bei den meisten der exotischen Gins lässt sich die Tonic-Kategorisierung, die wir weiter vorne vorgenommen haben, nicht mehr anwenden. Es muss daher jeder Gin ganz individuell bewertet werden.

HAND CRAFTED

LONDON

DRY GIN

GREAT
NAMAQUA
LAND

CAPE TOWN

CAPE
COLONY

ATLANTIC

INDIAN OCEAN

ELEPHANT GIN

BATCH NAME (1) Mazithe   BOTTLE Nº 171   45% VOL

(1) EACH BATCH IS NAMED AFTER PAST GREAT TUSKERS OR ELEPHANTS WE CURRENTLY PROTECT.

45 % ELEPHANT GIN

HERKUNFT

Vielleicht kann man es am besten so ausdrücken: Elephant Gin ist ein Gin mit herausragendem sozialen Verantwortungsgefühl. Seinen deutschen Herstellern Robin Gerlach, Tessa Wienker und Henry Palmer liegt dabei besonders der Schutz der Elefanten am Herzen. Ihrer Überzeugung nach liegt bei der heutigen Menschheit die entscheidende Verantwortung für das Überleben der afrikanischen Fauna. Sie spenden deshalb 15 Prozent ihres Gewinns an Space for Elephants und die Big Life Foundation. Pro Batch werden nur 800 Flaschen produziert, und jedes Batch trägt den Namen eines bestimmten Elefanten, dem dies zugutekommt. Der Elephant Gin wird als One-Shot-Destillation in Hamburg gebrannt, doch die Hersteller möchten einen Sinnzusammenhang zu Afrika und dessen Exotik schaffen. Hierzu verwenden sie typisch afrikanische Botanicals: die Früchte des Baobabbaums, Buchu, Löwenohr und Afrikanische Teufelskralle.

GESCHMACK UND AROMA

Der Gin besticht durch Aromen von Kiefernholz und Meerwasser, ergänzt durch einen Hauch Ingwer und fruchtige Noten. Der erste Schluck präsentiert sich exotisch und würzig. Im Abgang blumig, finden sich Aromen von Holunderblüten.

ZUTATEN

Wacholderbeeren ....
Cassia-Zimt ....
Orangenschalen ....
Ingwer ....
Lavendel...................................
Holunder ....
Pimentkörner ....
Frische Äpfel............................
Kiefernnadeln...........................
Baobab-Früchte ....
Buchu-Früchte ....
Löwenohren (*Leonotis leonurus*)
Afrikanische Teufelskralle ....

KOMBINIEREN MIT

neutralem Tonic

Wacholderbeeren

GIN MARE

HERKUNFT

Gin Mare wird mit Kräutern und Gewürzen allerfeinster Qualität hergestellt, die zumeist aus der Mittelmeerregion stammen. Sie werden in dem Dorf Vilanova i la Geltrú an der Costa Dorada getrennt in einer pittoresken alten Kapelle destilliert. Einst lebten hier Mönche. 1950 erwarb sie die Familie Giro Ribot, um ihr expandierendes Unternehmen dort unterzubringen. 1940 hatten sie den MG Gin auf den Markt gebracht, der in Spanien zu einem großen Erfolg wurde. Jahrzehnte später (2007) beschlossen die beiden Brüder Ribot eine Kooperation mit Global Premium Brands und begannen mit der Entwicklung eines neuen Gins. Nach langwierigen Experimenten mit einer Vielzahl von Kräutern und Gewürzen konnten sie der Welt dann 2008 den Gin Mare präsentieren. Eine neu entworfene Flasche für die Marke wurde im Jahr 2012 vorgestellt.

GESCHMACK UND AROMA

In der Nase überwiegen kräutrige Aromen. Sie wecken Assoziationen an einen feuchten Wald und an Tomatenpflanzen. Dezente Begleitnoten liefern Rosmarin und schwarze Oliven. Der Geschmack ist voll und offenbart sich schlagartig. Anfangs überwiegen die Aromen von Wacholderbeeren und Koriander, dann erfolgt ein Schwenk hin zu bitter-würzigen Noten von Thymian, Rosmarin und Basilikum. Im leicht bitteren Abgang sind Anklänge von grüner Olive, Kardamom und Basilikum spürbar. Dieser Gin der obersten Premiumklasse hat eine Ausgewogenheit wie kaum ein anderer Gin am Markt.

ZUTATEN

Handverlesene Wacholder-
beeren...
Arbequina-Oliven....................
Rosmarin aus Griechenland..
Basilikum aus Italien ....
Thymian aus der Türkei.........
Koriander aus Marokko ....
Kardamom aus Sri Lanka.......
Bitterorangen aus Sevilla ....
Süßorangen aus Valencia ....
Zitronen aus Lleida ....

KOMBINIEREN MIT

1724 Tonic Water oder
Fever-Tree Mediterranean
Tonic Water

MEDITERRANEAN GIN

Colección de autor.

GIN MARE

DISTILLED FROM OLIVES, THYME, ROSEMARY AND BASIL

700 mL Alc. 42,7 % vol.

40 % GIN SEA

18 90

HERKUNFT

Die Marke Gin Sea gehört Manuel Barrientos, einem Star unter den spanischen Sommeliers. Die Rezeptur wurde als Gemeinschaftsarbeit von mehr als 100 Fachleuten entwickelt. Für den Gin Sea wird reines Getreidedestillat aus London verwendet, das fünffach destilliert wird. Die Rezeptur umfasst zehn verschiedene Botanicals. Jede Zutat wird einzeln mazeriert und dann in einer alten Brennblase von Herve & Moulin (Bordeaux) gebrannt, die seit 1890 zuverlässig ihre Dienste tut. So gelangte auch diese Jahreszahl auf das Flaschenetikett.

GESCHMACK UND AROMA

Der Gin offenbart zarte Geschmacksnoten mit einem Hauch Würzigkeit. Durch die Minze ist er angenehm frisch, während Zitrusanteile dem Geschmack eine gewisse Reinheit verleihen.

ZUTATEN

Wacholderbeeren ....
Kardamom...............................
Koriander ....
Thymian..................................
Echte Kamille ....
Lakritze...................................
Pfefferminze ....
Zitronenschalen......................
Bitter- und Süßorangen-
schalen ....

KOMBINIEREN MIT

Thomas Henry Tonic Water

41,9 %

MADAME GENEVA GIN ROUGE

44,4 %

MADAME GENEVA GIN BLANC

HERKUNFT

Madame Geneva revolutioniert den traditionellen Gin-Markt: Die Kombination aus dem typischen Geschmack der Wacholderbeeren und der Fruchtigkeit eines Rotweins haucht der Spirituose einen vollkommen neuen Geist ein. Dieser bittere, dabei aber erfrischende Gin enthält 46 Botanicals, die mit einem intensiven, aromatischen Rotwein kombiniert werden. Der Wein wird aus Primitivo-Trauben gekeltert, die aus dem italienischen Apulien stammen. Die Rebstöcke sind mehr als 60 Jahre alt und für ihren rubinroten Wein berühmt. Gebrannt wird der Gin von der Kreuzritter GmbH & Co KG auf dem Meyerhof bei Mühlen im Landkreis Vechta. Der ehemalige Bauernhof liegt inmitten eines schönen Parks. Der Name des Getränks ist eine Anspielung auf den Spitznamen, den Gin Mitte des 18. Jahrhunderts in England im Zuge der Gin-Epidemie erhalten hat.

Das Schwestergetränk, Madam Geneva Gin Blanc, ist genau das Gegenteil der roten Version: ein klassischer Retro-Gin mit nur drei Zutaten. Falls es Sie interessiert, wie Gin vor 100 Jahren geschmeckt hat – Madame Geneva Gin Blanc kennt die Antwort. Beide Gins kommen in dunklen Weinflaschen in den Handel. Der einzige augenfällige Unterschied der beiden Flaschen liegt in einem weißen beziehungsweise roten Punkt. Geben Sie also Acht, wenn Sie diesen Gin kaufen!

GESCHMACK UND AROMA MADAME GENEVA GIN ROUGE

Ein milder und feiner Gin, der dem Wacholder den gebührenden Respekt zollt – in Anbetracht seiner 46 Botanicals jedoch sehr komplex ist. Madame Geneva Rouge gelingt die perfekte Verbindung eines erfrischenden Gin-Charakters mit der Fruchtigkeit eines dichten Rotweins.

GESCHMACK UND AROMA MADAME GENEVA GIN BLANC

Ein reiner, klassischer Gin mit aromatischen und leicht pikanten Noten.

ZUTATEN MADAME GENEVA GIN ROUGE

Wacholderbeeren ....
Rotwein ....
Geheim gehaltene Botanicals in großer Zahl ....

KOMBINIEREN MIT

neutralem Tonic

ZUTATEN MADAME GENEVA GIN BLANC

Wacholderbeeren ....
Koriander ....
Ingwer ....

KOMBINIEREN MIT

neutralem oder aromatischem Tonic

NORDÉS

ATLANTIC GALICIAN GIN

NORDÉS ATLANTIC GALICIAN GIN

HERKUNFT

Nordés ist ein spanischer Gin aus Galizien. Bemerkenswert an ihm ist, dass die Hersteller die 15 enthaltenen Botanicals noch durch ein Destillat aus Albariño-Wein ergänzen. Albariño ist eine Rebsorte, die in der galizischen Region Rías Baixas im Nordwesten Spaniens wächst. Der Nordés ist nach dem kühlen Nordwind benannt, der dort vorherrscht. Die Albariño-Weine zählen zu den besten Weinen Spaniens. Sie werden als blumig beschrieben, mit Anklängen an Pfirsich und Aprikose sowie an tropische Früchte.

GESCHMACK UND AROMA

Geschmacklich tendiert er zur Süße, aber ohne Schlagseite: Zitrone und Queller sorgen dafür, dass der Nordés Gin seinen erfrischenden Charakter beibehält. Geschmack und Aroma dieses Gins sind absolut einzigartig.

ZUTATEN

Wacholderbeeren ....
Queller......................................
Zitronengras ....
Zitronenschale ....
Eukalyptusblätter ....
Salbei ....
Minze..
Kardamom................................
Chinin.......................................
Ingwer ....
Hibiskus....................................
Lakritze....................................
Tee...

KOMBINIEREN MIT

neutralem Tonic

SAFFRON GIN

HERKUNFT

Saffron Gin basiert auf einer wiederentdeckten Rezeptur, die von französischen Kolonisten in Indien stammte. Ihre Wiederbelebung verdankt sie Gabriel Boudier, der sie in seiner Kleinbrennerei anwendet. Das Ergebnis ist typisch für die Kolonialzeiten: Ein Gin mit exotischen Inhaltsstoffen, der vor Geschmack und intensiven Aromen schier aus den Nähten platzt. Saffron Gin wird unter Verwendung von Safran in kleinen Mengen von Hand produziert. Unserer Meinung nach ist dies ein Gin, dem man nicht jeden Tag begegnet.

GESCHMACK UND AROMA

Saffron Gin besitzt eine tieforange Farbe. Im Aroma sind Orangen und Mandarinen neben subtilen Wacholderbeernoten zu erkennen. Das Mundgefühl ist mild, und er besitzt einen zurückhaltenden und leicht verzögerten Safrangeschmack.

ZUTATEN

Wacholderbeeren ....
Koriander ....
Zitronen ....
Orangenschalen ....
Angelika ....
Iriswurzeln ....
Fenchel..
Safran...

KOMBINIEREN MIT

nichts – am besten genießen Sie ihn pur (mit einigen Kaffeebohnen) oder andernfalls mit einem neutralen Tonic und einer Orangenscheibe.

42% SKIN GIN

HERKUNFT

Skin Gin ist ein moderner Gin und entstammt der Freundschaft zwischen dem Dänen Martin Birk Jensen und dem Deutschen Mathias Rüsch. Nicht nur die Verpackung zeugt von Fantasie, auch seine wichtigste Zutat: Marokkanische Minze. Wie es schon der Markenname und das Design der Flaschen andeuten, geht dieser Gin unter die Haut und ist ein exklusives Erlebnis für die Sinne. Im Handel findet man die lederbezogene Flasche in mehreren Versionen. Mal erinnert sie an klassisches Leder, mal an Schlangenhaut, stets aber zeugt sie von einem exquisiten Geschmack. Die Umhüllung wird jeweils in aufwendiger Handarbeit gefertigt und macht aus jeder Flasche ein Unikat.

GESCHMACK UND AROMA

Auf gelungene Art wird die markante Minznote des Destillats von zahlreichen Zitrusnoten umfangen. Beim Verkosten schmeckt man, wie sehr dieser Gin trotzdem seine Ausgewogenheit bewahrt hat.

ZUTATEN

Wacholderbeeren ....
Koriander ....
Marokkanische Minze............
Limetten ....
Zitronen ....
Pomelos....................................
Orangen....................................

KOMBINIEREN MIT

1724 Tonic Water oder einem neutralen Tonic

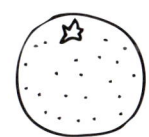

TIDES GIN

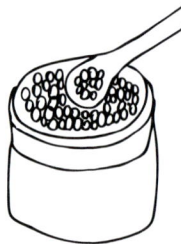

HERKUNFT

Der Tides Gin wird im sonnenverwöhnten anda-
lusischen Cadiz von der Blanc Luxury Gastro-
nomy hergestellt. Das Unternehmen hat eine
lange Tradition als Hersteller außergewöhnlicher und luxuriöser Nahrungsmittel, darunter
auch der Kaviar Las Perlas de Afrodita. Dieselbe
Raffinesse und Philosophie verkörpert auch ihr
Gin. Tides Gin ist einer der wenigen Gins, der im
Bain-Marie-Verfahren destilliert wird. Dabei
wird die Temperatur konstant auf einer Höhe
gehalten, wodurch sich zwangsläufig die Dauer
des Brennvorgangs verlängert. Dadurch nimmt
aber auch das Destillat den Geschmack der Botanicals besser auf. Der Gin wird dreifach in
kupfernen Brennblasen destilliert.

GESCHMACK UND AROMA

Der Gin besitzt ein sehr feines und intensives
Aroma. Im exotischen Geschmack sind deutliche Zitrusnoten wahrnehmbar. Für einen salzigen Nachgeschmack sorgt Queller.

ZUTATEN

Wacholderbeeren ....
Queller.................................
Koriander ....
Angelikawurzeln.....................
Verbenen...............................
Zimt ....
Orangen.................................
Limetten ....
Zitronen ....
Bergamotte-Orangen.............

KOMBINIEREN MIT

neutralem Tonic

blanc

salicornia

premium collection

Tides gin

AUSREISSER

Es gibt in der Tat auch Gin-Arten, die fest im Lauf der Zeit verhaftet sind, Gins, die für eine oder während einer bestimmten Jahreszeit geschaffen werden. Wir stellen Ihnen diese Gins hier einzeln vor, lassen Sie sich also angenehm von der Vielfalt dieser Gins überraschen.

SLOE GIN
PUR GENIESSEN ODER
MIT NEUTRALEN TONICS KOMBINIEREN

Sloe Gin ist ein roter Schlehenlikör, für ihn werden Schlehenfrüchte in Gin mazeriert. Beim Einweichen wird manchmal zusätzlich noch Schlehensaft hinzugefügt. Der Saft lässt sich gewinnen, indem man Zucker an die Schlehen gibt. Außerdem können dem Likör noch weitere natürliche Geschmacksstoffe hinzugefügt werden. Der Alkoholgehalt des Schlehenlikörs muss mindestens 25 % betragen. Diesem Auszug der Früchte wird eine minimale Zuckermenge zugesetzt. Bei zahlreichen Sloe Gins aus Großproduktionen wird meist jedoch in der Herstellung billiger, neutraler Getreidebrand verwendet und mit Geschmacksstoffen versetzt. Es gibt allerdings auch heute noch Hersteller, die ausschließlich auf traditionelle Methoden vertrauen. Die Rezepturen für den Sloe Gin unterscheiden sich hierbei von Brennerei zu Brennerei. Wichtig ist, dass die verwendete Zuckermenge ausreicht, um möglichst viele Geschmacksstoffe aus den Schlehen zu extrahieren. Bei fachgerecht erzeugten Sloe Gins ist im Alkohol auch das mandelartige Aroma des Fruchtkerns enthalten, das dem Getränk seinen charakteristischen Geschmack verleiht. Manche Produzenten arbeiten dagegen mit kürzeren Auszugszeiten und fügen stattdessen nachträglich Mandelessenz hinzu. Eine häufige Variation ist auch die Zugabe von Zimt. An einem kalten Winterabend lässt sich Sloe Gin hervorragend pur genießen. Er ist aber auch ein perfekter Zusatz zu vielen Cocktails, wie etwa einem Gin Fizz. Man kann ihn aber auch mit Wein oder Champagner trinken. Darüber hinaus verleiht Sloe Gin auch Ihrem Gin Tonic eine außergewöhnliche Dimension.

Sloe Gin lässt sich ausgezeichnet pur trinken, aber auch mit einem neutralen Tonic kombinieren. Um dem Ganzen das gewisse Etwas zu verleihen, können Sie außerdem ein wenig vom Original-Gin desselben Herstellers hinzufügen.

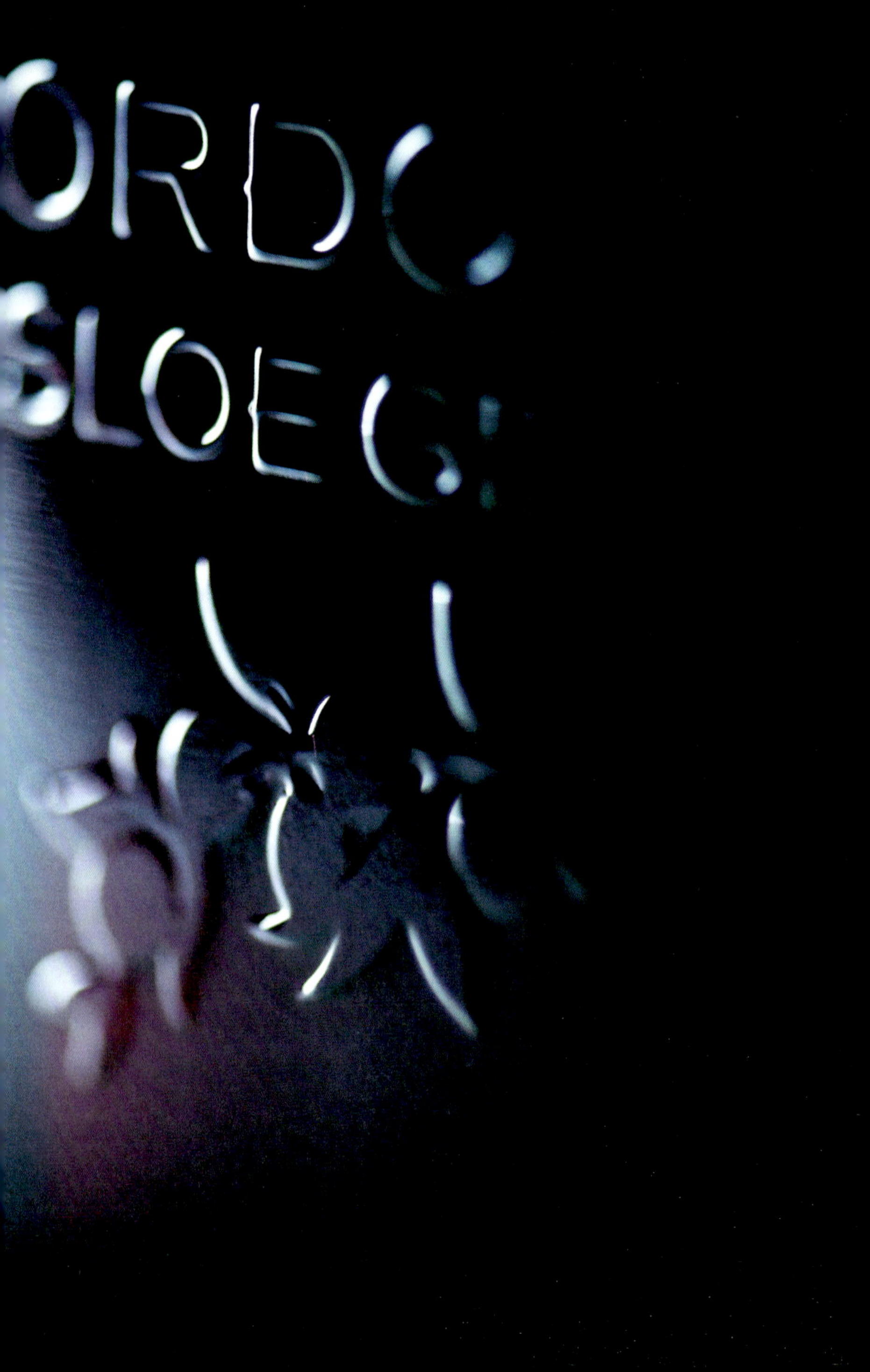

GORDON'S SLOE GIN

KOMBINIEREN MIT
pur genießen oder mit
einem neutralen Tonic

Gordon's Sloe Gin wird aus reifen, handverlese-
nen Schlehen hergestellt, die mit einer wohldo-
sierten Anzahl an Kräutern und Gewürzen versetzt werden. Der Likör ist von tiefroter Farbe.

GESCHMACK UND AROMA

Gordon's Sloe Gin hat eine florale Nase mit
einer Andeutung von Wacholderbeeren und
Kräutern. Der Geschmack ist sehr ausgewogen,
mit angemessener Fruchtigkeit und einem ver-
führerischen Anklang an Earl-Grey-Tee.

MONKEY 47 SLOE GIN

29 %

Der Monkey 47 Sloe Gin ist ein traditioneller Winterlikör, der von Christoph Keller für Alexander Steins Black Forest Distillers angesetzt wird.

DIE BLACK FOREST DISTILLERS

GESCHMACK UND AROMA

Sehr frisch und fruchtig, mit Anklängen von Wacholder und Mandeln. Ein sehr hochwertiger Sloe Gin. Der Gin wird unter Zusatz von 47 Botanicals nach dem Small-Batch-Verfahren gebrannt, bevor ihm handverlesene Schlehen aus dem Schwarzwald zugefügt werden.

26
%

PLYMOUTH SLOE GIN

Der Plymouth Sloe Gin ist ein durch und durch englischer Likör, dessen Rezeptur aus dem Jahr 1883 stammt. Für die Herstellung wird Plymouth Gin verwendet, der tatsächlich das Beste aus dem Schlehenextrakt herausholt. Die meisten der verwendeten Schlehen wachsen wild im Dartmoor unweit von Plymouth.

GESCHMACK UND AROMA

Der Plymouth Sloe Gin ist sattrot gefärbt, was auf die Mazeration der Schlehen in hochprozentigem Plymouth Gin und weichem Dartmoor-Wasser zurückzuführen ist. Das Endprodukt offenbart einen glatten Likörgeschmack. Gut ausbalancierte süße und bittere Fruchtnoten werden durch einen Hauch Mandelaroma aus den Kernen der verarbeiteten Früchte ergänzt.

 www.plymouthgin.com

KOMBINIEREN MIT

pur genießen oder mit einem neutralen Tonic

SIPSMITH SLOE GIN

WINTER-GIN

KOMBINIEREN MIT
pur genießen oder mit
einem neutralen Tonic

Der Sloe Gin des Herstellers Sipsmith wird aus Schlehenfrüchten hergestellt, die direkt nach dem Pflücken eingefroren und dann in Gin mazeriert werden. Das Ergebnis ist unvergleichlich und seidenweich, mit den Aromen von Schwarzen Johannisbeeren, reifen Früchten der Wintersaison und natürlich den dominierenden Schlehen. Sipsmith Sloe Gin ist nur in den Wintermonaten erhältlich.

GESCHMACK UND AROMA

Im Bouquet riecht man Beeren, Winterfrüchte und Mandeln. Am Gaumen zeigt sich der kräftige Geschmack von Schwarzen Johannisbeeren mit subtilen Andeutungen von Kirsche. Der samtige Abgang, in dem die Süße der Beeren und des Zuckers gut ausbalanciert sind, vervollkommnet den Likör.

FRUIT BZW. SUMMER CUP
MIT NEUTRALEN TONICS KOMBINIEREN ODER EINER HOCHWERTIGEN LIMONADE WIE FEVER-TREE LEMONADE

Ein Fruit Cup bzw. Summer Cup ist eine traditionelle englische Spirituose, die speziell zum Mischen eines Longdrinks mit einem alkoholfreien Getränk gedacht ist. Die meisten Fruit Cups werden mit Gin hergestellt, es gibt jedoch auch einige auf Wodkabasis. Da wir uns in diesem Buch mit Gin und Tonic beschäftigen, legen wir unseren Schwerpunkt hierbei auf ginbasierte Fruit Cups. Der Gin wird hier meist mit verschiedenen Kräutern, Gewürzen und Botanicals versetzt. Wie es der Name nahelegt, sind Fruit bzw. Summer Cups in den Sommermonaten am beliebtesten. Die Hersteller empfehlen, den Fruit Cup mit verschiedenen Früchten, Gemüsesticks oder Kräutern zu garnieren. Hierzu eignen sich beispielsweise Äpfel, Orangen, Erdbeeren, Zitronen, Limetten, Salatgurken, Minze, Borretsch oder dergleichen mehr. Sie können Ihrer Kreativität also völlig freien Lauf lassen.

CHASE SUMMER FRUIT CUP

Die Erzeuger des Chase Summer Fruit Cup erwärmen den Alkohol zuerst in der Gin-Brennblase, damit er die Verdampfungskammer passiert und sich dabei mit den 17 Botanicals vermischt. Dann wird das Destillat mit Wasser versetzt, das auf natürlichem Weg gereinigt wurde. Es stammt aus dem Grundwasser, das sich an einer wasserundurchlässigen Gesteinsschicht unter der Erdoberfläche sammelt und unter der Apfelplantage der Brennerei verläuft. Anschließend wird dem Gin ein genau dosierter Verschnitt von Früchten wie Holunder, Himbeeren und Schwarzen Johannisbeeren aus der Umgebung zugefügt.

GESCHMACK UND AROMA

In der Nase offenbart sich ein Bouquet aus Earl-Grey-Tee, Rosmarin und Thymian, dann folgen Blütenaromen von Himbeere, Holunder und Lavendel. Am Gaumen schmeckt man reife, vollmundige Schwarze Johannisbeere und Himbeere. Im Hintergrund sind Noten von Sternanis und Ingwer zu erkennen. Der Abgang überrascht durch das Wiederauftauchen der Rosmarin- und Thymiannoten, die durch Zitrone abgerundet werden.

KOMBINIEREN MIT

neutralem Tonic oder einer hochwertigen Limonade

WEITERE GIN-KREATIONEN

- Chase Extra Dry Gin / 40 % / besonders viele Wacholderbeeren
- Chase Junipero Vodka/Single Botanical Gin / 40 % / nur aus Wacholderbeeren
- Chase Elegant Crisp / 48 % / klassisch
- Chase Seville Orange Gin / 40 % / zitrusbetont

SIPSMITH SUMMER CUP

EARL-GREY-TEE

KOMBINIEREN MIT
neutralem Tonic oder einer
hochwertigen Limonade

Als Grundlage für diesen Fruit Cup dient der
Sipsmith London Dry Gin. Der Gin wird mit
einer ganzen Reihe sorgfältig ausgewählter
sommerlicher Zutaten versetzt. Darunter sind
Auszüge aus Earl-Grey-Tee, Zitronenverbene
und Salatgurke. Der aromatische, aber überraschend trockene Fruit Cup lässt sich gut mit
Früchten und Limonade ergänzen.

GESCHMACK UND AROMA

In der Nase weckt er Assoziationen an frische
Orangen und frische Salatgurke mit zarten
Untertönen von Tee. Im Geschmack sind Wacholderbeeren und Zitrusfrüchte klar zu erkennen, Gewürznoten und Anklänge an Kirsche
bereichern den Charakter. Der Abgang ist
komplex, dabei aber erfrischend.

SAISONALER GIN

Die Bezeichnung saisonaler oder Jahreszeiten-Gin ist wortwörtlich zu nehmen: Diese limitierten Gin-Editionen kommen jeweils nur einen Sommer bzw. einen Winter auf den Markt.

Die Geschmacksrichtungen sind sehr unterschiedlich. Für die Kombination mit einem Tonic müssen diese Gins daher individuell beurteilt werden.

BEEFEATER®

LONDON DRY GIN

LONDON MARKET

Limited Edition

A VIBRANT GIN WITH
POMEGRANATE, CARDAMOM
& KAFFIR LIME LEAF

BEEFEATER
LONDON MARKET
LIMITED EDITION

DESMOND PAYNE

Diese limitierte Edition hat Desmond Payne, Meisterbrenner des Unternehmens, entwikkelt, sie kam 2011 in den Handel. Der London Market Gin basiert auf dem traditionellen Beefeater Gin, dem jedoch zusätzliche Botanicals wie Granatapfel, Kaffernlimettenblätter und Kardamom zugefügt werden.

GESCHMACK UND AROMA

Aromen von Roten Johannisbeeren, Vanille und Limetten bestimmen das Entree. Ebenso klar lassen sich die klassischen Wacholderbeernoten sowie Zitrus- und Gewürztöne vernehmen. Der Geschmack von Limetten- und Orangenschalen wird durch Wacholder und Bitterorangen exzellent ergänzt. Der Granatapfel zeigt sich am Gaumen sehr viel subtiler als in der Nase, während Kardamom und die fein abgestimmte Gewürzmischung viel zum Geschmack beitragen. Der Abgang ist zitrusbetont und offenbart bittere Kräuternoten, Lakritze sowie pfeffrige Gewürze.

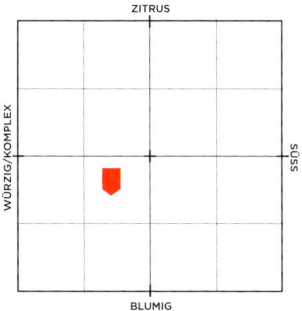

FILLIERS TANGERINE
SEASONAL EDITION

Diesen besonderen Jahreszeiten-Gin kreierte der Brennmeister Pedro Saez Del Burgo im Sommer des Jahres 2013. Er verwendete dabei seine Lieblingsfrucht, die Mandarine, eine eher ungewöhnliche Zutat.

Pedro wählte dafür hochwertige Mandarinen aus dem spanischen Valencia, die zwischen November und Januar geerntet werden. In den kalten belgischen Wintermonaten werden diese dann in der Filliers-Brennerei verarbeitet, die seit fünf Generationen im Familienbesitz ist. Filliers Tangerine Seasonal Edition ist nur erhältlich, bis die 2013 gebrannte Menge ausverkauft ist.

GESCHMACK UND AROMA

Filliers Tangerine Seasonal Edition ist eine perfekte Grundlage für Cocktails oder Longdrinks. Der sanfte, fruchtige Geschmack hat klare Akzente von frischen Orangen und Mandarinen, in die die Aromen der Kräutermischung hineinklingen. Wacholderbeeren offenbaren ihre deutliche Präsenz und werden durch Kardamom zu einem vollen, warmen Geschmack ergänzt. Koriander- und Pfeffernoten machen den Gin überraschend würzig, während der belgische Hopfen einen Hauch von Bitteraromen beiträgt. Die Filliers Tangerine Seasonal Edition bringt spanisches Temperament ins Glas und beschwört die Stimmung eines schwülheißen Sommerabends herauf.

KOMBINIEREN MIT

aromatischem Tonic

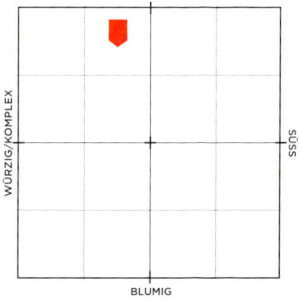

EST 1880

Filliers

Gin 28

SANDY AND
PREMIUM   EDITION

PLYMOUTH GIN

TRADE   MARK

57% IS THE BENCHMARK STRENGTH AT
WHICH A SPIRIT IGNITES GUNPOWDER.
FOR ALMOST 200 YEARS, THE NAVY
NEVER LEFT PORT WITHOUT IT.

57% Vol.   70cl

NAVY STRENGTH

COATES & C°

NAVY STRENGTH GIN
MIT NEUTRALEN TONICS KOMBINIEREN
– ABER VORSICHT MIT DEM GIN!

Navy Strength Gin hat einen Alkoholgehalt von 57 %. Die Bezeichnung dieser Gin-Art geht auf die britische Militärgeschichte zurück. Im 18. Jahrhundert wurde an die Soldaten auch Rum ausgegeben. Um sicherzugehen, dass dieser nicht gepanscht war, wurde ihm Schwarzpulver zugesetzt und eine Flamme darangehalten. Falls sich der Rum nicht entzündete, war er verwässert – *under proof.* Daraus entwickelte sich die Bezeichnung *proof spirits*, und Navy Strength Gin ist ein solcher.

Der gegenüber der Originalversion höhere Alkoholgehalt der Navy Strength Gins sollte in Cocktails besonders achtsam eingesetzt werden. Bei der Gin-Menge, die Sie an einen *kräftigen* Gin Tonic geben, sollten Sie also Vorsicht walten lassen.

hernö

navy strength

3 | 48/1H

57 %

HERNÖ
NAVY STRENGTH

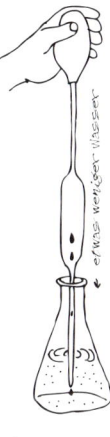

etwas weniger Wasser

Hernö Navy Strength wird auf dieselbe Art produziert wie Hernö Swedish Excellence Gin. Beide unterscheiden sich nur in Bezug auf ihren Wasseranteil. Während der Original-Hernö auf einen Alkoholgehalt von 40,5 % verdünnt wird, beträgt dieser beim Navy Strength 57 %. Bei Geschmack und Mundgefühl macht sich der Unterschied deutlich bemerkbar: Aufgrund des hohen Alkoholgehalts tritt der Charakter der Botanicals deutlicher in den Vordergrund.

GESCHMACK UND AROMA

Perfekt ausbalanciert, mit den Aromen von Fenchel, Koriander, trockenem Kiefernholz, Bienenwachs und Zitrusfrüchten. Auch zarte Anklänge weiterer blumiger Noten sind wahrnehmbar.

KOMBINIEREN MIT

neutralem Tonic

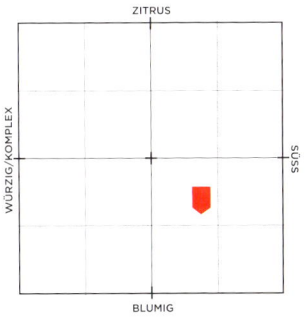

ZITRUS

WÜRZIG/KOMPLEX

SÜSS

BLUMIG

PLYMOUTH
NAVY STRENGTH

Knapp zwei Jahrhunderte lang stach die Royal Navy nur in See, wenn sich an Bord auch eine Flasche Plymouth Navy Strength befand. Der Plymouth Navy Strength Gin wird genauso produziert wie der klassische Plymouth Gin. Dieselbe Auswahl an Botanicals wird mit einem neutralen Getreidealkohol in einer kupfernen Brennblase destilliert. Der einzige Unterschied besteht im Alkoholgehalt, denn der Navy Strength wird mit 57 % auf Flaschen abgefüllt.

GESCHMACK UND AROMA

Für manche Menschen ist der Plymouth Navy Strength der ultimative Gin, dessen reichhaltiger, aber dennoch wunderbar ausbalancierter Geschmack einen Martini oder Gin Tonic zu unvergleichlichen Höhen führen kann. Perfekt erfüllt er die Vorlieben der heutzutage abenteuerlustigeren Ginliebhaber und Mixologen. Der hohe Alkoholgehalt verstärkt den Geschmack und das Aroma der Kräuter, ohne den geschmeidigen und ausgewogenen Charakter zu verfälschen, für den Plymouth Gin so berühmt ist.

Weitere Marken, die eine Navy-Strength-Version anbieten: Pimlico (Großbritannien), Leopolds Navy (Vereinigte Staaten), FEW Standard Issue (Vereinigte Staaten), Hayman's Royal Dock (Großbritannien), Perry's Tot (Vereinigte Staaten) und Bathtub Gin Navy Strength (Großbritannien).

KOMBINIEREN MIT
neutralem Tonic

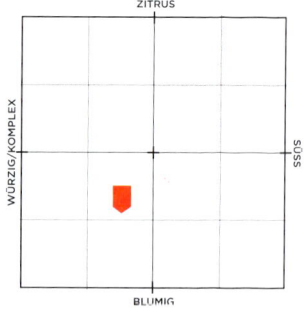

DISTILLER'S CUT
MIT NEUTRALEN TONICS KOMBINIEREN ODER PUR GENIESSEN

Als Distiller's Cut werden außergewöhnliche Varianten der herkömmlichen Gins eines Herstellers bezeichnet, bei denen die Meisterdestillateure ihrer Kreativität und ihrem Können freien Lauf lassen dürfen.

Wegen der intensiven Geschmackserlebnisse empfehlen wir, solche Gins pur zu genießen. Falls Sie sie aber dennoch mischen möchten, raten wir Ihnen zu einem neutralen Tonic.

BLACK GIN
DISTILLER'S CUT

Der Black Gin Distiller's Cut enthält – wie seine Geschwisterbrände auch – nicht weniger als 74 Botanicals aus 19 verschiedenen Ländern. Er wird von der Gansloser Destillerie produziert. Diese Variante ist allerdings wegen ihres höheren Alkoholgehalts besonders geschmacksintensiv.

GESCHMACK UND AROMA

Ihr Inhalt steht dem nur schwer zu durchschauendem Äußeren dieser Flaschen in nichts nach. Die Nase wird unmittelbar von einem Aromenmix begrüßt, und über den Gaumen tanzt ein ganzes Zutatenballett. Der Abgang ist würzig und wird manchmal als fast medizinisch wahrgenommen.

KOMBINIEREN MIT

pur genießen oder mit einem neutralen Tonic

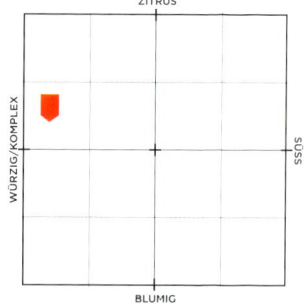

MONKEY 47
DISTILLER'S CUT

KOMBINIEREN MIT

pur genießen oder mit einem neutralen Tonic

Diese spezielle, limitierte Auflage des Monkey 47 Gin ist komplexer und geschmacksmächtiger als die normale Version. Der Distiller's Cut hatte die Zeit, länger in Steingutgefäßen zu reifen, wodurch die Geschmacksnuancen raffinierter werden. Diese Variante des Monkey 47 ist die sehr persönliche Schöpfung des Brennmeisters Christoph Keller. Es ist ein komplexer Gin, der dreifach destilliert wird und auf eine Kältefilterung verzichtet. Pro Jahr werden nur 2500 Flaschen hergestellt.

GESCHMACK UND AROMA

Die Nase ist ansprechend und komplex. Mit Wacholderbeeren und Pfeffernoten präsentiert sie die typischen Eigenschaften eines London Dry Gins: An der Nase wie am Gaumen ist der Distiller's Cut klar, frisch und fruchtig. Die lange Reifezeit verstärkt die gute Ausgewogenheit aller Komponenten. Ein außerordentlich komplexer und vollmundiger Gin.

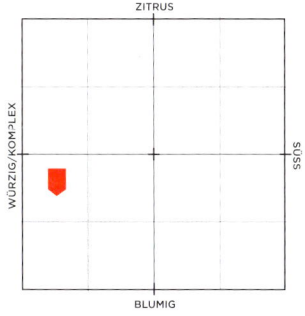

SPRING GIN GENTLEMAN'S CUT

oben länger

nach oben hin kürzer

um die Ohren kurz

GENTLEMAN'S CUT

KOMBINIEREN MIT

pur genießen oder mit einem neutralen Tonic

Der Gentleman's Cut ist das Kronjuwel der Marke Spring Gin. Er enthält dieselben Zutaten wie die klassische Version, hat aber eine höhere Schlagzahl aufzuweisen. Spring Gin ist eine Marke von Manuel Wouters, dem Besitzer der Antwerpener Cocktailbar SIPS.

GESCHMACK UND AROMA

Der Gin ist extrem klar im Geschmack, damit kommt die Frische der Zitrusnoten gut zur Geltung. Am Gaumen ist er vielfältiger als das Original. Der Geschmack ist sehr filigran mit Andeutungen von Anis und Koriander.

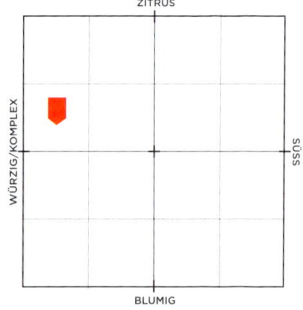

ZITRUS

WÜRZIG/KOMPLEX

SÜSS

BLUMIG

The
ORIGINAL
· BRAND ·

SPRING GIN

DRINKS NEVER TASTE THIN WITH SPRING GIN

A Handcrafted Limited Run of 900 Bottles of which this is

No. 7 2 5

DISTILLED
IN
FLANDERS

48.8% Vol (97.6 Proof), ℮ 500ML

PINK GIN
MIT NEUTRALEN
TONICS KOMBINIEREN

Der Pink Gin geht auf einen Cocktail zurück, der im Großbritannien des 19. Jahrhunderts sehr beliebt war, und bei dem einige Tropfen Angostura in den Gin gegeben wurden. Angosturabitter ist ein Getränk, das erstmals 1824 von dem Arzt Johann Gottlieb Benjamin Siegert zur allgemeinen Stärkung und als Gegenmittel bei Magenbeschwerden hergestellt wurde. Es besteht aus mehr als 40 tropischen Kräutern und Pflanzenauszügen und schmeckt würzig. Der Name stammt von der venezolanischen Hafenstadt Ciudad Bolívar, die früher Angostura hieß.

RTON

Pink

GIN

BOTTLED

EDGERTON PINK GIN

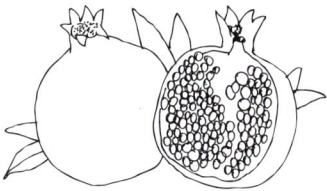

KOMBINIEREN MIT
neutralem Tonic

Der Edgerton Pink Gin ist der erste Pink Gin aus London, und sein verführerisches Erröten verdankt er dem Granatapfel. Dieser Luxus-Gin wird in London destilliert, seine Zutaten stammen allerdings aus der ganzen Welt. Wacholderbeeren, Koriander, Angelika, Iriswurzel, Süßorangenschalen, Cassia-Zimt und Muskatnuss werden 24 Stunden gemeinsam mazeriert.

GESCHMACK UND AROMA

Zuerst nimmt man den Geruch nach süßen Granatäpfeln wahr, die nach dem Brennen hinzugefügt werden. Nach dem ersten Schluck verschwindet die Süße fast sofort und es folgt eine Wärmeexplosion, herb und nicht zu komplex. Vielleicht etwas für die Damen?

LEBENSSTERN PINK GIN

BERLIN

Lebensstern Pink Gin ist ein Premium-Gin, der im Auftrag der Berliner Bar Lebensstern entwickelt wurde. Er wird mit den frischen, aromatischen Bitters von *The Bitter Truth* versetzt.

GESCHMACK UND AROMA

Der Geschmack von Lebensstern Pink Gin ist reichhaltig und würzig, er weist nur einen Hauch Süße auf – ein komplexes und intensiv schmeckendes Getränk.

KOMBINIEREN MIT

neutralem Tonic

WEITERE GIN-KREATION

• Lebensstern Dry Gin / 43 % / würzig

LEBENSSTERN
Bar im Einstein

PINK GIN

Management GmbH
...wagen, Germany
...42.com

Contains certified color E 129

℮ 700 ml   43 % vol.

THE BITTER TRUTH
PINK GIN

Der Bitter Truth Pink Gin ist eine köstliche Mischung aus traditionell gebranntem Gin und aromatischen Bitterstoffen. Er ist auf den zeitgenössischen Geschmack ausgerichtet. Komplexe, erlesene Geschmacksnoten untermalen das zarte und sanfte Mundgefühl.

GESCHMACK UND AROMA

In der Nase dieses wohlriechenden Gins dominieren komplexe Frucht- und Blütenaromen. Der Geschmack ist sehr geschmeidig. Im Vordergrund zeigt sich der unverkennbare Wacholder, um den sich die würzigen Aromen von Lakritze, Fenchel und Kümmel gruppieren.

KOMBINIEREN MIT

aromatischem Tonic
(oder neutralem Tonic)

RANSOM

Alambic Pot Distillation

Heart Cuts

Barrel Aged for 3 to 6 Months

Ingredients: malted two row barley, corn, juniper berries, orang peel, lemon peel, coriander seed, cardamon pods, & angelica r

Handcrafted from Naturally Farmed Grains and Botanical

Batch No: **032**   Bottle No: **0494**

Alcohol 44% by Volume (88 Proof), 750mL

GELAGERTER GIN
PUR GENIESSEN

Es mag überraschen, aber es gibt tatsächlich einige Gin-Sorten, die gelagert werden. Manchen wird nur eine kurze Ruhezeit zugestanden, während andere jahrelang in Holzfässern reifen. Ihre Farben sind so unterschiedlich und anregend wie die Geschmacksnoten. Drei Beispiele stellen wir im Folgenden vor.

Citadelle
Réserve
GIN

44% ALC. BY VOL.

CITADELLE
RÉSERVE GIN

HERKUNFT

Citadelle Gin ist, wie bereits erwähnt, ein französischer Gin aus der Region Cognac. Für seine Herstellung werden 19 verschiedene Kräuter und Gewürze verwendet, und er wird dreifach destilliert. Der ursprüngliche Citadelle Gin ist offiziell vom Typus London Dry. Das traditionelle Herstellungsverfahren wurde allerdings etwas abgeändert: Es werden ungewöhnlich kleine Brennblasen verwendet, die mit offenem Feuer beheizt werden, sodass während des Brennens kein Wasserdampf freigesetzt wird. Der Réserve wird in Batches von nur 21 Fass hergestellt und dann zwei Jahre in den Fässern aus Limousineiche gelagert.

GESCHMACK UND AROMA

Der Duft ist leicht, elegant und sehr ansprechend. Auf milde Wacholder- und Zitronennoten folgen holzige Aromen, die von den Lagerfässern aus Limousineiche herrühren. Der Geschmack ist etwas süß, geprägt durch den Dreiklang von Wacholderbeere, Eiche und Zitrusnoten. Darauf folgt eine milde, aber solide Würzigkeit, die durch zarte erdige Noten ergänzt wird.

ZUTATEN

Wacholderbeeren aus Frankreich..
Koriander aus Marokko.........
Orangenschalen aus Mexiko.
Kardamom aus Indien...........
Lakritze aus China.................
Kubebenpfeffer aus Java........
Aromastoffe aus Frankreich..
Fenchel aus der Mittelmeerregion.......................................
Iriswurzeln aus Italien..........
Zimt aus Sri Lanka.................
Veilchen aus Frankreich........
Mandeln aus Spanien.............
Cassia-Zimt aus Südostasien
Angelika aus Deutschland.....
Paradieskörner aus Westafrika
Kreuzkümmel aus den Niederlanden...........................
Muskatnuss aus Indien..........
Zitronen aus Spanien.............
Sternanis aus Frankreich.......

KOMBINIEREN MIT

Pur genießen,
nicht mischen!

COLOMBIAN AGED GIN

HERKUNFT

Dieser Gin stammt von den Produzenten des Dictator Rums und wird sechs Monate in den Fässern dieses Rums gelagert. Der Gin wird fünffach destilliert.

GESCHMACK UND AROMA

Von goldener Farbe und vollem Geschmack, mit Holztönen und Anklängen an Vanille, Gewürze und Trockenobst.

ZUTATEN

Wacholderbeeren ....
Beerenfrüchte.........................
Gewürze...................................
Schalen tropischer Zitrus-
früchte ....
und weitere Zutaten

KOMBINIEREN MIT

Pur genießen,
nicht mischen!

WEITERE GIN-KREATION

• Colombian White Gin
  Orthodoxy / 43 %

COLOMBIAN

Aged Gin

AGED IN RUM BARRELS BY
Dictador

Old Tom
Gin

RANSOM

Alambic Pot Distillation

Heart Cuts

Barrel Aged for 3 to 6 Months

Ingredients: malted two row barley, corn, juniper berries, orange peel, lemon peel, coriander seed, cardamon pods, & angelica root.

Handcrafted from Naturally Farmed Grains and Botanicals

Batch No: 032   Bottle No: 0494

Alcohol 44% by Volume (88 Proof), 750mL

44 %

RANSOM OLD TOM GIN

HERKUNFT

Der Ransom Old Tom Gin wird von der Ransom
Wine Company im US-Bundesstaat Oregon hergestellt. Die Flasche im Stil des Wilden Westens
erinnert an Cowboys und Indianer. Der Old
Tom Gin wird aus zwei Destillaten gemischt.
Das so entstehende Batch wird ein weiteres
Mal gebrannt. Einer der Rohbrände wird aus
gemälztem Getreide (ähnlich wie beim Whisky)
gewonnen. Der andere Rohbrand ist ein neutraler Getreidealkohol, dem Kräuter zugesetzt
werden. Nach dem zweiten Brand wird der
Gin sechs Monate in gereinigten Weinfässern
gelagert, die zuvor Oregon Pinot Noir enthiel-
ten. Dieser Reifungsvorgang verleiht dem Gin
seine schöne strohgelbe Farbe und macht ihn
weich und charaktervoll. Ransom Old Gin ist
absolut einzigartig.

Batch Nr. 001
Flasche Nr. 0001

GESCHMACK UND AROMA

In der Nase zeigt er sich als sanfter Whisky
bzw. als dynamischer Gin. Das subtile Mundgefühl rührt von der gemälzten Gerste her,
die mit Maisalkohol kombiniert wird. Man
schmeckt unter anderem Minze, Piment,
Kardamom sowie eine leichte Andeutung
von Wacholder.

ZUTATEN

Wacholderbeeren ....
Orangen.....................................
Zitronen ....
Koriander ....
Kardamom................................
Angelika ....

KOMBINIEREN MIT

Pur genießen,
nicht mischen!

DAMSON GIN
MIT NEUTRALEN TONICS KOMBINIEREN
ODER PUR GENIESSEN

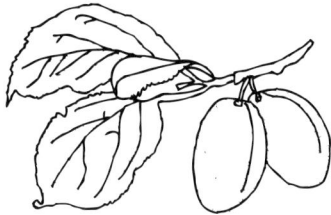

Damson Gin ist eigentlich ein Likör, dessen Grundidee und Herstellungsweise sehr dem Sloe Gin (Schlehenlikör) ähnelt. In diesem Fall werden ganze Kriechen-Pflaumen für mindestens acht Wochen zusammen mit Zucker in Gin eingelegt. Der Damson Gin ist vor allem in Großbritannien beliebt. Dort wird er oft privat hergestellt und in der Weihnachtszeit getrunken.

UNSERE 19 BEMERKENS-WERTESTEN GINS

Die Geschichte des Gins reicht Jahrhunderte zurück, aber die verrücktesten Entwicklungen gab es erst in den letzten Jahren. Unsere Auswahl der bemerkenswertesten Gins spiegelt daher vor allem auch unsere persönlichen Vorlieben dieser Entwicklung wider. Andere Marken sollen dadurch keinesfalls diskriminiert werden; unser Respekt gilt allen Gin-Herstellern. Ihre Reaktion auf unsere Auswahl ist womöglich Irritation, Jubel oder Überraschung. Vielleicht aber möchten Sie diese ausgewählten Gins ausfindig machen, verkosten und im Gedächtnis behalten. In diesem Abschnitt machen wir Ihnen zu jedem Gin auch einen Vorschlag für einen Gin Tonic mit Garnitur.

ORIGIN GIN

DER PURIST

Noch puristischer als diese außergewöhnliche Spezialität kann Gin nicht sein. Ausschließlich mit sortenreinem regionalem Wacholder aus Italien, den Niederlanden, Albanien und Bulgarien werden vier Ginvarianten produziert, die ihre individuellen Charaktere durch die unterschiedlichen Wacholderanbaugebiete erhalten. Um diesen Gin in seiner reinsten Form zu verstehen, müssen wir uns eingehender mit seiner Grundzutat beschäftigen, der Wacholderbeere. Sie ist nicht nur die entscheidende Zutat und das wichtigste Botanical, sondern ihr Vorhandensein ist sogar gesetzlich vorgeschrieben. In der Nase wie am Gaumen sollte sich ein Gin durch Aroma und Geschmack von Wacholderbeeren ausweisen können. Sogar der Name des Gins leitet sich vom Wacholder (*Juniperus*) her.

Der Wacholder ist ein kleiner immergrüner Baum oder Busch, der bis zu neun Meter hoch wird. Es dauert etwa zwei Jahre, bis seine Beeren richtig ausgereift sind. Wacholder gibt es in rund sechzig Arten, und er ist in den meisten Ländern auf der nördlichen Halbkugel vertreten. Man findet ihn bis in Höhen von 3500 Meter. Die Beeren werden durch den Boden, das Klima und die Wachstumsbedingungen beeinflusst. Für Rebgärten verwendet man in diesem Zusammenhang den Begriff *terroir*, der eines der wichtigsten Kennzeichen eines guten Weins ist. Folgt man dieser Logik, ist für die Beurteilung eines Gins natürlich auch die Herkunft des Wacholders von entscheidender Bedeutung. Es ist interessant zu wissen, dass der Wacholder zumeist zweihäusig ist. Das bedeutet, dass es männliche und weibliche Pflanzen gibt, die jeweils männliche oder weibliche Blüten hervorbringen. Die Beeren entstehen dann an den weiblichen Bäumen.

Wacholder wird für eine Vielzahl unterschiedlicher Anwendungen genutzt: vom Badeöl bis zum Aromastoff, vom Gewürz bis zur Naturmedizin gegen verschiedene Beschwerden. Die alten Ägypter, die Römer, die Griechen , sie alle nutzten den Wacholder für den einen oder anderen Zweck. Auch das Holz des Baums wurde verwendet (wenn auch nicht so häufig wie die Beeren), und zwar meist wegen des aromatischen Rauchs, der bei seiner Verbrennung entsteht.

Das Aroma der Beere selbst hat einen großen Einfluss darauf, wie wir ihren Geschmack wahrnehmen. Es variiert von Region zu Region, was uns wieder zu dem Thema *terroir* zurückführt.

Es gibt beim Gin (genau wie bei Kaffee, Wein und Kakao) Brände, die aus einem speziellen Wacholderanbaugebiet stammen, und die jeweils ihren eigenen Geschmack und Charakter haben. Im Folgenden beschreiben wir die vier Vertreter dieser Marke näher. Dabei wird jede Flasche mit einer extra Ampulle ausgeliefert, die ein Destillat mit zugehörigen Gin Botanicals enthält und mit dem Inhalt der Ginflasche gemischt werden kann. So erhält man ein komplexes Bouquet.

ITALIEN

ORIGIN AREZZO LONDON DRY GIN

Dieser italienische Wacholder hat ein makelloses Bouquet von weichen Kiefernnadeln. Der Gin ist cremig, mit einer Andeutung von Zitrusnoten. Wenn dem Destillat die Botanicals zugegeben werden, ergibt sich ein wunderbar abgerundeter Gin: warm mit einem leicht würzigen Abgang.

KOMBINIEREN MIT
Fever-Tree Tonic Water und Wacholderbeeren

NIEDERLANDE

ORIGIN MEPPEL LONDON DRY GIN

Wacholder aus den Niederlanden hat einen beinahe holzigen, erdigen Geschmack und man bemerkt einen Hauch von Tabak. Der Abgang ist etwas länger als beim italienischen Wacholder. Der Gin ist cremig und wird durch die süße Note der Botanicals ideal ergänzt. Der Abgang ist komplexer als beim italienischen Brand.

KOMBINIEREN MIT
Fever-Tree Tonic Water und Wacholderbeeren

ALBANIEN

ORIGIN VALBONE LONDON DRY GIN

Wacholder aus Albanien ist ein Sonderfall, der deutlich zeigt, wie sehr die Herkunft der Beeren den Geschmack beeinflussen kann. Der Gin ist trocken und erinnert an rote Früchte und Kakao. Wenn die Botanicals hinzugefügt werden, bewahrt das Destillat seinen Charakter, es kommt jedoch eine lebhafte Süße hinzu.

KOMBINIEREN MIT
Fever-Tree Tonic Water und Wacholderbeeren

BULGARIEN

ORIGIN VELIKI PRESLAV LONDON DRY GIN

Der unverkennbare Geschmack des Wacholders herrscht vor und dies sogar, wenn die Botanicals beigegeben werden. Hervorstechendes Merkmal ist der deutlich wahrnehmbare Alkohol.

KOMBINIEREN MIT
Fever-Tree Tonic Water und Wacholderbeeren

7 Dials

LONDON DRY GIN

GIN, HAPPY PRODUCT OF OUR CITY, CAN SINEWY STRENGTH
OPPRESS'D WEARIED WITH FATIGUE AND TOIL, CAN CHEER THE
HEART, LABOUR AND ART UPHELD BY THEE, WS QUAFF
THEE WITH GLEE, GENIUS LIQUID, THY FINEY TASTE SO
SWEET, AND WARMS EACH ENGLISH BREAST WITH GENIAL

7 DIALS GIN

46 %

DIE RICHTIGE WAHL

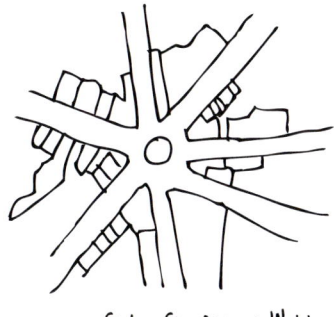

Sieben Straßen zur Wahl

HERKUNFT

Dieser London Dry Gin ist nach einer berühmten Kreuzung im Londoner Stadtteil St. Giles benannt. Seven Dials liegt zwischen St. Giles und Soho. Im späten 17. Jahrhundert wurden hier sieben Straßen angelegt, die an dieser Stelle sternförmig aufeinandertreffen. Im 18. Jahrhundert gab es in der Gegend Dutzende von *gin shops*. 7 Dials Gin wird vom London Gin Club produziert. Für seine Herstellung werden sieben Botanicals verwendet.

GESCHMACK UND AROMA

Im Bouquet zeigen sich frische Kiefernnoten und eine leichte Andeutung von Blüten. Am Gaumen sind zunächst Gewürze und eine kräftige Prise Kardamom wahrnehmbar, dann erweitern Wacholderbeeren und Koriander das Spektrum.

ZUTATEN

Wacholderbeeren ....
Koriander ....
Angelika ....
Eibischwurzeln ....
Clementinenschalen ....
Kardamom.................................
Mandeln....................................

KOMBINIEREN MIT

Schweppes Premium Mixer Original Tonic sowie Zitronen- und Limettenzesten

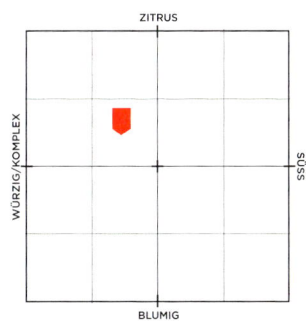

ZITRUS

WÜRZIG/KOMPLEX

SÜSS

BLUMIG

43,3 %

BATHTUB GIN

DER GEHEIMNISVOLLE

HERKUNFT

Ein ungewöhnlicher Gin, der von dem geheimnisumwitterten Cornelius Ampleforth kreiert wurde. Der wohlwollend als „verrückter Professor" bezeichnete Ampleforth begann mit der Herstellung des Gins in der eigenen Wohnung und machte damit sein Hobby zum Beruf. Ende 2011 wurden seine Träume wahr, als sein berüchtigter Bathtub Gin herauskam. Der Name ist eine Verneigung vor jenem Gin, den man in den 1920er-Jahren während der Prohibition zu trinken pflegte. Die braune Papierverpackung des Gins versetzt einen in diese Zeit zurück. Der Bathtub Gin wird nur in sehr geringen Mengen von dreißig bis sechzig Flaschen hergestellt.

GESCHMACK UND AROMA

Anfänglich offenbart sich in der Nase ein volles Wacholderbouquet, ergänzt durch den ebenfalls reichhaltigen Getreidealkohol. Abgerundet wird das Aroma durch Noten von Kardamom und Orangenblüten sowie einen Hauch Zimt. Der Schwerpunkt des Geschmacks liegt auf der Wacholderbeere, aber auch die erdigen Noten der Botanicals stimulieren den Gaumen. Das Mundgefühl ist süßlich, und im Abgang überlässt der Wacholder Kardamom und Zimt die Bühne.

ZUTATEN

Wacholderbeeren ....
Orangenschalen ....
Koriander ....
Zimt ....
Kardamom..................................
Gewürznelken ....

KOMBINIEREN MIT

Schweppes Premium Mixer Original Tonic und einer Zimtstange

WEITERE GIN-KREATIONEN

- Navy Strength Gin / 57,7 % / extra stark
- Cask-Aged Gin / 43,3 % / fassgelagert
- Old Tom Gin / 42,4 % / süßer Retro-Gin

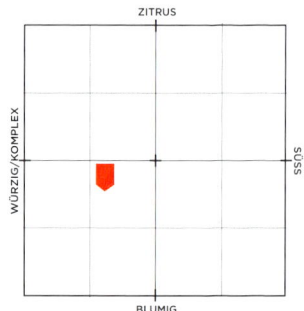

Professor Cornelius Ampleforth's

athtub G

BCN GIN

DEM WINZER SEI DANK

HERKUNFT

Der BCN Gin wird in Katalonien, in den Bergen des Priorats hergestellt. Die Region ist für ihre schweren und komplexen Weine berühmt, die ihren Charakter dem Schieferboden und dem reichlich vorhandenen Sonnenschein verdanken. Die Reben müssen sich auf kargen Böden und im trockenen Klima behaupten. Der einzigartige Geschmack dieses Gins beruht auf der handwerklichen Destillation von Trestern der Priorat-Trauben. Diese erfolgt in einer Anlage des deutschen Herstellers Arnold Holstein. Die Produzenten verwenden reines Quellwasser der Font del Mas Petit aus den Tiefen des Llicorella-Schiefers im Priorat. Die Zutaten und der gesamte Produktionsprozess sind zu einhundert Prozent natürlich. Die meisten der Botanicals stammen aus den Bergen des Priorats und werden mit Zitronenschalen aus dem südlichen Katalonien kombiniert. Um den Basisalkohol für BCN Gin zu destillieren, werden die regionalen Rebsorten Cariñena und Garnacha verwendet. Die sorgfältige Auswahl, die eingesetzte Zeit und der Aufwand sowie das handwerkliche Können werden mit einem ganz einzigartigen Ergebnis belohnt. Destilliert wird der BCN Gin nahe Barcelona, im Hügelland von Reus. BCN Gin schlägt eine Brücke von den Bergen zum Meer, er verbindet die Natur mit der Großstadt und alte Traditionen mit der Moderne. Auf Barcelona verweist auch die Flasche: Das Jugendstil-Emblem wurde dem Straßenbelag der Stadt nachempfunden. Der Stadtrat von Barcelona wählte 1916 dieses Muster von Escofet Tejera y

ZUTATEN

Wacholderbeeren ....
Weintrauben ....
Rosmarin....................................
Fenchel......................................
Kieferntriebe ....
Zitronenschalen.......................
Feigen ....

KOMBINIEREN MIT

Fever-Tree Tonic Water, zwei
halben roten Weinbeeren,
einer Limettenzeste und
einem Rosmarinzweig

Cia. aus, um die Straßen der Stadt damit zu pfla-
stern. Wer durch die alten Gassen Barcelonas
schlendert, erkennt das charakteristische Motiv
sofort wieder.

GESCHMACK UND AROMA

Das Aroma entwickelt sich komplex vor einem
Hintergrund aus Feigen und Zitrusfrüchten. Der
Gin ist kräftig mit lang anhaltendem Nachge-
schmack.

GIN

BLACK GIN

45 %

KOMPLEXER GENUSS

HERKUNFT

Black Gin wird von der Gansloser Destillerie produziert und ist der komplexeste Gin auf dem Markt. Er enthält sage und schreibe 74 Botanicals aus 19 verschiedenen Ländern, darunter Deutschland, Italien, Spanien, Indien, Madagaskar und Rumänien. Von den 74 Botanicals werden 68 in einem tintenschwarzen Mazerat angesetzt, woher auch sein Name abgeleitet ist. Ein absolut einzigartiger Gin, der nur in begrenzten Mengen hergestellt wird.

ZUTATEN

Wacholderbeeren ....
Zitronenschalen.....................
Orangenschalen ....
Ingwer ....
Koriander ....
Lorbeer...................................
Und 68 weitere botanische Inhaltsstoffe, deren Identität wir nur erahnen können.

KOMBINIEREN MIT

Original Premium Tonic Water Classic und einer Limettenzeste

WEITERE GIN-KREATIONEN

- Black Gin Distiller's Cut / 60 % / würzig
- Black Gin Edition 1905 / 45 % / Winteraromen

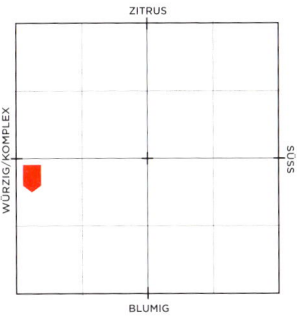

40 %

BOMBAY SAPPHIRE

DER REVOLUTIONÄRE

HERKUNFT

Bombay Sapphire ist ein leichter London Dry Gin, der sich 1987 aus dem Staub Londons erhob. Obwohl er inzwischen von Bacardi vermarktet wird, wurde die Rezeptur von der Bombay Spirits Company mit ihren zehn verschiedenen Botanicals seit 1761 nicht verändert. Sein trendiges Design und sein Image halfen dem als altbacken verschrienen Gin gehörig auf die Sprünge. Der Charakter des Bombay Sapphire ist perfekt dafür geeignet, um Wodkatrinker in die Welt des Gins zu locken. Bei diesem aromatischen Gin ist die Wacholderbeere weniger dominant als bei anderen, eher klassischen Kompositionen. Eine Sonderrolle nimmt dieser Gin auch wegen seiner speziellen Art der Destillation in einer Carter-Head-Brennblase ein: Die Kräuter und Gewürze werden nicht direkt in der Brennblase destilliert, sondern in einem Korb im Hals platziert. Auf sanfte Art können die Alkoholdämpfe so die Aromastoffe aufnehmen. Diesem Verfahren verdankt er seinen zarten und leichten Charakter am Gaumen, den Wodka-Liebhaber so schätzen.

GESCHMACK UND AROMA

Deutlich wahrnehmbar sind die Aromen von Wacholderbeeren und Zitrusfrüchten, aber auch von Pfeffer und anderen Gewürzen. Am Gaumen wirkt der Gin zart und etwas fruchtig. Belässt man den Gin etwas länger im Mund, kommen die unterschiedlichen Kräuter und Gewürze durch. Der Abgang ist kurz.

ZUTATEN

Wacholderbeeren aus Italien
Iriswurzeln ....
Mandeln aus Spanien.............
Limetten aus Spanien ....
Paradieskörner aus Westafrika
Koriander aus Marokko ....
Lakritze aus China ....
Cassia-Zimt............................
Angelika aus Sachsen.............
Kubebenpfeffer aus Java ....

KOMBINIEREN MIT

Fever-Tree Tonic Water und einer Limettenzeste sowie Mandelblättchen

WEITERE GIN-KREATIONEN

- Bombay Dry / 40 % / klassisch
- Bombay Sapphire East / 42 % / würzig
- Bombay Sapphire Star of Bombay / 47,5 % / geschmeidig

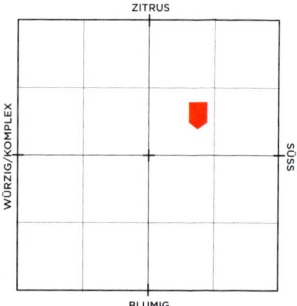

WASHINGTON ISLAND
WISCONSIN

EST.

DEATH'S DOOR

2005

MADE WITH ORGANIC HARD RED WINTER
WHEAT FROM WASHINGTON ISLAND, WI.
SIMPLE ◇ LOCAL ◇ EXCEPTIONAL

Crafted with wild juniper berries
& VARIOUS ORGANIC BOTANICALS

• GIN •

WASHINGTON
ISLAND

Green Bay

Lake Michigan

Death's Door Passage

DOOR
COUNTY

70CL • 47% ALC. BY VOL.

VEREINIGTE STAATEN VON AMERIKA

47,3 %

DEATH'S DOOR GIN

SCHLICHT, ABER HERVORRAGEND

HERKUNFT

Auf Washington Island in Wisconsin schlägt das Herz des Death's Door Gin. Der Name geht auf die Wasserstraße Death's Door zurück, die zwischen Washington Island und der Halbinsel Door County verläuft. Die Firma Death's Door Spirits arbeitet bei der Herstellung mit den Landwirten aus der Region zusammen, deren Erzeugnisse von besonders hoher Qualität sind. Die Destillerie wurde 2005 von Brian Ellison gegründet. Sein Gin ist ein perfektes Beispiel für Vollkommenheit, die im Schlichten liegt. Es ist erstaunlich, dass Death's Door Gin so viel Geschmack aus lediglich drei Botanicals gewinnt: Wacholderbeeren, Koriander und Fenchelsamen. Die Wacholderbeeren werden auf der Insel gepflückt, wie die anderen Zutaten, die ebenfalls aus Wisconsin stammen, werden sie sorgfältig ausgewählt. Der verwendete Getreidealkohol wird aus Weizen, der ebenfalls auf der Insel angebaut wird, gewonnen. Dort hatte es über 35 Jahre keine Landwirtschaft gegeben, bis die Brüder Tom und Ken Koyen 2005 den Weizenanbau wieder aufnahmen. Wir finden, das war eine gute Entscheidung.

GESCHMACK UND AROMA

Death's Door Gin zeichnet sich durch seine Würzigkeit aus. Die Wacholderbeere hat die Oberhand, wird aber durch eine warme und pfeffrige Tiefe ergänzt.

ZUTATEN

Wacholderbeeren ....
Koriander ....
Fenchelsamen..........................

KOMBINIEREN MIT

Abbondio Tonica Vintage Edition und einem Marshmallow

BRIAN ELLISON

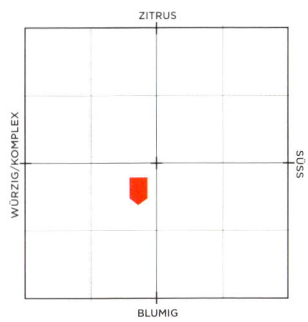

GILT SINGLE MALT SCOTTISH GIN

BESSER ALS WHISKY

HERKUNFT

Gilt Gin wird von der gleichen kleinen schotti-schen Brennerei hergestellt wie Valt Vodka. Verwendet werden ausschließlich gemälzte Gerste und das Wasser des Flusses Spey. Dieser *Single-Malt*-Alkohol wird in fünf Durchgängen destilliert. Hier werden Parallelen zum Whisky deutlich. Das gleiche Malz wird auch bei der Herstellung von Valt Vodka verwendet. Die Ge-schichte dieses Gins beginnt wie so viele andere in einer Bar und mit der Idee zweier Freunde. Sie wollten den ersten schottischen Wodka bren-nen, für den ausschließlich schottisches Quell-wasser verwendet wird. Der Wodka sollte so raffiniert und rein sein, dass für ihn ein ganz neues Destillationsverfahren nötig wurde: eine fünfstufige Mikrodestillation. Für den Gilt Gin gelten dieselben Richtlinien, und er wird mit derselben leidenschaftlichen Liebe für das Handwerk des Brennens hergestellt wie der Wodka. Das Ergebnis ist ein London Dry Gin, der jedoch durch das Malzdestillat ein klein wenig anders ist.

GESCHMACK UND AROMA

Das Bouquet gleicht einer blühenden Wiese, hinzu kommt ein Hauch Anis. Beim ersten Schluck steht der Wacholder im Vordergrund, macht dann aber Platz für das süße Aroma von karamellisiertem Zucker. Im Nachgeschmack zeigen sich Anis, Koriander und Iriswurzel.

ZUTATEN

Wacholderbeeren ....
Koriander ....
Kardamom..............................
Zitronen ....
Cassia-Zimt............................
Lakritze....................................
Orangen...................................
Iriswurzeln ....
Angelikawurzeln ....

KOMBINIEREN MIT

Fever-Tree Tonic Water und einem Stück chinesischen Anis oder etwas Kardamom

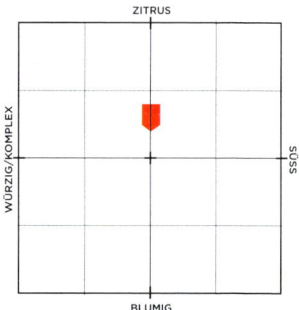

SMALL BATCH · HANDCRAFTED

NDRIC

GIN

41,4 %

HENDRICK'S GIN

DER MARKETINGERFOLG

HERKUNFT

Hendrick's ist ein Gin der obersten Luxusklasse. Gebrannt wird er in der schottischen Grafschaft Ayrshire. Dort verfügt man neben jahrhundertelanger Erfahrung im Destillieren auch über weiches schottisches Wasser aus dem Bach Penwhapple Burn. Hendrick's Gin wird mit elf Botanicals hergestellt, unter anderem mit belgischen und holländischen Salatgurken sowie Rosenblättern aus Bulgarien. Die Aromen von Salatgurke und Rosenblättern kommen allerdings nachträglich in Form von Auszügen hinzu. Seine Flasche im Apothekenstil und die innovative Servierweise mit Salatgurke waren bahnbrechend. Bei der Markteinführung 2000 gaben sie der gesamten Gin-Branche wichtige neue Impulse. Der Gin wird mithilfe zweier unterschiedlicher Destillationsgefäße erzeugt: einer Carter-Head-Brennblase und einer Bennet-Brennblase aus Kupfer. Es entstehen zwei unterschiedliche Brände, die dann gemischt werden: der eine sanft und zitrusbetont, der andere charaktervoll. Zusammen machen sie Hendrick's zu einem frischen Gin mit blumigem Aroma. Hendrick's wird mit traditionellen Methoden hergestellt. Das *The Wall Street Journal* erklärte Hendrick's 2003 zum besten Gin der Welt.

GESCHMACK UND AROMA

Es handelt sich um einen erfrischenden, charaktervollen Gin mit subtilen Geschmacksnoten und einem köstlichen Aroma. Das verdankt er unter anderem Essenzen aus holländischen Salatgurken und ätherischen Ölen bulgarischer Rosenblätter.

ZUTATEN

Wacholderbeeren ....
Kamille......................................
Kümmelsamen ....
Holunderbüten........................
Mädesüß (*Filipendula rubra*)
Orangenschalen ....
Koriander ....
Iriswurzeln ....
Angelika ....
Zitronenschalen......................
Kubebenpfeffer (eine Art Pfeffer).......................................

KOMBINIEREN MIT

Fentimans Tonic Water und Salatgurke

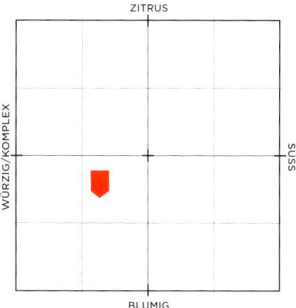

43%

HOXTON GIN

EXTREM AUSSERGEWÖHNLICH

SALVATORE CALABRESE

ZUTATEN

Wacholderbeeren ....
Kokosnuss................................
Grapefruits ....
Iriswurzeln ....
Estragon...................................
Ingwer ....

KOMBINIEREN MIT

J.Gasco Indian Tonic und
einem Stückchen Kokosnuss

HERKUNFT

Diesen einzigartigen Gin hat der Sohn des berühmten Barkeepers Salvatore Calabrese in
Hoxton entwickelt, dem kreativen Zentrum
Londons. Hergestellt wird der Gin mit Alkohol
aus französischem Sommerweizen und einem
Potpourri natürlicher Zutaten. Die Botanicals
werden fünf Tage mazeriert, bevor sie in 150
Jahre alten Kupferbrennblasen destilliert werden. Anschließend ruht der Gin zwei Monate in
Stahltanks. Es ist ein wirklich überraschender
Gin, der nach Kokosnuss und Grapefruit
schmeckt. Unter Puristen wird sogar ernsthaft
diskutiert, ob es sich überhaupt noch um einen
Gin handelt. Verkosten Sie ihn, und entscheiden
Sie selbst.

GESCHMACK UND AROMA

In der Nase überwiegen Kokosnuss- und Grapefruitaromen, im Hintergrund sind allerdings
Ingwer, Wacholder und Estragon erkennbar.
Auch geschmacklich dominieren Kokosnuss und
Grapefruit, Wacholder spielt hier nur die zweite
Geige.

HOXTON GIN

WARNING!
GRAPEFRUIT
AND
COCONUT

-ish

LONDON DRY GIN

Irresistible Scandalous Hallmark

MADE BY THE POSHMAKERS

with an extra shot of Juniper

ISH GIN

DER TROCKENE

IRRESISTIBLE

SCANDALOUS

HALLMARK

HERKUNFT

Die Buchstaben ISH im Namen dieses Premium-Gins stehen für *Irresistible Scandalous Hallmark*. Das solcherart als unwiderstehlich und skandalös gekennzeichnete Getränk ist ein traditioneller London Dry Gin. Sein kleines Extra – eine doppelte Portion Wacholder – macht den ISH Gin zum trockensten Vertreter dieser Gin-Kategorie. Ersonnen hat diesen spanisch inspirierten Gin Ellen Baker, die in Madrid die *Bristol Bar* leitet. Die Rezeptur ist perfekt ausbalanciert und sorgt für ein charakteristisches Geschmacksprofil, ohne auf künstliche Zugaben zurückzugreifen. Der ISH Gin wird im Herzen Londons in einer traditionellen Brennblase fünffach destilliert.

GESCHMACK UND AROMA

Im Bouquet zeigt sich ein ausgeprägter Wacholderduft neben Koriander und erfrischenden Zitrusnoten. Am Gaumen ist die Orange sofort wahrnehmbar, ihr folgt ein harmonischer Orchesterklang weiterer Botanicals.

ZUTATEN

Wacholderbeeren ....
Koriandersamen ....
Angelika ....
Mandeln....................................
Iriswurzeln ....
Muskatnuss ....
Zimt ....
Cassia-Zimt..............................
Lakritze....................................
Zitronenschalen......................
Orangenschalen ....

KOMBINIEREN MIT

1724 Tonic Water und getrockneten Wacholderbeeren

WEITERE GIN-KREATION

- Ish Limed London Dry Gin / 41 % / zitrusbetont

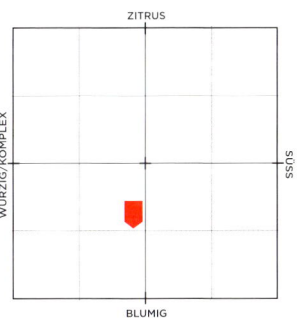

49,3 %

JUNIPERO GIN

NICHT IMMER NUR BIER

HERKUNFT

Der Junipero Gin wird von der Anchor Distillery hergestellt. Die Mikrodestillerie gehört zur Anchor Brewing Company und hat ihren Sitz auf einem der zahlreichen Hügel San Franciscos. Die Brennerei wurde 1993 von Fritz Maytag gegründet. Er war ein Visionär, der schon 1965 Anchor Brewing erwarb und dann dem traditionellen Bier in Amerika neues Leben einhauchte. Durch den Kauf rettete Fritz die Brauerei und ihr legendäres Steam Beer. Überdies erschloss er mithilfe allerlei innovativer Bierkreationen neue Märkte für seine Produkte. Die Anchor Distillery ist in einer Abteilung der großen Bierbrauerei untergebracht. Heutzutage produziert sie nicht nur einen wunderbaren Single-Malt-Roggenwhisky namens *Old Portrero*, sondern auch diesen charaktervollen und alkoholstarken (49,3 %) Gin. Der Junipero Gin ist Amerikas Antwort auf den traditionellen London Dry Gin, und er ist in der Cocktail-Szene sehr beliebt.

Junipero Gin enthält unverkennbar viele Wacholderbeeren, diese ordnen sich jedoch sofort in eine würzige Mischung ein. Vollkommen zu Recht hat dieser Gin schon zahlreiche internationale Preise eingeheimst.

GESCHMACK UND AROMA

Der Junipero zeigt ein breites Aromenspektrum mit Wacholderbeeren, Koriander und Lakritze. Er ist ein formidabler Kracher, aber mit hinreichender Frische und einer leichten Andeutung von erdigen Noten.

ZUTATEN

Wacholderbeeren ....
Koriander ....
Zitronen ....
Lakritze und weitere
Zutaten ....

KOMBINIEREN MIT

J.Gasco Tonic und einer großen Portion Wacholderbeeren

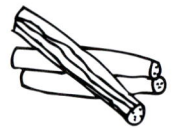

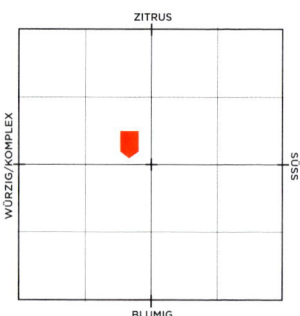

ZITRUS

WÜRZIG/KOMPLEX

SÜSS

BLUMIG

ESSAY

7·DDG·GNS·1

Junípero

NGINIOUS!
COCCHI VERMOUTH CASK FINISH GIN

DER WERMUTIGE

HERKUNFT

Egal wie verrückt eine Idee auch sein mag, am Ende siegt doch immer die Logik. So dachten vermutlich auch die beiden Schweizer Oliver Ullrich und Ralph Villiger, die mit der Ausdauer eines Schweizer Uhrwerks ihre Idee weiterverfolgten. Gin eignet sich kaum für die klassische Reifelagerung in Holzfässern, da die Gefahr besteht, dass er sein reichhaltiges und fragiles Aroma verliert. Andererseits ist der bekannteste Cocktail der Welt – der Martini – eine Mischung aus Gin und Wermut. Was wäre also, wenn …?

Auf der Suche nach einem Produzenten von hochwertigem Wermut stießen sie auf Roberto Bava Cocchi. Durch ihr hartnäckiges Drängen ließ er sich auf das verrückte Experiment ein und stellte ihnen einige Fässer seines angesehenen Cocci Vermouth di Torino zur Verfügung. So entstand der erste in Wermutfässern gelagerte Gin der Welt. Oder besser: der erste fassgereifte Martini. Die strikt limitierte Edition, die Lederumhüllung und die durchnummerierten Flaschen machen diesen Gin zu einem wahren Unikat.

GESCHMACK UND AROMA

Die Zitrus- und Fruchtnoten harmonieren perfekt mit den typischen, kräutrig-süßen Wermutakzenten.

ZUTATEN

Wacholderbeeren ....
Berberitzen ....
Zitronen ....
Orangen.....................................
Frische Pomelos......................
Heublumen ....
Kardamom................................
Klee ....
Kamille ....
Verbenen...................................
Lakritze......................................

KOMBINIEREN MIT

Diese Köstlichkeit sollte man vor allem pur genießen … oder mit Eis, einem Schuss neutralem Tonic und einer Orangenzeste.

WEITERE GIN-KREATION

• Nginious! Swiss Blend Gin / 45 % / komplex

52,3 %

NOLET'S RESERVE

TEURE EXKLUSIVITÄT

HERKUNFT

Eine Jahresproduktion von lediglich einigen Hundert Flaschen, eine besonders sorgfältige Auswahl und die Herstellungserfahrung von zehn Generationen, die Carolus Nolet senior einbringt, – all dies macht Nolet's Reserve zu einem der exklusivsten, erlesensten und teuersten Gins, die je hergestellt wurden. Die Brennerei Nolet produziert bis heute in Schiedam, noch immer am ursprünglichen Firmensitz. Der Gin hat einen empfohlenen Einzelhandelspreis von 650 Euro, also gibt es eigentlich nur eine Methode, ihn zu genießen: bedächtiges Nippen, um seine volle Komplexität zu würdigen. Das ist eine Exklusivität, auf die man stolz sein kann. Um dem Ganzen noch zusätzliches Flair zu verleihen, werden die Flaschen durchnummeriert und von Herrn Nolet höchstpersönlich signiert.

GESCHMACK UND AROMA

Im Bouquet treten Erdbeeren und Blüten in Erscheinung. Am Gaumen ist der Gin warm und komplex. Mit Safran, Pfirsich, Himbeere, Zitrusfrüchten und natürlich Wacholderbeeren offenbart er eine ganze Heerschar von Geschmacksnoten. Besondere Merkmale dieses Gins sind das warme und leicht würzige Leuchten des Safrans (das teuerste Gewürz, das es gibt) und die zarte Zitronenverbene.

ZUTATEN

Wacholderbeeren ....
Safran ....
Zitronenverbene ....
und weitere Zutaten

KOMBINIEREN MIT

Pur genießen, nicht mischen!

– einige 100 Flaschen maximal –

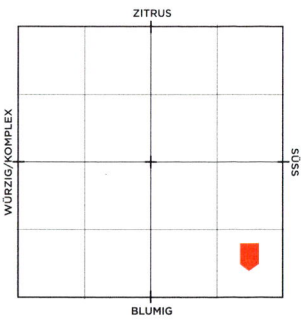

NOLET'S
DRY GIN

THE RESERVE

IMPORTED

40 %

ONE KEY GIN

GESCHMACK UND DESIGN

HERKUNFT

One Key wird von der Abnormal Group Singapore hergestellt. Die Idee für diesen Gin entstand 2009 und bestand schlicht darin, etwas völlig Andersartiges und Innovatives für den Gin-Markt zu entwickeln. Und One Key Gin wurde ein völlig einzigartiger Gin, nicht zuletzt wegen seiner auffälligen, handgefertigten Designverpackung. Der Gin lässt sich nur mit dem beigefügten Schlüssel öffnen. Sein Name ist also Programm: *Ein Schlüssel öffnet alle Türen!* Die Verpackung ist handgefertigt und besteht aus tiefblau schimmerndem Klarglas. 2011 gewann der One Key Gin den IF Packaging Award.

GESCHMACK UND AROMA

Es ist ein reichhaltiger und ausgewogener Gin mit exotischen Tönen auf einer Grundlage von ausgesuchten Getreidesorten, Koriander, Wacholderbeeren sowie einem Hauch Ingwer. Man sollte ihn langsam genießen, um seine Intensität besser zu spüren.

ZUTATEN

Wacholderbeeren ....
Ingwer ....
Koriander ....
Auszüge tropischer Pflanzen

KOMBINIEREN MIT

Fentimans Tonic Water und einem Thymianzweig, frischem Koriander oder Koriandersamen

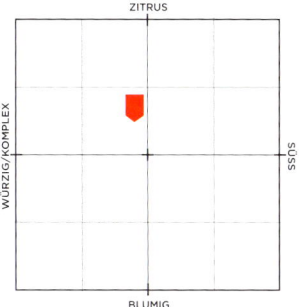

ZITRUS

WÜRZIG/KOMPLEX

SÜSS

BLUMIG

SACRED GIN

NEUE WEGE MIT ERFOLG

HERKUNFT

Der Sacred Gin ist ein Vorreiter der Mikrodestillerien, die einen eigenen Trend im Rahmen der Gin-Renaissance repräsentieren. Seine Schöpfer Ian und Hillary Hart produzieren den Gin in ihrem Reihenhaus in Nordlondon, wo sie eine handwerkliche Destillerie betreiben. Der Sacred Gin war Ians Idee. Sie stammt aus dem Jahr 2008, als er seinen Job als Headhunter verlor. Er besann sich auf seinen Uniabschluss in Naturwissenschaften und kniete sich in die Vakuumdestillation. Seine Freunde im Pub an der Ecke durften den Gin verkosten. Der 23. Versuch wurde einstimmig zu einem Erfolg erklärt. Sacred Gin wird bei sehr geringem Druck hergestellt. Die Qualität leidet darunter allerdings nicht, ganz im Gegenteil. Jedes der zwölf ökologisch erzeugten Botanicals wird in allerbestem englischen Getreidealkohol mazeriert. Die Destillation erfolgt danach jeweils separat in Glasgefäßen. Das Verfahren sorgt nicht nur für einen frischen und luxuriösen Charakter, sondern es ist zudem in der Welt des Gins äußerst ungewöhnlich. Der Name Sacred rührt von einem der Botanicals her: Olibanum oder lateinisch *Boswellia sacra*, auf Deutsch Weihrauch.

GESCHMACK UND AROMA

In der Nase ist der Gin würzig und weist Zitrusnoten auf. Im Geschmack zeigen sich Muskatnuss und Wacholderbeeren, die zu einem eleganten Abgang überleiten.

ZUTATEN

Wacholderbeeren ....
Frisch geschnittene Zitronen
Kardamom..............................
Muskatnuss ....
Weihrauch (*Boswellia sacra*)
und weitere Zutaten...............

KOMBINIEREN MIT

Fever-Tree Indian Tonic Water, geriebener Muskatnuss beziehungsweise einer Zimtstange

WEITERE GIN-KREATIONEN

- Sacred Cardamom Gin / 40 % / würzig
- Sacred Orris Gin / 40 % / blumig

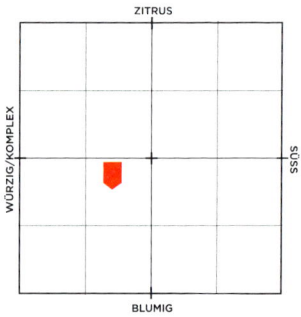

Tanqueray

MALACCA GIN

LIMITED EDITION

N OCEAN

BOTTLE № GR 06380

TANQUERAY MALACCA

WIE PHÖNIX

HERKUNFT

Der kleine Bruder des Tanqueray London Dry Gin – diese Einstellung dominierte jahrelang die Haltung gegenüber dem Tanqueray Malacca. Er wurde 1997 eingeführt, verschwand aber schon 2001 wieder vom Markt, obwohl er sich unter Gin-Liebhabern wachsender Beliebtheit erfreute. Wer danach unbedingt noch eine Flasche ergattern wollte, musste für diesen kultigen Gin horrende Summen auf dem Schwarzmarkt bezahlen. Seit dem Jahr 2013 ist die Marke wieder für das allgemeine Publikum erhältlich. Doch von der erneuten Version des würzigen Gins wurden nur 100.000 Flaschen hergestellt. Der Gin ist eine Hommage an die Originalrezeptur, die Charles Tanqueray 1839 in sein Notizbuch schrieb. Auf seinen Handelsreisen im Fernen Osten hatte er den Gin mit Kräutern und Gewürzen aus aller Herren Länder komponiert. Heute erinnert das Bemühen, einer Flasche habhaft zu werden, an die sprichwörtliche Suche nach der Nadel in einem sehr großen Haufen aus getrocknetem Gras – aber die Mühe lohnt sich.

GESCHMACK UND AROMA

Der Tanqueray Malacca ist leichter und fruchtiger als sein großer Bruder. Das Wacholderaroma ist schwächer, die Grapefruitnoten dagegen stärker. Der Gin ist sanft und abgerundet, wobei ein markanter Zimtgeschmack fast an Süßigkeiten denken lässt. Der Abgang ist schlicht und sauber.

ZUTATEN

Keine Angaben verfügbar.

KOMBINIEREN MIT

Gents Swiss Roots Premium Tonic und einer Grapefruitzeste

CHARLES TANQUERAY

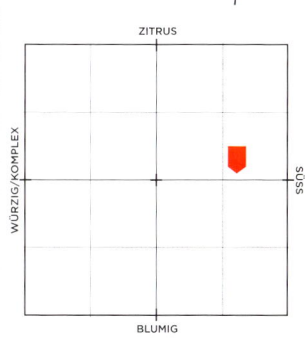

NIEDERLANDE

41,7 %

VL92 GIN

ZURÜCK ZU DEN WURZELN

HERKUNFT

Der VL92 ist das Ergebnis der Suche nach einem ultimativen Gin durch die beiden Unternehmer Leo Fontijne und Sietze Kalkwijk. Der Gin wird handwerklich in den Niederlanden produziert. Mit Malzwein (25 %) kommt dabei eine Originalzutat für Jenever zum Einsatz, weshalb der VL92 stark an die Ursprünge von Jenever und Gin erinnert. Seinen Namen trägt er zu Ehren eines historischen Segelschiffes, das einst unter niederländischer Flagge tropische Gewürze transportierte. Für die damaligen Genever-Rezepturen waren sie zu gewagt, aber für den VL92 Gin sind sie wie geschaffen. Die erste Ladung des Gins traf am 15. Mai 2012 in London ein – und zwar stilecht an Bord des namensgebenden Schiffs.

GESCHMACK UND AROMA

Der Malzwein bringt Kühnheit ins Spiel, das Zusammenspiel der Botanicals bewirkt Komplexität, und für das überraschende Moment sorgen die Korianderblätter. Die geniale Idee, mit Malzwein zu arbeiten, wird bei keinem anderen Gin umgesetzt.

ZUTATEN

Malzwein.................................
Wacholderbeeren ....
Korianderblätter und verschiedene andere Botanicals

KOMBINIEREN MIT

Fentimans Tonic Water und einer dünnen Scheibe Ingwer

WEITERE GIN-KREATION

• VL92 YY Gin /
  45 % / gelagert

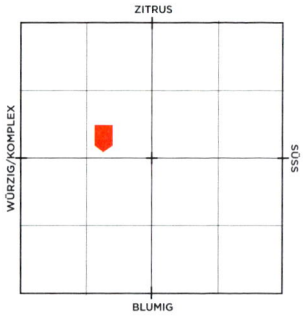

VL92 GIN

ginstooksel:

XX

moutwijn		
korianderblad	///	
28 JUL 2013		

XY

YY

41.7% alcohol per volume
700ml.

M. vn Toor Jz

Zuidam

Small Batch

DUTCH COURAGE

Dry Gin

*Zuidam Dutch Courage Dry Gin is handcrafted in the distillery of the
Van Zuidam Family where two generations of master distillers
combine the most exquisite ingredients to create an exceptional gin.
No effort was spared in the search for perfection from the use of the
very best botanicals to the careful distillation in very small batches,
everything was done to create the ultimate dry gin.*

Product of Holland

Distilled from Grain

1 Liter   44,5% Alc. by Vol.

INTERNATIONAL SPIRITS CHALLENGE
2012
GOLD

ZUIDAM
DUTCH COURAGE

DER HISTORISCHE

Ein Schluck

HERKUNFT

Zuidam Distillers ist eine der letzten unabhän-
gigen Brennereien in den Niederlanden. Der
Familienbetrieb stellt sein Destillat und seine
Extrakte selbst in traditionellen Arbeits- und
Produktionsverfahren her. Der Name des Gins
ist eine historische Reminiszenz an den Schluck
Genever, der im Dreißigjährigen Krieg an die
Soldaten ausgegeben wurde, bevor sie in die
Schlacht ziehen mussten. Der Zuidam Dutch
Courage Dry Gin hat bei vielen großen interna-
tionalen Wettbewerben Preise gewonnen.

GESCHMACK UND AROMA

In der Nase zeigen sich kräftige Gewürznoten
und ein Kern aus erdigen Wacholderaromen und
exotischen Kräutern. Der Geschmack ist erdig
mit einem Hauch Zitrus und getrockneten Kräutern. Der Abgang ist bittersüß und intensiv.

ZUTATEN

Wacholderbeeren ....
Koriander ....
Angelika ....
Orangen und Zitronen aus
Spanien....................................
Vanille aus Madagaskar..........
Lakritze aus Indien ....
Kardamomkapseln aus
Sri Lanka.................................

KOMBINIEREN MIT

Thomas Henry Tonic Water
und einer Lakritzstange

WEITERE GIN-KREATIONEN

- Zuidam Dutch Courage
  Aged Gin 88 / 44 % / gelagert
- Zuidam Dutch Courage
  Old Tom's Gin / 40 % /
  süßer Retro-Gin

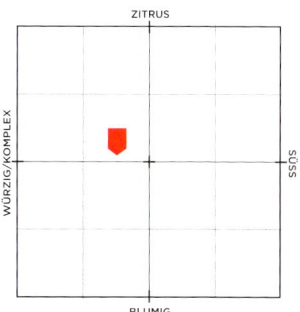

IN DER PRAXIS: DIE MISCHUNG MACHT'S

Gin und Tonic sind Ihnen inzwischen so vertraut, dass es Zeit wird, das theoretische Wissen in die Praxis umzusetzen. Daher zeigen wir Ihnen im Folgenden, wie Sie hierbei vorgehen – vom richtigen Mischungsverhältnis über die geeigneten Werkzeuge bis hin zu den passenden Garnituren. Legen Sie etwas Musik auf, nehmen Sie sich einen Gin Tonic und genießen Sie die Harmonie dieser perfekten Liaison: reine Liebe, die seit Jahrzehnten währt, Leidenschaft ab der ersten Begegnung oder die nach einer Ruhepause neu entflammte *Liebe auf den zweiten Blick*. Diese Leidenschaft lässt die Funken fliegen und lädt zum trunkenen Tanz. Eine Liebe, bei der sich die Partner gegenseitig herausfordern, sich stärken, sich zu neuen Höhen führen und zu Kreativität anregen. Bewahren sollten Sie sich dabei die Offenheit gegenüber dem Unkonventionellen. Schließlich gehen Gin und Tonic mit den Botanicals eine Art Dreiecksbeziehung ein. Sie begleiten oftmals unser Paar und verleihen ihm das gewisse Extra an Geschmack.

WIE ES NICHT SEIN SOLLTE ...

Betrachten wir einige eher abwegige Kombinationen: eine Schale Cornflakes zu Champagner oder eine Tüte Kartoffelchips zu Kaviar. Gelinde gesagt, sind das eigenartige Zusammenstellungen. Vor allem aber sind es Kombinationen, deren Bestandteile kaum etwas gemeinsam haben.

Für sich genommen weist jedes dieser Produkte seine individuellen Vorzüge auf, doch in Kombination miteinander funktioniert es einfach nicht. Manche Dinge gehören einfach nicht zusammen. So wie Kartoffelchips und Kaviar keine Basis für eine langfristige Beziehung haben, passen auch einige Ginsorten einfach nicht zu bestimmten Tonics.

MIT DER GIN-GESCHMACK-TABELLE ZUM RICHTIGEN MIX

Zunächst einmal gilt es herauszufinden, welcher Gin Ihnen am meisten liegt. Zu Beginn sollten Sie also so viele Sorten wie möglich probieren. Während sie auf diese Weise auf Entdeckungstour gehen, können Sie sich von diesem Buch begleiten lassen, darin lesen und sich Notizen machen. Denken Sie aber daran, dass jede Forschungsreise auch ihre Höhen und Tiefen kennt. Manchmal hört man Wunderdinge über einen Gin, aber der Geschmack ist dann doch enttäuschend. Manchmal ist es genau umgekehrt. Betrachten Sie es als eine Suche, die vielleicht Ihr ganzes Leben andauert. Eines aber ist sicher: Ihr persönlicher Heiliger Gral unter den Gins existiert. Danach beginnt das Vergnügen erst richtig! Denn dieses Buch hilft Ihnen beispielsweise dabei, das dazu passende Tonic zu finden, und erklärt, wie man den ultimativen Gin Tonic mischt und serviert.

Wie Sie inzwischen wissen, ist der Trick, um die perfekte Mischung zu finden, eigentlich ganz einfach: Es geht lediglich darum, die Inhaltsstoffe des Gins wie auch des Tonics zu analysieren. Hierbei hilft Ihnen ein originelles Verfahren zur Untersuchung der Aromakomponenten, das Sie auf den folgenden Seiten kennenlernen: die Gin-Geschmack-Tabelle.

GIN-GESCHMACK-
TABELLE

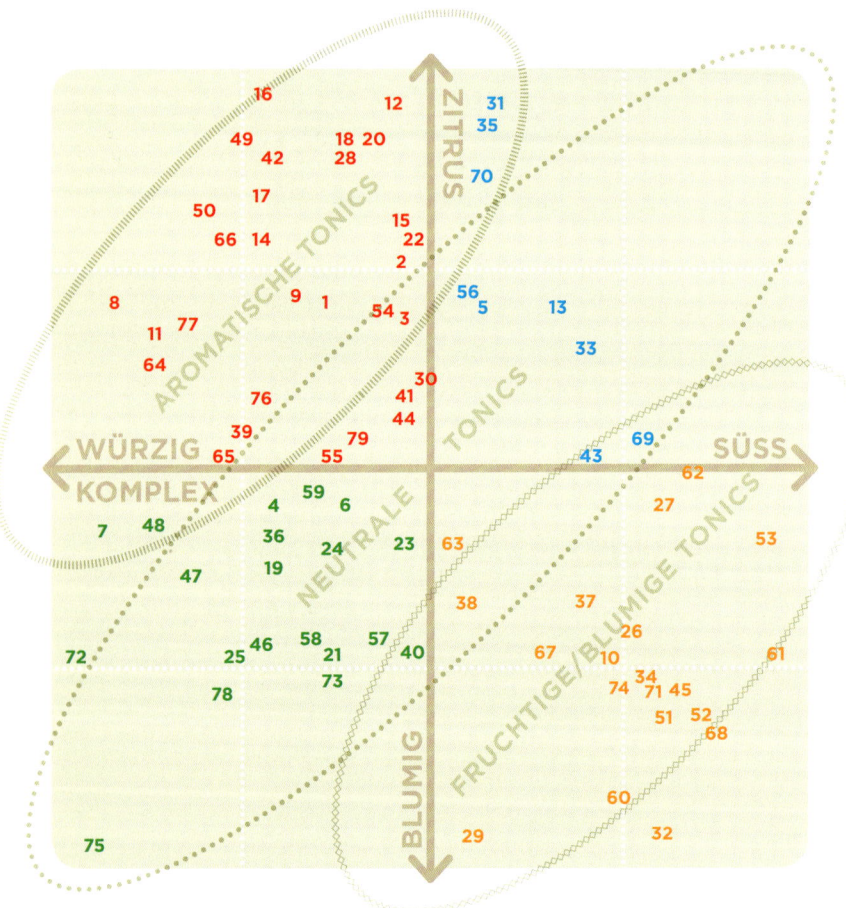

Haben Sie sich die Geschmackstabelle genau angesehen? Sie zeigt die Kombination der Geschmacksnuancen von Gin und Tonic und lässt sich intuitiv interpretieren.

AUF ZUM ÜBEN!

Holen Sie zunächst Ihren aktuellen Lieblings-Gin oder nehmen Sie einfach eine Flasche Gin zur Hand, die Sie geschenkt bekommen haben. Nehmen Sie dann die Gin-Geschmack-Tabelle mit der Liste der Gin-Sorten und den Tonic-Geschmacksrichtungen zur Hand. Öffnen Sie die Flasche, schnuppern Sie das Aroma, und kosten Sie den puren Gin. Augenblick: Wir haben noch gar nicht erklärt, wie man einen Gin richtig verkostet!

GIN VERKOSTEN

Auf der Zunge befinden sich vier Arten von Geschmackspapillen. Diese sind jeweils auf einen bestimmten Geschmack spezialisiert: süß, salzig, sauer und bitter. Alle Geschmacksnoten, die wir erkennen können, sind Kombinationen dieser vier Geschmacksqualitäten. Dieser Liste kann noch ein fünfter Geschmack hinzugefügt werden: umami oder herzhaft. Die fünf Grundgeschmäcker sind jedoch nur ein Teil der Geschmackswahrnehmungen. Denn für das Geschmacksempfinden spielt auch der Geruchssinn eine wichtige Rolle: Ein Geruch kann eine bestimmte Erwartung in Bezug auf das hervorrufen, was man gleich schmecken wird. Es kann interessant sein, zu entdecken, ob Ihr Gin diesen Erwartungen entspricht oder nicht.

DAS GLAS

NOSING-GLAS   AUCH GUT   TUMBLER (NICHT GUT)

Bei der Verkostung ist ein tulpenförmiges Glas zu bevorzugen, das unten breiter ist als am Rand, da die Aromen so besser zur Nase geleitet werden. Diese Art Glas wird als Nosing-Glas bezeichnet. Sie können sich jedoch auch mit einem ähnlich geformten Wein- oder Sherryglas behelfen. Ein Tumbler (breites Glas mit dickem Boden und geraden Wandungen) ist weniger gut geeignet, da sich die Aromen schnell verflüchtigen.

DER GIN

Gießen Sie etwa 30 ml Gin in das Glas. Sie können auch etwas Wasser zufügen, denn es mildert den Alkohol etwas ab und hebt den Geschmack der verwendeten Botanicals hervor.

SCHWENKEN

Schwenken Sie den Gin im Glas etwas hin und her. So wird Sauerstoff zugeführt, und die Aromen sammeln sich am Glasrand. Durch Schwenken können Sie das Bouquet des Gins deutlicher wahrnehmen.

DIE NASE

Stecken Sie Ihre Nase ins Glas und versuchen Sie, das Aroma zu erriechen. Zu den hierbei am häufigsten wahrgenommenen Charakteristiken gehören: zitrusbetont, fruchtig, blumig, erdig, würzig, süß und holzig.

Hinweis:
Ein starker, als chemisch empfundener Geruch deutet auf einen minderwertigen Gin hin.

DER GESCHMACK

Nehmen Sie einen kleinen Schluck und lassen Sie den Gin im Mund kreisen, um die elementaren Geschmacksnoten herauszufiltern. Lassen Sie den Gin dann auf der Zunge etwas ruhen, bevor Sie ihn nochmals kreisen lassen, um alle Nuancen herauszufinden.

Der erste Schluck sollte sich im Mund warm und angenehm anfühlen und einen subtilen Wacholdergeschmack haben. Nehmen Sie sich Zeit, um alle Aromen zur Geltung kommen zu lassen. Versuchen Sie dann, den trockenen Charakter des Gins wahrzunehmen. Ein trockenes Gefühl im hinteren Bereich der Zunge weist oft darauf hin, dass Kräuter wie Veilchenwurzeln oder Engelwurz als Botanicals verwendet wurden. Zu den am häufigsten wahrgenommenen Aromen der Gins zählen vor allem die vier *Achsen* unserer Geschmackstabelle: zitrusbetont, süß, blumig, und würzig/komplex. Man verwendet aber oft auch Beschreibungen wie erdig, pfeffrig oder exotisch.

DER ABGANG

Zu den wichtigen Eigenschaften eines guten Gins gehört zu guter Letzt immer auch ein frischer und sauberer Abgang. Der Geschmack von Wacholderbeeren sollte nicht zu lange nachhalten. Wenn Sie den nächsten Schluck nehmen, sollte der vorherige nicht mehr als eine Erinnerung sein. Gins mit dieser Eigenschaft werden oft als *weich* oder *sanft* bezeichnet.

GINS IN DER GESCHMACKSTABELLE VERORTEN UND DAS RICHTIGE TONIC FINDEN

Vielen Gins haben wir ihren Platz in der Geschmackstabelle bereits zugewiesen. Wenn Sie nun selbst einen weiteren guten Gin entdeckt haben, werden Sie ihm nach der Verkostung den richtigen Ort in der Tabelle zuweisen wollen. Konzentrieren Sie sich dabei vor allem auf die zitrusbetonten, süßen, blumigen und würzigen/komplexen Noten. Je näher Ihre Entdeckung an der Tabellenmitte liegt, desto mehr ähnelt der Geschmack dem klassischen London Dry Gin. Falls sich Ihr Gin nirgends in der Tabelle verorten lässt, handelt es sich aller Wahrscheinlichkeit nach um einen Exoten. Diese exotischen Gins müssen ganz individuell bewertet werden, um ein hierzu passendes Tonic auswählen zu können.

EINE KURZE ZUSAMMENFASSUNG:

KLASSISCHE LONDON DRY GINS

Die London Dry Gins finden sich im Zentrum der Geschmackstabelle: Sie sollten deshalb nicht mit Tonics gemischt werden, die einen ausgeprägten Eigengeschmack aufweisen. Bessere Partner sind die eher neutralen Tonics wie Fever-Tree Indian Tonic Water, Thomas Henry Tonic Water oder Schweppes Premium Mixer Original Tonic. Ein neutrales Tonic Water bringt die klassischen Aromen eines London Dry Gins perfekt zur Geltung, ohne ihn geschmacklich zu überlagern.

ZITRUSBETONTE GINS

Diese Gin-Sorten können sehr gut mit aromatischen Tonics ergänzt werden. Ideal ist hier ein aromatisches Tonic mit einer Zitrusnote. Wählen Sie beispielsweise Fentimans Tonic Water, das unter anderem mit Auszügen aus Limettenblättern versetzt wird. Diese Inhaltsstoffe heben die Zitrusnoten Ihres Gins perfekt hervor.

SÜSSE GINS

Die durchschnittliche Süße dieser Gin-Sorten kombiniert man am besten mit den Aromen eines fruchtigen Tonics wie dem 1724 Tonic Water und dem Indi Botanical Water.

BLUMIGE GINS

Diese Gins sind durch eine leichte Fruchtigkeit sowie blumige Bouquets gekennzeichnet. Wegen ihrer charakteristischen Merkmale und der verwendeten Botanicals verbinden sie sich gerne mit sanft und fruchtig komponierten Tonics wie dem 1724 Tonic Water und Indi Tonic Botanical Water.

WÜRZIGE GINS

Würzige Gins haben eine markante Aromen- und Geschmackspalette. Aufgrund ihrer komplexen Vielfalt ergeben sie eine perfekte Mischung mit einem aromatischen Tonic wie Fentimans Tonic Water. Ebenso ließe sich argumentieren, dass diese Gins aufgrund ihrer Komplexität nur einer geringen Unterstützung bedürfen. Die würzigsten Gins wie der Monkey 47 oder der Black Gin von Gansloser sind von sich aus schon so geschmacksintensiv, dass sie nur ein neutrales Tonic benötigen.

EXPERIMENTIEREN ABSOLUT ERLAUBT!

In diesem Buch konzentrieren wir uns auf hundertprozentig natürliche Tonics. Die große Vielfalt der erhältlichen Gins und Tonics sollten Sie jedoch auf eigene Faust erforschen. Denkt man beispielsweise an Gins, zu deren Zutaten Holunderblüten gehören, wie etwa Darnley's Gin, Knockeen Gin, Zephyr Gin und andere, lassen diese sich sehr gut mit Thomas Henry Elderflower Tonic verbinden. Bedenken Sie, dass nahezu jede Woche neue Gin- und Tonic-Marken auf den Markt kommen. Reichlich Material also für endlose Mischungen und Zusammenstellungen – und zum Entdecken überraschender neuer Kombinationen.

Haben Sie Ihr perfektes Paar (oder eine grandiose Mischung, die Ihnen schmeckt) erst einmal gefunden, widmen wir uns der Frage, wie man dieses harmonische Duett auf ideale Weise zu Tisch geleitet. Wir beginnen dabei mit der klassischen Art des Mixens und den Mischungsverhältnissen. Aber auch auf die perfekte Servierweise, einschließlich der Garnitur, kommen wir kurz zu sprechen.

DER KLASSISCHE GIN TONIC

Beginnen wir mit den Grundlagen – einem Gin Tonic. Nicht mehr und nicht weniger. Das Rezept ist einfach, verdient aber dennoch das rechte Maß an Aufmerksamkeit. Denn auch einfache Dinge können schiefgehen, wenn man sich nicht die notwendige Zeit nimmt oder unaufmerksam ist. Ungenauigkeit wird in der Welt der Cocktails nicht entschuldigt, denn hier sind sogar die Basics eine Kunstform. Das klassische Mischungsverhältnis für Gin Tonic lautet: 1 Teil Gin auf 4 Teile Tonic. Das Tonic soll das Wesen und die Reinheit des Gins ergänzen, keinesfalls aber überdecken.

— **1 Teil Gin: 50 ml**
— **4 Teile Tonic: 200 ml Tonic**
— **viel Eis**

1 X GIN   4 X TONIC   EIS (VIEL)

Je größer die Eiswürfel sind, desto besser. Denn so stellen Sie sicher, dass das Eis möglichst wenig schmilzt. Schließlich ist Wasser der natürliche Feind eines jeden Gin Tonics.

„Mit Zitrone oder Limette?", werden Sie sich nun vielleicht fragen. Das hängt ganz von den natürlichen Aromen des Gins ab. Die Wacholderbeere spielt dabei zweifellos die Hauptrolle, doch ihr Aroma wird oft durch
Zitrone oder Limette unterstützt. Mit anderen Worten:
Der Zitrusgeschmack ist im Gin bereits vorhanden.
Falls Sie diesen Geschmack unterstützen wollen oder
bei einem Gin mit schwach ausgeprägter Zitrusnote
etwas Zitrone oder Limette hinzufügen möchten, sollten Sie dies unbedingt tun. *De gustibus non dispu-
tandum est* – über Geschmack lässt sich nicht streiten.
Wozu wir raten? Wenn Sie Limette oder Zitrone zu einem
Gin Tonic geben möchten, dann verwenden Sie die
Schale. Der Saft und die darin enthaltene Säure würden
sonst den wahren Geschmack des Gins überdecken.

 Orangenschale

Hinweis:
*Puristen und Kenner bevorzugen meist einen etwas stär-
keren Gin Tonic. In diesem Fall kann das Mischungsverhältnis ohne Weiteres auf 1 Teil Gin zu 2 oder 3 Teilen
Tonic variiert werden. Sogar eine Mischung im Verhältnis 1:1 ist möglich. Um das Phänomen Gin Tonic optimal
genießen zu können, sollte das Verhältnis allerdings mindestens bei 1:1 liegen.*

1 X GIN   1 X TONIC

DIE PERFEKTE SERVIERWEISE

Ebenso wie eine Mahlzeit ansprechend aussehen sollte, um den Appetit anzuregen, sollte auch ein Gin Tonic
verlockend serviert werden und zum Genießen einla-
den. In Spanien etwa, einem Geburtsort der zeitgenössischen Gastronomie, wurde auch der Gin Tonic zu
einer wahren Kunstform erhoben. Die Spanier dominieren nicht nur die Listen der internationalen Restau-
rantführer, hier ist auch der *gintonic* eine Lebensphilo-
sophie. Er ist allgegenwärtig und kaum zu übersehen.
Vor ungefähr fünf Jahren verhalf das Interesse der
spanischen Gastronomen und insbesondere der Barkeeper dem Gin Tonic zu einem beträchtlichen Auf-
schwung und machte ihn zu einem Teil der spanischen
Kultur. Inzwischen können einheimische Barbesucher
ebenso wie Touristen dieses Ritual genießen, das ein
fester Bestandteil des perfekten Gin-Genusses ist ...

DAS RICHTIGE ZUBEHÖR

DAS GLAS

Gin Tonic wird in einer großen *copa de balon* serviert. Dies ist ein großes, ballonförmiges Weinglas, das man auch als Ballonglas bezeichnet. Die *copa de balon* stammt aus Spanien. In diesem Land der gastronomischen Pioniere ist es undenkbar, einen Gin Tonic in einem anderen Glas zu servieren. In den Niederlanden bekommt man Gin Tonic hingegen auch schon einmal in einem Tumbler serviert – einem niedrigen, breiten, zylindrischen Glas. Ein Ballonglas ist allerdings vorzuziehen, da der Gin in einem Tumbler schneller warm wird. Das Ballonglas hingegen wird am Stiel oder am Fuß gehalten, damit sich das Glas nicht durch den direkten Handkontakt erwärmt. Falls Sie kein Ballonglas besitzen, können Sie auch ein Rotweinglas verwenden. Die konische Form lässt den Gin Tonic gut zur Geltung kommen. Ballongläser sind jedoch inzwischen leicht erhältlich und bringen Ihren Gin Tonic auf ein ganz neues, höheres Level. Die Finger lassen sollten Sie vor allem von einem Longdrink-Glas. Denn hierbei setzt sich der Gin am Boden des Glases ab. Bei einer *copa de balon*, einem Rotweinglas und selbst bei einem Tumbler vermischt sich dagegen der Gin mit dem Tonic. Außerdem verschafft ein weites Glas dem Bouquet mehr Raum. Die leichte Verjüngung zum oberen Rand hin hält dabei das Aroma im Glas.

DAS EIS

Verwenden Sie große Eiswürfel. Denn je größer sie sind, desto geringer ist die Wahrscheinlichkeit, dass sie schnell schmelzen und den Gin verwässern. Achten Sie darauf, sauberes Wasser zu verwenden, das nicht mit anderen Zutaten in Berührung gekommen ist. Denn Eis nimmt schnell den Geruch und Geschmack anderer Produkte an, die im selben Tiefkühlfach aufbewahrt werden. Füllen Sie Ihr Glas randvoll mit Eiswürfeln: Ein Gin Tonic sollte kalt serviert werden!

große
Eiswürfel

Hinweis:

Sie können das Glas auch erst vorkühlen, indem Sie einige Eiswürfel darin schwenken. Achten Sie jedoch darauf, diese nach dem Vorkühlen durch frische zu ersetzen. Wer es gern kreativ mag, friert einige Botanicals in Eiswürfeln ein. Das ist ein echter Hingucker und wirkt sich kaum auf den Geschmack des Gin Tonics aus.

DER GIN

So etwas wie der weltbeste Gin existiert nicht. Jeder hat seinen jeweils eigenen, ganz individuellen Geschmack. Die Standardmenge beträgt 5 cl (50 ml). Mit einem entsprechenden Jigger (Barmaß) lässt sich dies leicht abmessen. Falls Ihr Lieblingsgin einen höheren Alkoholgehalt (45 % oder mehr) aufweist, empfehlen wir, etwas weniger Gin zu verwenden.

JIGGER

DAS TONIC

Gemäß einem Mischungsverhältnis von 1 Teil Gin auf 4 Teile Tonic ergeben 50 ml Gin und 200 ml Tonic die ideale Kombination. Allerdings enthalten nicht alle Tonic-Water-Flaschen genau 200 ml. Bei Fentimans sind es beispielsweise nur 125 ml, während es bei Q Tonic 237 ml sind.

Es empfiehlt sich daher, bei Einladungen Gin und Tonic stets einzeln servieren zu lassen und selbst zu mischen. Bleibt Tonic übrig, bieten Sie es einfach Ihren Freunden an. Zu wenig Tonic? Trinken Sie Ihren Gin Tonic doch mit etwas mehr Bums. Gießen Sie das Tonic gegen die Wandung des Glases, dadurch ergibt sich die beste Perlage. Sie können das Tonic auch über den Stiel eines Barlöffels behutsam ins Glas rinnen lassen.

GIN TONIC GARNIEREN –
SINN UND UNSINN

Wie bereits erwähnt, sollten Sie es vermeiden, Ihren Gin Tonic in einen Salat zu verwandeln. Ob eine Garnitur überhaupt nötig ist, ist eine Diskussion, die wir an dieser Stelle nicht führen wollen. Sie und nur Sie selbst entscheiden, was schlussendlich in Ihren Gin Tonic kommt. Die Garnitur soll vor allem das Glas ansprechend präsentieren. Sie kann aber auch einen bestimmten Geschmack hervorheben oder einen fehlenden ergänzen.

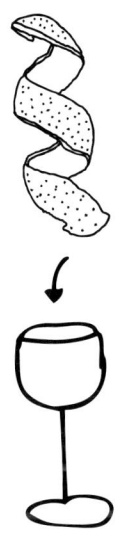

Limette, Zitrone, Rhabarber oder Oliven etwa sind eine gute Ergänzung für einen trockenen Gin. Im Prinzip können Sie einem trockenen Gin (oder einem mit einer Extraportion Wacholderbeeren) jede Art von Garnitur beigeben, denn dieser Gin weist keine ausgeprägte Geschmacksrichtung auf. Hier können Sie auch Botanicals einsetzen, um die gewünschten Geschmacksnoten hinzuzufügen. Zu einem blumigen Gin hingegen passen Grapefruit, Zitronenschale, Salatgurke oder Rosenblätter ausgezeichnet. Für einen Gin mit Kräuternote können Sie z. B. Rosmarin, Thymian, Minze, Basilikum oder Koriander verwenden. Früchte wie Himbeeren dienen vor allem dazu, das Glas optisch zu beleben. Achten Sie aber darauf, dass Sie die Früchte immer im Ganzen und nie zerdrückt in den Gin Tonic geben. Wenn Sie sich für eine Garnitur entscheiden, sollten Sie sich an eine einfache Regel halten: Vor der Weiterverwendung Früchte, Kräuter und andere Garnituren stets waschen. Beim Garnieren mit Zitrusfrüchten (Zitrone, Limette oder Orange) gibt es noch eine andere wichtige Regel – nämlich, nur die Streifen der äußeren Schale (Zesten) zu verwenden. Denn die äußere Schale enthält die ätherischen Öle der Frucht und keine Bitterstoffe wie die weiße Unterschale.

Mit einem handelsüblichen Zestenreißer können Sie sehr dünne Schalenstreifen von einer Zitrusfrucht abhobeln. Mit einem klassischen Sparschäler lassen sich leicht breitere Streifen herunterschneiden. Natürlich ist auch ein gutes Messer unverzichtbar. Wie Sie schneiden und was Sie kreieren, bleibt dabei ganz Ihnen überlassen.

Eine der häufigsten Schneidevarianten für Zitrusschalen ist der Twist. Schneiden Sie hierzu mit dem Sparschäler einen Streifen von der Zitrusschale ab, fassen Sie ihn an beiden Enden und drehen Sie diese über dem Glas in entgegengesetzte Richtungen, um das ätherische Öl herauszupressen. Lassen Sie anschließend die Zeste ins Glas fallen.

Wenn Sie Ihrem Gin Tonic hingegen Kräuter hinzufügen möchten, sollten Sie es nicht übertreiben. Eine Drehung der Pfeffermühle, ein Stück Sternanis, drei Wacholderbeeren oder ein bis zwei Prisen Muskatnuss sind hierbei mehr als genug. Im Allgemeinen sind ein bis drei unterschiedliche Garnituren ausreichend.

Zur Orientierung lernen Sie im Folgenden die häufigsten Aromaträger kennen und erfahren, welche Aromen am besten mit welchen Gins harmonieren. Kräuter und Gewürze erhalten Sie dabei im Supermarkt oder im Spirituosenhandel in reicher Auswahl.

WACHOLDERBEEREN

 Wacholderbeeren sind Bestandteil eines jeden Gins. Dementsprechend lassen sie sich für alle Kombinationen aus Gin und Tonic verwenden.

KOMBINIEREN MIT allen Gins
MENGE drei oder vier (zerdrückte) Wacholderbeeren

HIBISKUS

Hibiskussträucher sind am Mittelmeer und in den Subtropen heimisch. Die trompetenförmigen Blüten sind groß und auffällig. Ihrem Gin Tonic verleihen sie eine elegante und ansprechende florale Note.

KOMBINIEREN MIT blumigem Gin
MENGE drei bis vier Blütenblätter

ROSA PFEFFER

 Der dekorative rosa Pfeffer besteht aus den getrockneten Früchten zweier südamerikanischer Pflanzenarten (*Schinus molle* und *Schinus terebinthifolius*). Der Gin Tonic bekommt durch sie einen leichten, erfrischenden und würzigen Geschmack. Achtung: Bei Menschen mit einer Baumnussallergie kann rosa Pfeffer eine Überempfindlichkeitsreaktion auslösen.

KOMBINIEREN MIT blumigem oder süßem Gin
MENGE zwei bis drei zerdrückte Früchte

KARDAMOM

Kardamom gehört zur Familie der Ingwergewächse. Er riecht süß-würzig und schmeckt nach Bergamotte, Zitrone und Kampfer. Die zerdrückten Samenkapseln bereichern einen Gin Tonic mit ihrem warmen und kräutrigem Aroma.

KOMBINIEREN MIT würzigem/kräutrigem Gin
MENGE einige zerdrückte Samenkapseln

ZIMT

Zimt hat einen warmen, würzigen Geschmack und wird oft zum Kochen verwendet. Im Gin Tonic sorgt er für einen süß-zitrischen Kontrast.

KOMBINIEREN MIT blumigem oder süßem Gin
MENGE eine Zimtstange

ZITRUSSCHALE

In der Vergangenheit wurde Gin Tonic überwiegend mit Orangenschalen garniert. Heute geht der Trend dahin, den Zitrus-Charakter von Gin stärker zu betonen. Man fügt dem Getränk deshalb die Schalen unterschiedlicher Zitrusfrüchte hinzu. Infrage kommen beispielsweise Süß- oder Bitterorangen, Zitronen, Limetten, Grapefruits, Mandarinen, Kumquats.

KOMBINIEREN MIT allen Gins
MENGE vier Streifen

KORIANDERSAMEN

Koriandersamen stammen aus dem Nahen Osten, wo sie ein gängiges Küchengewürz sind. Dunklem Bier gibt man sie oft als Geschmacksstoff bei. Aber auch bei einer Reihe von Gin-Rezepturen spielen sie eine wichtige Rolle. Während der Destillation geben Koriandersamen ein würziges Aroma mit Salbei- und Limettennoten ab.

KOMBINIEREN MIT allen Gins
MENGE einige Samen

STERNANIS

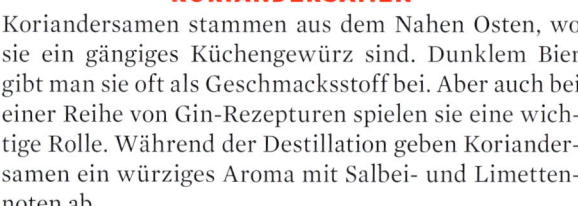

Sternanis wird gemahlen oder im Ganzen als Gewürz verwendet. Der intensiv würzige Geschmack sitzt in der Fruchthülle. Sternanis weist einen kräftigen Anisgeruch auf, der sich als würzige Geschmacksnote auf den Gin Tonic überträgt.

KOMBINIEREN MIT würzigen/kräutrigen und zitrusbetonten Gins
MENGE eine Sternanisfrucht

LAKRITZE

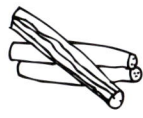

Lakritze wird oft als die *Zuckerstange* des Brennmeisters bezeichnet. Sie enthält neben Zucker auch Bitterstoffe sowie eine Substanz, die ihr ihren typischen holzigen Geschmack verleiht. Da sie leicht zu verwenden ist und die Aromen im Gin Tonic harmonisch verbindet, ist sie für alle Ginsorten geeignet. Darüber hinaus sorgt Lakritze für ein weicheres Mundgefühl.

KOMBINIEREN MIT allen Gins

MENGE ein Stück Lakritze (maximal zwei, je nach Größe)

AM ZIEL

Wenn Sie Ihren Gin Tonic als Aperitif trinken, sollten Sie ihn am besten so perlend wie möglich genießen. Lassen Sie das Tonic dazu behutsam an der Wandung des Glases hinabfließen. Rühren Sie außerdem nicht um, um die Kohlensäure möglichst zu erhalten. Möchten Sie Ihren Gin Tonic hingegen nach einer Mahlzeit genießen, können Sie ruhig ein wenig mit dem Barlöffel oder einem Stäbchen umrühren, um die Kohlensäure zu reduzieren. Zwei bis dreimal reicht, um Aufstoßen zu vermeiden. Der wichtigste Rat lautet jedoch: Genießen Sie Ihren Gin Tonic in angenehmer Gesellschaft!

IN FÜNF SCHRITTEN ZUM PERFEKTEN GIN TONIC

1

Nehmen Sie eine *copa de balon*, ein Rotweinglas oder einen Tumbler. Stellen Sie das Glas einige Stunden in den Kühlschrank. Alternativ können Sie das Glas auch mit Eiswürfeln füllen und mit einem Barlöffel umrühren, bis es ausreichend gekühlt ist. Gießen Sie dann das Eis und das Schmelzwasser weg. Verwenden Sie nie das Eis, mit dem Sie das Glas gekühlt haben, für Ihren Gin Tonic. Ob das Glas gut gekühlt ist, erkennen Sie daran, dass es beschlagen ist.

2

Füllen Sie das Glas randvoll mit Eis. Je größer die Eiswürfel sind, desto besser. Reiben Sie den Glasrand leicht mit einer Zitruszeste ein. Achten Sie darauf, dass die Zeste nur aus einem Stück der Schale ohne Fruchtfleisch besteht. Sie enthält das ätherische Öl der Frucht.

3

Wählen Sie eine Garnitur (oder mehrere) und geben Sie sie in das Glas.

4

Messen Sie mit einem Jigger oder Barmaß 50 ml Ihres Lieblingsgins ab und gießen Sie ihn auf das Eis und die Garnitur. Falls der Alkoholgehalt über 45 % liegt, können Sie etwas weniger Gin verwenden (40 ml).

5

Gießen Sie 200 ml Tonic ins Glas. Gehen Sie dabei behutsam vor, um die Perlage zu erhalten. Hierzu können Sie das Tonic an der Innenwand des Glases hinabrinnen lassen. Ein weiterer Trick besteht darin, einen Barlöffel oder einen Sektquirl ins Glas zu stellen und das Tonic langsam daran hinabfließen zu lassen.

DIE ULTIMATIVE SERVIERWEISE

Jetzt wissen Sie, wie man einen perfekten Gin Tonic serviert – doch Steigerungen sind immer möglich. Daher wollen wir der ultimativen Servierweise einige Gedanken widmen – derjenigen Servierweise, die Ihren Gin auf ein höheres Level hebt, beziehungsweise mit der Sie Ihre Gäste überraschen können. Hierbei geht es nicht darum, Garnituren zu verwenden, von denen Sie nicht einmal wussten, dass es sie überhaupt gibt, oder Ihren Gin Tonic mit 1001 verschiedenen Kräutern zu garnieren. Nein, der ultimative Trick besteht darin, genau jene Zutat zu finden, die Ihren Gin Tonic noch besser macht. In Kombination mit der richtigen Schneidetechnik und Vorbereitung werden Sie von Ihren Gästen garantiert großes Lob ernten. Ein Beispiel hierfür ist der Hendrick's Gin, mit dem alles anfing. Wie Sie inzwischen wissen, wird er ohne Eiswürfel, ohne Zitrusschnitz, dafür aber mit einem langen Gurkenstreifen serviert. Schneiden

Gurke

Sie die Gurke dazu der Länge nach in Streifen. Mit einem Käsehobel gelingen Ihnen perfekte Bänder, die sich in Ihrem Glas kringeln. Der Gurkenstreifen dient nicht nur als Dekoration, vielmehr bereichert er den Drink um den Gurkengeschmack, der beim Servieren von Hendrick's Gin erwünscht ist.

Ein anderes Beispiel ist eine Variante, um den BCN Barcelona Gin zu servieren. Wie Sie bereits erfahren haben, stammt der BCN Gin von dem Weingut, das den weltbekannten spanischen Priorat-Wein produziert. Der Grundalkohol für BCN Gin wird aus den regionalen Rebsorten *Cariñena* und *Garnacha* destilliert. BCN Gin wird zu einem noch außergewöhnlicheren Genuss, wenn man ihm einen Schuss Rotwein hinzufügt, vorzugsweise aus dem Anbaugebiet Priorat. Geben Sie drei Eiswürfel in ein Glas, gießen Sie

Weintrauben

einen Schuss Rotwein hinzu, und schwenken Sie das Glas. Gießen Sie dann einen Teil des Weins durch ein Barsieb ab, aber behalten Sie etwas Wein im Glas. Lassen Sie auch die Eiswürfel im Glas, denn sie haben den Weingeschmack angenommen. Drücken Sie dann einen Limettenschnitz über dem Glas aus, reiben Sie den Glasrand damit ein und lassen Sie ihn ins Glas fallen. Fügen Sie eine in Hälften geschnittene rote Weintraube hinzu und füllen Sie das Glas randvoll mit Eiswürfel.

Abschließend füllen Sie das Glas mit 30 ml BCN Gin und 200 ml neutralem Tonic. Das Ergebnis ist ein herrlicheer Gin Tonic mit leichter Rosafärbung, der wunderbar die Weinaromen des BCN Gin zum Ausdruck bringt.

Halten Sie also stets nach Möglichkeiten Ausschau, um das Wesen Ihres Gins zu unterstützen. Als erfahrener Gin-Liebhaber könnten Sie sich darüber hinaus auch in die Welt der kontrastierenden Garnituren vorwagen. Nehmen Sie sich hierzu den Erfindungsreichtum der Kochkünstler als Vorbild. Garnieren Sie etwa einen süßen Gin wie Fifty Pounds oder Old English Gin mit einer salzigen oder maritimen Garnitur. Geeignet sind beispielsweise Queller oder Strandflieder.

Möchten Sie noch einen Schritt weiter gehen? Dann können Sie sich mit der chemischen Zusammensetzung Ihres Gins beschäftigen, so wie es auch beim Foodpairing geschieht. So entdeckte etwa der Chemiker Stuart Bale, dass Mango und schwarzer Pfeffer die idealen Garnituren für Gin Mare sind.

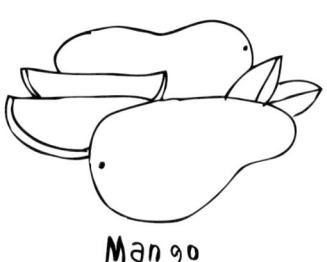

Mango

Auch Thymian, Rosmarin und Basilikum machen diesen Gin zu einem besonderen Erlebnis. Denn wie Bale feststellte, weisen Mangos und schwarzer Pfeffer ebenso wie die genannten mediterranen Kräuter eine hohe Konzentration an Pinenen auf. Und genau das trifft auch auf Wacholderbeeren zu. Aus diesem Grund sind sie als Garnituren für Gin Mare unübertroffen.

Zusammenfassend lässt sich sagen, dass Sie die ultimative Servierweise nur durch die Verwendung der richtigen Werkzeuge und der passenden Garnituren erreichen. Indem Sie diese Elemente kombinieren, erhalten Sie einen Gin Tonic, der keine Wünsche offen lässt.

Wenn Sie Ihrem Lieblingsgin die wohlverdiente Aufmerksamkeit zukommen lassen möchten, stöbern Sie ruhig auch einmal im Internet nach der perfekten Servierweise für Ihre Marke. Sie werden zahllose Videos entdecken, die Ihnen das I-Tüpfelchen hierfür verraten. Ehrlicherweise ist jedoch auch einzuwenden, dass im Internet viel Humbug kursiert. Auf welche Anregungen hierbei Verlass ist, werden Sie selbst entscheiden müssen. Dies sollte allerdings nach der Lektüre dieses Buches kein Problem mehr darstellen.

GENUSS PUR: SPEISEN MIT GIN & TONIC

Wer meint, Gin Tonic müsse ein Einzelgängerdasein fristen, irrt. Von Tapas bis hin zu Desserts gibt es viele Speisen, die in ihm ihren idealen Begleiter finden. Gin Tonic macht nicht nur den Gaumen empfänglicher, sondern bietet auch ein vollkommen neues Geschmackserlebnis. In ihm stecken Millionen Möglichkeiten. Ein Gin Tonic bildet entweder die perfekte Ergänzung zu den Geschmacksnuancen Ihrer Mahlzeit oder er kann als Zutat im Rezept dienen. Auch beides gleichzeitig ist möglich. Schon so manch ein Gastronom wurde durch Gin zu überraschenden Kombinationen inspiriert. Selbst aus der Welt der gehobenen Küche ist Gin inzwischen nicht mehr wegzudenken.

Begleiten Sie uns und machen Sie sich für diese Genusserfahrung bereit! Die Küchenchefs, die Ihnen dieses Festmahl servieren, sind Hermes Vanliefde und sein Kompagnon Peter Laloo. Sie leiten das Rock-Fort in Brügge und wissen, wie man das Beste aus der Flasche herauskitzelt. Auf den Tellern ebenso wie in den Gläsern ihres Restaurants kreieren sie wahrhaft Magisches. Um eine perfekte Verbindung zwischen Gericht und Gin Tonic zu schaffen, servieren wir ihn pur, ohne Garnitur oder Dekoration. Jedes Rezept ist für vier Personen gedacht.

GIN TONIC:
HENDRICK'S GIN + FENTIMANS TONIC WATER

REZEPT:
THUNFISCH-TARTAR AN APFEL-ROSENWASSER-GRANITA UND SALATGURKE

Die Gurkennote, die so charakteristisch für Hendrick's Gin ist, spiegelt sich in diesem Gericht wider. Die Frische der Granita bildet dazu einen wunderbaren Kontrast und schafft gleichzeitig eine perfekte Verbindung zum Gin Tonic.

ZUBEREITUNG

Alle Zutaten für die Sauce vermischen und durch ein Sieb passieren. Thunfisch fein würfeln und mit 2 bis 3 Esslöffeln der Sauce mischen. Mit Salz und Pfeffer abschmecken. Gehackte Schalotte, Schnittlauch und Sesam hinzufügen. Gründlich mischen.

Die Zutaten für die Granita in einem flachen, tiefkühltauglichen Gefäß vermischen und ins Gefrierfach stellen. Nach etwa einer Stunde – wenn sich die ersten Eiskristalle bilden – immer wieder mit einer Gabel auflockern.

Getrocknete Algen in lauwarmem Wasser einweichen. Gründlich abtropfen lassen und mit etwas Sauce vermischen. Thunfisch mit Algen, Salatgurke und Apfelscheiben anrichten. Hendrick's-Granita zugeben.

ZUTATEN

200 g Thunfisch ....
Salz und Pfeffer ....
1 große Schalotte, fein gehackt ....
2 EL Schnittlauch, gehackt....
1 TL Sesamsamen ....
20 g getrocknete Algen...........
½ Salatgurke, fein gewürfelt
1 Apfel (z. B. Granny Smith), in Scheiben ....

Sauce

30 g Ingwer, frisch gerieben..
60 ml Sushi-Essig ....
100 ml Olivenöl ....
30 ml Sojasauce ....
etwas Sesamöl ....

Granita

200 ml Apfelsaft......................
40 ml Hendrick's Gin.............
100 ml Weißwein ....
1 TL Rosenwasser ....
3 EL Zuckerrohrsirup.............

GERANIUM GIN +
1724 TONIC WATER

REZEPT:

FRISCHER ZIEGENKÄSE
MIT WACHOLDERBEEREN,
SALZZITRONEN UND HONIG

Ziegenkäse und Wacholder ergeben eine wunderbare Kombination, und die Verbindung zum Gin liegt auf der Hand. Die Salzzitronen sind eine hervorragende Ergänzung zu den blumigen und etwas würzigen Noten des Geranium Gins, der unter anderem das ätherische Öl der Geranie enthält. Garniert wird das Gericht mit den Blütenblättern von Geranien.

ZUBEREITUNG

Backofen auf 180°C vorheizen. Zucchini mit einem Gemüsehobel der Länge nach in acht Scheiben und diese in dünne Streifen schneiden. Mit Salz und Pfeffer würzen.

Ziegenkäse mit Wacholderbeeren, Salz und Pfeffer würzen und Honig darübergeben. Im Ofen backen, bis der Käse weich wird, oder Käse mit einem Gasbrenner anbräunen.

Zucchini-Spaghetti auf Tellern anrichten und jeweils einen Ziegenkäse daraufgeben. Mit Salzzitrone sowie Geranienblütenblättern garnieren.

ZUTATEN

1 Zucchini ....
Salz und Pfeffer ....
4 Ziegenkäse ....
4 getrocknete Wacholder-
beeren ....
4 EL Honig ....
4 Scheiben Salzzitrone
(Feinkostgeschäft) ....
etwa 20 Geranienblütenblätter

REZEPT:
DIALOG VON MEERESFRÜCHTEN
UND ALGEN AN GLASNUDELN

Fifty Pounds Gin ist ein süßer Gin, der eine ideale Ergänzung – beziehungsweise einen idealen Kontrast – zu den Salzwasseraromen der Meeresfrüchte bildet. Auch die Algen bereichern die Komposition mit einem harmonischen Geschmacksakkord.

ZUBEREITUNG

Alle Zutaten für die Vinaigrette vermischen und in einer Dressingflasche aus Kunststoff aufbewahren.

Getrocknete Algen in lauwarmem Wasser einweichen und gut abtropfen lassen. Algen mit der Vinaigrette vermischen.

Herz- und Miesmuscheln kurz in einem Topf erhitzen oder abgedeckt in einer Pfanne beziehungsweise auf einer *plancha* (einer gusseisernen Grillplatte) garen.

Glasnudeln kurz kochen und unter fließendem kalten Wasser abkühlen. Glasnudeln mit Algen und Vinaigrette vermischen. Austern und Miesmuscheln aus ihren Schalen lösen, Herzmuscheln jedoch darin belassen. Alle Zutaten auf Tellern anrichten.

ZUTATEN

100 g getrocknete Algen.........
20 Herzmuscheln ....
20 Miesmuscheln ....
150 g Glasnudeln.....................
4 Austern ....
12 Zweige Koriander..............
Gomasio (Mischung aus schwarzem und weißem Sesam mit Salz)..
Pfeffer.......................................
1 Stückchen Butter...................

Vinaigrette

2 EL Ingwer, frisch gerieben..
2 EL Sushi-Essig ....
2 EL Sojasauce.........................
9 EL Olivenöl ....
etwas Sesamöl ....

G'VINE FLORAISON + FEVER-TREE INDIAN TONIC WATER

VERJUS-MARINIERTE GÄNSESTOPFLEBER MIT IBÉRICO-SCHINKEN, MUSKATELLERTRAUBEN UND ROSINEN

Als Basis für den Floraison Gin dienen Ugni-Blanc-Trauben. Der in diesem Rezept verwendete Verjus ergänzt den Gin hervorragend. Als Saft unreifer Trauben weist der Verjus zudem ein Säurespiel auf, das ein Gegengewicht zum Fett der Gänsestopfleber schafft. Auch der Geschmack von Weintrauben (und Rosinen) kommt in diesem Gericht gut durch.

ZUBEREITUNG

Für die Brösel die Brotwürfel mit Knoblauch und Rosmarin in Erdnussöl frittieren. Zwei Tage abtropfen lassen und zu feinen Bröseln hacken.

Rohe Gänsestopfleber in Scheiben schneiden und etwa 15 Minuten im Verjus marinieren. Mit Salz und Pfeffer würzen, Rosinen sowie Weintrauben hinzugeben.

Gänsestopfleber auf einem Teller anrichten. Mit Schinken, einem Esslöffel Brotbröseln und etwas Fenchelgrün garnieren. Etwas Marinade darüberträufeln.

ZUTATEN

100 g Gänsestopfleber............
200 ml Verjus (Saft unreifer Weintrauben) ....
Salz und Pfeffer.......................
24 Rosinen.............................
12 Muskatellertrauben, geviertelt..................................
4 Scheiben Ibérico-Schinken
etwas frisches Fenchelgrün...

Brotbrösel

1 kleines altbackenes Weißbrot, grob gewürfelt ......
1 Knoblauchzehe.....................
1 Zweig frischer Rosmarin.....
1 l Erdnussöl............................

GIN TONIC:
GIN MARE +
1724 TONIC WATER

REZEPT:
HANDGEPULTE KRABBEN
AN KIRSCHTOMATEN, ARBEQUINA-
OLIVEN UND BASILIKUM

Das Bouquet des Gin Mare erinnert an Rispen reifer Tomaten. Die Kirschtomaten in diesem Rezept vermitteln daher hervorragend zwischen Krabben und Gin. Zu den Botanicals im Gin Mare gehören unter anderem Rosmarin, Thymian, Arbequina-Oliven und Basilikum. Der Geschmack von Rosmarin und Thymian spiegelt sich in der Vinaigrette wider, garniert wird das Gericht mit Basilikum und Oliven. Der Gin Tonic führt dabei die Aromen des Gerichts nahtlos und gelungen fort.

ZUBEREITUNG

Zunächst die Vinaigrette zubereiten. Dazu Weißweinessig mit Tomate, Schalotte und frischen Kräutern ein wenig erwärmen (auf etwa 50 °C). Vom Herd nehmen und etwa 15 Minuten ziehen lassen. Durch ein Sieb passieren und Olivenöl hinzufügen.

Kirschtomaten in kochendem Wasser blanchieren und in einer Schüssel mit Eiswasser abschrecken. Tomaten häuten und in die Vinaigrette geben. Tomaten auf einem Teller anrichten und mit Oliven, Krabben und Basilikumblättern garnieren.

ZUTATEN

20 Kirschtomaten....................
16 Oliven ....
100 g gekochte, handgepulte Krabben ....
12 Zweige Basilikum ....

Vinaigrette

50 ml Weißweinessig.............
1 Tomate, geschält und gehackt ....
1 Schalotte, fein gewürfelt .....
Thymian (nach Geschmack) ....
Rosmarin (nach Geschmack) ......
Oregano (nach Geschmack) ....
60 ml Olivenöl ....

BLUE GIN +
FENTIMANS TONIC WATER

REZEPT:
WILDENTENFILETS MIT ROTER BETE, GRANATAPFEL, GEWÜRZNELKEN UND SCHWARZEM PFEFFER

Der würzige Abgang von Blue Gin mit seinen überraschend erdigen Noten passt hervorragend zu der Wildente, den Gewürznelken und dem schwarzen Pfeffer. Der Gin wird auch bei der Zubereitung des Gerichts verwendet.

ZUBEREITUNG

Backofen auf 180 °C vorheizen. Entenfilets mit reichlich schwarzem Pfeffer und Gewürznelken ohne Fettzugabe kurz anbraten. Etwa 12 Minuten in einer Bratenform im Ofen fertig garen. Einen Esslöffel Granatapfelessig und Blue Gin zugeben. Entenfilets aus der Form nehmen und warm stellen.

Bratensauce in einem Topf mit Rinderfond und einem Stückchen Butter abrunden.

Rote Bete in Wasser mit etwas Salz und Essig kochen, schälen und in einem Topf mit der restlichen Butter, Zucker und übrigem Granatapfelessig erneut erwärmen.

In Scheiben geschnittene Entenfilets und Rote Bete auf Tellern anrichten. Sauce dazugeben und Gericht mit einigen Granatapfelkernen und Minzezweigen garnieren. Mit frisch gemahlenem schwarzem Pfeffer würzen.

ZUTATEN

2 Wildentenfilets ....
schwarzer Pfeffer (frisch gemahlen) ....
2 Gewürznelken ....
2 EL Granatapfelessig............
60 ml Blue Gin.........................
500 ml Rinderfond ....
2 Stückchen Butter ....
8 kleine Rote-Bete-Knollen...
eine Prise Salz.........................
2 EL Branntweinessig............
3 EL brauner Zucker ....
500 ml Wasser ....
1 frischer Granatapfel ....
4 Zweige Minze.......................

GIN TONIC:
FILLIERS TANGERINE SEASONAL EDITION + FENTIMANS TONIC WATER

REZEPT:
CEVICHE VOM LOUP DE MER MIT ZITRUSFRÜCHTEN, GERÖSTETEM MAIS UND KORIANDER

Mandarinen sind eine entscheidende Zutat bei der Herstellung dieser speziellen Jahreszeiten-Edition des Filliers Gin. Der Filliers Tangerine Seasonal Edition hat einen sanften, fruchtigen Geschmack mit deutlichen Anklängen von frischen Orangen und Mandarinen. Die Zitrusnoten des Gins finden sich in den Zitrusfrüchten des Gerichts wieder, die gleichzeitig wundervoll mit dem Ceviche vom Loup de Mer harmonieren.

ZUBEREITUNG

Für die Marinade Palmzucker in etwas Wasser auflösen und Limettenzesten, Limettensaft und Mandarinen- oder Orangensaft und Olivenöl hinzufügen. Dunkle Teile vom Loup de Mer entfernen. Fischfilets in dünne Scheiben schneiden und etwa 15 Minuten marinieren. Alle Fischstücke müssen dabei ringsum mit der Marinade benetzt sein.

Für das Korianderöl grob gehackte Korianderblätter mit Traubenkernöl vermischen. Mischung auf 80 °C erwärmen und durch ein Sieb passieren.

Den Ceviche in Schalen anrichten. Mit Korianderöl, roter Zwiebel, Chilischote, geröstetem Mais und Kumquats garnieren.

ZUTATEN

etwa 280 g Filet vom Loup de Mer ....
1 rote Zwiebel, in Ringe geschnitten...............................
1 rote Chilischote, klein geschnitten...............................
eine Handvoll geröstete Maiskörner oder knusprige Mais-Chips (Reformhaus) ....
4 Kumquats, in Scheiben geschnitten...............................

Korianderöl
1 Bund frische Korianderblätter ....
100 ml Traubenkernöl............

Marinade
1 EL Palmzucker ....
1 Limette (Zesten und Saft).........
2 Mandarinen oder 1 Orange (jeweils Saft) ....
3 EL Olivenöl ....

MOMBASA CLUB GIN + FENTIMANS TONIC WATER

WEISSE MOUSSE AU CHOCOLAT MIT EINER GRANITA AUS MOMBASA CLUB GIN, STERNANIS UND CANADA DRY NEBST GRAPEFRUIT UND VERBENE

Gin eignet sich auch hervorragend für die Zubereitung von Desserts. Ein gutes Beispiel findet sich hier: Die würzige Granita auf der Grundlage von Mombasa Club Gin dient als Gegenpol zur weißen Mousse au Chocolat. Die Zitrusnoten des Gins werden durch die Grapefruit verstärkt, und seine würzigen Elemente werden durch die Verwendung von Sternanis und durch den Ingwer im Canada Dry betont.

ZUBEREITUNG

Eigelb mit Zucker verrühren. Milch mit Sahne vermischen und gesüßtes Eigelb zugeben. Alles auf 85 °C erhitzen und eingeweichte Blattgelatine hineingeben und auflösen. Mischung durch ein Sieb zur Schokolade geben. Vorsichtig verrühren, bis die Masse eine glatte Konsistenz hat und ihre Temperatur auf etwa 40 °C gesunken ist. Sahne unterheben.

Zutaten für die Granita in einem flachen, tiefkühltauglichen Gefäß vermischen. Ins Gefrierfach stellen. Nach etwa einer Stunde – wenn sich die ersten Eiskristalle bilden – immer wieder prüfen und mit einer Gabel auflockern. Mousse au Chocolat auf vier Cocktailgläser verteilen. Grapefruits in Segmente teilen und auf der Mousse anrichten. Mit Granita und einigen Blättchen Zitronenverbene garnieren.

ZUTATEN

Weiße Mousse au Chocolat

30 g Eigelb ....
12 g Zucker ....
70 ml fettarme Milch ....
70 ml Schlagsahne (35 %) ....
300 g weiße Schokolade (geraspelt) ....
3,5 g Blattgelatine....................
500 ml halbsteif geschlagene Sahne (35 %) ....

Granita

250 ml Canada Dry ....
50 ml Mombasa Club Gin ......
1 Sternanis ....
30 ml Ingwersirup ....
50 ml lieblicher Weißwein ....
2 rosa Grapefruits ....
einige Blättchen Zitronenverbene..

18 TOP-TRENDIGE BARS

STOLLEN 1930

ÖSTERREICH - KUFSTEIN

WWW.AURACHER-LOECHL.AT

Kufstein in Tirol mag zwar eine der kleineren österreichischen Städte sein, aber im Stollen 1930 beherbergt es eine der weltgrößten Gin-Sammlungen. Mit ihren 528 verschiedenen Gin-Sorten hat es die Bar sogar ins *Guinness-Buch der Rekorde* geschafft. Der Manager des bekannten Restaurants und Hotels Auracher Löchl hat die dunklen Gewölbe unter dem Hotel zu einer schmucken Bar für Nachteulen und Gin-Liebhaber umgestaltet. Wer den Stollen 1930 betritt, fühlt sich wie in einem Ambiente aus den 1920er- oder 1930er-Jahren. Und die Musik lässt sofort das Verlangen nach einem klassischen Cocktail oder einem Gin Tonic aufkommen. Auch fürs Après-Ski gehört die Bar zu den Top-Adressen.

BAR VOLTA GENT

BELGIEN - GENT
WWW.VOLTA-GENT.BE

Die Bar Volta liegt über dem gleichnamigen Restaurant in einem ehemaligen Umspannwerk. Benannt ist sie nach Alessandro Volta, dem Erfinder der elektrischen Batterie. Entsprechend elektrisierend ist das Ambiente und auch gastronomisch liegt die Bar auf Top-Niveau. Ein trendiges Interieur und jazzige Lounge-Musik runden das Bild ab. Zudem zählt die Bar seit ihrer Eröffnung zu den belgischen Gin-Pionieren. Diesen Ruf verdankt sie dem Mixologen Eric Veldhuis und seinem Co-Star Ben Wouters, die in der Bar Volta wirkten. Einst war das Schütteln von Cocktails ihre unerschütterliche Stärke, heute ist jedoch der Gin Tonic zu ihrer neuen Berufung geworden. Diese bemerkenswerte Lebenseinstellung und eine ausgedehnte Gin-Karte findet man in der Bar Volta nach wie vor. Und auch darüber hinaus gibt es hier viel zu entdecken.

CAFÉ AKOTEE

BELGIEN – DE HAAN
WWW.CAFEAKOTEE.BE

Ein Besuch im Café Akotee in De Haan lohnt sich – allein schon wegen der über 20 Gin- und 20 Tonic-Sorten im Angebot. Gunther Jonckheere, Chef des Cafés und besser bekannt als *Bolle,* serviert jeden Gin mit großer Professionalität und erläutert dabei Wissenswertes. Das Café Akotee gibt es schon seit über 20 Jahren. Es ist der G&T-Hotspot der gesamten Region und veranstaltet regelmäßig Gin-Verkostungen. Zwar ist Bolle ein Gin-Liebhaber der ersten Stunde, doch Sam Galsworthy (Sipsmith), Henrik Hammer (Geranium Gin) und Alexander Stein (Monkey 47) haben seine Leidenschaft auf einem Seminar 2011 weiter angefacht. Daraufhin erlebte das Café Akotee mehrere Umgestaltungen, um der rasch wachsenden Sammlung an Gin-Flaschen gerecht zu werden. In der Heimat und auf Reisen erforscht Bolle auch weiterhin die Welt des Gins, um seinen Kunden die neuesten Gins präsentieren zu können. Ob Laien oder erfahrene Gin-Liebhaber – Bolle kann alle stets mit einem Gin überraschen, der genau den jeweiligen Geschmack trifft.

GILT

DÄNEMARK - KOPENHAGEN
WWW.GILT.DK

Dank einer perfekten Mischung aus klassischer und moderner Cocktail-Kultur zählt das Gilt zu den beliebtesten Bars in Kopenhagen. Auf der Karte stehen, jahreszeitlich ausgerichtet, Drinks, in denen auch Beeren, Wurzeln, Nüsse und Früchte eine Rolle spielen. Die kleine Bar beweist, dass auch der skandinavische Gin im Kommen ist. Typisch dänische Zutaten bereichern den Gin Tonic. Es werden aber auch viele andere Botanicals verwendet, einschließlich Lavendel. Die Cocktail-Sirupe stammen ausnahmslos aus eigener Herstellung.

GIN & TONIC BAR

DEUTSCHLAND – BERLIN
WWW.AMANOGROUP.DE/EAT-DRINK/G-T-BAR

Hier ist der Name Programm. Denn die Bar im Berliner Amano-Hotel serviert fantastische Gin Tonics. Dem Credo der Gin & Tonic Bar zufolge ist der König der Cocktails das perfekte Getränk nach der Arbeit, zum Essen oder als Absacker. Man darf hier durchaus überraschende Innovationen erwarten, bei denen der Gin die Hauptrolle spielt. Gin Tonic, aufgegossen mit Tee? In der Berliner Gin & Tonic Bar kann man diese ungewöhnliche Mischung probieren. Der Chef-Barkeeper Stjepan Sedlar sorgt dafür, dass man die überraschende Kombination nicht so schnell vergisst.

GOLDENE BAR

DEUTSCHLAND – MÜNCHEN

WWW.GOLDENEBAR.DE

In dieser preisgekrönten Bar (unter anderem Bar des Jahres 2013, Mixology Bar Award 2012 und 2013) gehen Spitzengastronomie und Rock'n'Roll Hand in Hand. Die Bar wurde 2010 vom Chef-Barkeeper Klaus Stephan Rainer im *Münchner Haus der Kunst* eröffnet. Klassische und moderne Cocktails ergänzen das innovative kulinarische Konzept von Meisterkoch Christian Messerklinger. Die edle Cocktailbar liegt etwas versteckt hinter der historischen Fassade. Eine umfangreiche Karte, DJ-Sets, Nachtschwärmer und Promis garantieren eine knisternde Atmosphäre. Von Klaus Stephan stammt die Idee, dem Gin Tonic aromatische Teemischungen aus eigener Produktion hinzuzufügen und so eine Art Gin-Tonic-Tee zu kreieren. Viele Kollegen besuchten bereits seine Workshops und entwickelten, davon inspiriert, eigene Mischungen. Besonders probierenswert ist der 24h *Ginmillo Tea*. Hierfür wird Tanqueray N°10 mit Kamille aromatisiert und mit warmem Fever-Tree Indian Tonic aufgegossen. Als Garnitur dient Kandiszucker.

THE GIN JOINT

GRIECHENLAND - ATHEN

WWW.THEGINJOINT.GR

The Gin Joint liegt im Zentrum Athens, in der Nähe des lebhaften Vergnügungsviertels rings um den Karytsi-Platz. 2011 wurde die beliebte Gin-Bar im Rahmen der Xenia-Messe zur besten Bar der Bar Academy Show gekürt. Ihre Atmosphäre und ihr Ambiente versetzen die Gäste sofort in die 1930er-Jahre. Auch die entsprechende Musik macht Lust darauf, einen Gin Tonic zu genießen. Neben den vielen klassischen Cocktails aus qualitativ hochwertigen Zutaten offeriert The Gin Joint auf seiner Karte auch mehr als 60 Gins aus aller Herren Länder. Barmixer Vasilis Kyritsis errang 2012 den ersten Platz bei der World Class, einem von Diageo Reserve Brands ins Leben gerufenen internationalen Wettbewerb der weltweit renommiertesten Cocktail-Mixer und Barkeeper. Im The Gin Joint bekommt man einen waschechten Gin Tonic, der genau so ist, wie er sein sollte.

LISBONITA GIN BAR

PORTUGAL – LISSABON
WWW.TABERNAMODERNA.COM
(WIRD DERZEIT ÜBERARBEITET)

Die Lisbonita Gin Bar gehört zum Tapas-Restaurant La Taberna Moderna. Die Innen-einrichtung ist vorwiegend aus Holz gefertigt und erin-nert an eine traditionelle portugiesische Taverne. Die Atmosphäre ist offen und freundlich und das Essen her-vorragend: traditionell, aber mit modernen Akzenten. Zudem werden hier fantastische Gin Tonics serviert. Bei über 70 Sorten können Sie sicher sein, auch Ihren Favo-riten zu finden. Und wenn Sie nicht wissen, für welchen Gin Sie sich entscheiden sollten, helfen die Kellner gerne mit einer Empfehlung weiter. Entscheiden Sie sich ent-weder für den klassischen Gin Tonic oder für einen Cocktail außerhalb der üblichen Karte. Je nach Inspira-tion serviert Ihnen dann der Barkeeper eine köstliche Kreation. Und denken Sie daran, Ihren Drink direkt an der Bar zu bestellen. Allein schon zu beobachten, wie Ihr Lieblingsgetränk gemixt wird, lohnt sich! Schon beim ersten Schluck werden Sie Lust auf mehr verspüren.

BOBBY GIN

Den perfekten Gin Tonic gibt es nicht – diese Aussage ziert eine Wand im Bobby Gin. Nichtsdestotrotz kommen die Kreationen dieser Bar dem Ziel schon recht nahe. Die trendige Bar wird von Alberto Pizaro geführt, einem preisgekrönten Mixologen und Barkeeper par excellence. Von köstlichsten Gin Tonics bis zu geräucherten Cocktails und verschiedenen Auszügen aus aromatischen Botanicals – das Bobby Gin hat für alle Gin-Liebhaber in Barcelona etwas, das den Besuch zu einem *Muss* macht. Das nostalgische Interieur ist warm und einladend. Auf jeden Fall sollten Sie *Bobby's Spring* ausprobieren. Der Gin Tonic besteht aus Bobby's Spring Gin (einer Eigenkreation aus unterschiedlichen Gins, infundiert mit Hibiskusblüten und Olivenblättern), Schweppes Heritage Indian Tonic Water und einer Garnitur aus Erdbeeren und Grapefruitzesten.

BRISTOL BAR

SPANIEN – MADRID

WWW.BRISTOLBAR.ES

Die Bristol Bar von Ellie (aus Großbritannien) und Fran (aus Spanien) ist der Inbegriff spanischer Gin-Kultur. Die Vielzahl der Gins ist überwältigend, die Atmosphäre vibriert. Das Dekor ist ein Bekenntnis zur *guten alten Zeit*: Ein lebensgroßes Porträt von Queen Victoria wacht über einen schwarz-weißen Marmortresen und Ledersofas in Bordeauxrot. Gin! lautet hier das Motto. Neben den üblichen Verdächtigen sind auf der Karte auch einige versteckte Kostbarkeiten zu entdecken. Vor allem hat die Bristol Bar aber auch ihren eigenen Gin und eine Cocktail Lounge namens *Gintonize*. Moderne spanische Küche ist die exzellente Begleitung zu Ihrem favorisierten Gin Tonic. Fällt die Getränkewahl schwer, hilft Ellies Ratgeber *Bakers Top 10 Gin & Tonic* weiter. Nicht entgehen lassen sollte man sich den *Royal Pink-Ish*, der für die Hochzeit von Prince William und Kate Middleton komponiert wurde – mit ISH Gin, Schweppes Original Premium Tonic Water und Cranberrysaft. Garniert wird er mit Limette und einer halben Erdbeere.

PURE C

NIEDERLANDE – CADZAND

WWW.STRANDHOTEL.EU

In Flandern und den Niederlanden machte Sergio Herman (Chefkoch des Oud Sluis[***]) den Gin Tonic populär. 2005 fand er oder sein jeweiliger Chefsommelier sich zweimal die Woche zum Stelldichein mit Hendrick`s Gin in London ein. Während Bars und Discos damals nur klassische Drinks anboten, entdeckte Sergio auch die Vielfalt der in Spanien erhältlichen Gins. Barkeeper und Mixologe Vainius Balcaitis lässt sich von Sergios Ansichten in puncto Cocktails inspirieren – insbesondere von der Kombination mit frischen Kräutern und Gewürzen. Mit seinen Gin Tonics überschreitet er immer wieder vermeintliche Grenzen und serviert seine Kreationen auf durchaus unkonventionelle Art und Weise. So wird beispielsweise der Brecon Botanicals Gin mit Fever-Tree Tonic mit einem kleinen Leinensäckchen serviert, in das man verschiedene Botanicals geben kann, um seinem Gin Tonic eine persönliche Geschmacksnote hinzuzufügen.

TUNES BAR

NIEDERLANDE – AMSTERDAM

WWW.CONSERVATORIUMHOTEL.COM/
RESTAURANTS-AND-BARS/TUNES-BAR

Mit ihrem schicken Dekor und dem funkelnden Ambiente ist die Tunes Bar im Conservatorium Hotel ein eleganter, aber dennoch informeller Rückzugsort im lebhaften Amsterdamer Museumsviertel. Hier werden einzigartige Champagner, exklusive Cocktails und köstliches Sushi mit passendem Sake serviert. Markenzeichen der Tunes Bar ist jedoch der Gin Tonic. Zur Auswahl stehen 30 verschiedene Gin-Sorten, und jeden Mittwoch steht ein neuer Gin Tonic im Rampenlicht. Abends sorgt die gemütliche Möblierung mit weichen Polstern bei dezenter Beleuchtung für eine moderne, trendige und intime Atmosphäre. Schließlich wurde die Tunes Bar vor Kurzem nicht nur zur besten Hotelbar in Amsterdam gekürt, sie erhielt auch den Best Style Bar Award und den Best Interior Design Award der VENUEZ Hospitality & Style Awards.

GRAPHIC BAR

GROSSBRITANNIEN - LONDON

WWW.GRAPHICBAR.COM

Die in Soho gelegene Gin-Bar hat über 100 Gins im Angebot. So wird die gesamte Länge der Bar fast ausschließlich von Gin-Flaschen gesäumt. Zu jeder davon liefert die Getränkekarte – wohl besser als *Gin-Bibel* zu bezeichnen – Hintergrundinformationen. Nach eigenen Angaben beherbergt die Graphic Bar die größte Gin-Sammlung der Welt. Ihr erklärtes Ziel ist es hierbei, den perfekten Gin Tonic und den perfekten Martini zu servieren – ohne dabei den Geschmack des Gins zu verfälschen. Auch findet man hier für seinen Gin stets das passende Tonic und die richtige Garnitur. In der Graphic Bar trifft Kunst auf Gastronomie: Das Dekor wechselt regelmäßig und wird jeweils von einem anderen angesagten Künstler gestaltet. Die Bar war eine der ersten *Gin-Craze*-Bars in London. Um den Gin Tonic zu neuen Höhen zu führen, arbeitet man hier gerne mit Personal von der iberischen Halbinsel zusammen.

PORTOBELLO STAR

GROSSBRITANNIEN - LONDON
WWW.PORTOBELLOSTARBAR.CO.UK

Die erste Bar mit ihrem eigenen Gin, dem Portobello Road N°171, findet man im Londoner Stadtteil Notting Hill. Von außen wirkt das Haus Nummer 171 wie ein ganz normales englisches Pub, und es lässt sich nicht sofort erkennen, dass sich darin eine echte Cocktailbar befindet. Zugegebenermaßen erinnert auch das Innere des Portobello Star sehr an ein Pub. Die Cocktails und die Gin Tonics sind jedoch von außerordentlicher Qualität. Der Mixologe Jake Burger versteht definitiv etwas von seinem Handwerk. Gin-Liebhaber können hier auch eine *Ginstitute*-Sitzung buchen: Neben einer Besichtigung des kleinen Gin-Museums umfasst sie auch eine Einführung in die Geschichte und Entwicklung des Gins. Im Rahmen dessen erhalten Sie auch die Chance, Ihr eigenes Gin-Rezept zu kreieren.

THE STAR AT NIGHT

GROSSBRITANNIEN – LONDON
WWW.THESTARATNIGHT.COM

Das Star at Night funkelt im Herzen Sohos und ist das Hauptquartier des London Gin Club, der im März 2012 gegründet wurde. Die Bar selbst wurde schon 1933 eröffnet und hat viel von ihrem ursprünglichen Charme bewahrt. Hier gibt es mehr als 70 Gin-Sorten zu entdecken, darunter auch die Hausmarke 7 Dials London Dry Gin. Hier ist man stets auf der Suche nach neuen Premium-und Superpremium-Gins – und bietet die exklusiven Funde zum Verkosten an. Ihren Schwerpunkt legt die Bar zweifelsohne auf Qualität, und die Gin-Karte wird immer wieder aktualisiert. Jeder Gin Tonic wird in einem Coppa-Glas serviert und mit dem geeigneten Tonic und der passenden Garnitur versehen. Visitenkarte des Hauses ist zweifellos der 7 Dials Gin mit Fever-Tree Indian Tonic Water, für den gefrorene Himbeeren von Hand zerdrückt werden.

BATHTUB GIN & CO

USA - SEATTLE
WWW.BATHTUBGINSEATTLE.COM

Versteckt im Keller der Humphrey Apartments im Stadtteil Belltown in Seattle, liegt das Bathtub Gin & Co. Die kleine Bar im Stil eines Speakeasys aus der Prohibitionszeit wurde 2009 im ehemaligen Heizungskeller des Gebäudes eingerichtet. Der Name der Bar rührt von den Badewannen her, in denen zu Prohibitionszeiten Gin hergestellt wurde. Die gemütliche Bar erstreckt sich über mehrere Stockwerke. Im oberen Stockwerk erhält man Gins aus allen Winkeln der Welt. Unten findet man bequeme Sofas und eine Bibliothek. Das Bathtub Gin & Co ist eine etwas geheimnisvoll wirkende, anheimelnde Bar, in der sogar eine Badewanne zu finden ist. Die Cocktails und Gin Tonics werden hier perfekt serviert. Die Besitzer Marcus Johnson und Jessica Gifford eröffneten die Bar, um ihren Freunden einen perfekten Gin Tonic servieren zu können. Die beiden scheinen einen großen Freundeskreis zu haben – jedenfalls ist das Bathtub Gin & Co immer gut besucht.

MADAME GENEVA

USA – NEW YORK

WWW.MADAMGENEVA-NYC.COM

Benannt wurde die Bar nach dem Spitznamen, den der Gin während der *Gin-Epidemie* im London des 18. Jahrhunderts erhielt. Die Bar wirkt ein wenig wie das letzte Refugium des britischen Kolonialismus in Manhattan, genauer gesagt in der Bowery. Die dunkle Lounge mit ihrer Holztäfelung, den Lampen, dem Grammophon in der Ecke und der sinnlichen Atmosphäre fügt sich perfekt in diese hippe Bar ein. Es gibt viele gemütliche Nischen, in denen man bei Kerzenschein und einem Gin Tonic tiefschürfende Diskussionen führen kann – etwa über Gin. Denn der Gin Tonic steht hier zweifellos im Mittelpunkt: Nirgends in New York findet man eine größere und delikatere Auswahl an Gin-Cocktails. Liebhaber des klassischen Gin Tonic werden hier auf jeden Fall fündig. Aber Madame Geneva hat noch mehr zu bieten: Probieren Sie doch einmal einen Gin Tonic mit Sellerie-Bitterlikör und selbst gemachtem Tonic auf Basis von Salatgurken. Wer einen wirklich unvergesslichen Drink versuchen möchte, sollte einen *Gin & Jam Brew* wählen. Hierfür mischt Madame Geneva Beefeater Gin mit Fruchtaufstrichen der Saison. Dazu passen kleine Speisen, die hier *Madam's Treats* genannt werden.

THE FLINTRIDGE PROPER

USA – LA CAÑADA FLINTRIDGE

WWW.THEPROPER.COM

Diese Bar liegt in Kalifornien, genauer gesagt in La Cañada Flintridge. Die Kleinstadt ist nicht unbedingt für ihr rauschendes Nachtleben bekannt. Insofern überrascht es vielleicht, dass hier eine der weltweit umfangreichsten Gin-Sammlungen beheimatet ist. So jedenfalls behaupten es die Eigentümer. Das Flintridge Proper mutet fast wie ein Privatclub an und die Bar könnte aus dem Film *Der große Gatsby* stammen. Sofort fällt der Blick auf die mehr als 200 Gin-Sorten, die hinter der Bar aufgereiht sind. Darüber hinaus stellt das Flintridge Proper auch seinen eigenen Gin her. Der Flintridge Native Botanicals Gin wird mit Botanicals aus der Umgebung destilliert, die zumeist in einem Umkreis von 15 Kilometern wachsen. Die Barkeeper geben hier ihr Bestes, um selbst diejenigen, die normalerweise keine großen Freunde des Gins sind, eines Besseren zu belehren – und dies mit Bravour!

GINZYKLOPÄDIE

Im Folgenden finden Sie eine Aufstellung von Gins, die derzeit weltweit erhältlich sind. Allerdings tauchen beinahe wöchentlich neue Gins auf. Die Liste ist somit keineswegs vollständig, sondern sie stellt eher eine Momentaufnahme des Marktes dar. Möge sie sich bei Ihren ersten eigenen Erkundungen als nützlich erweisen!

Hinweis: Die Hersteller machen oft (absichtlich) ungenaue Angaben zu ihrer Produktionsweise, und damit unterliegt diese Aufstellung gewissen Einschränkungen. Unsere Begeisterung setzt ab einem Alkoholgehalt von 40 % ein, aber dies ist unser ganz persönlicher Qualitätsmaßstab. Wir haben daher fast ausschließlich Gins in die Liste aufgenommen, deren Alkoholgehalt mindestens 40 % beträgt.

NAME	Varianten	Herkunftsort	% Vol.	Jahr	Markeneigentümer/ Destillerie	Anzahl an Botanicals	(Bekannte) Botanicals
1 & 9 GIN		Frankreich	40		Distillerie Des Terres Rouges	10	Wacholderbeeren, Koriander, Iriswurzeln, Orange, Zimt
1836 RADERMACHER GIN		Belgien	43		Radermacher	11	Wacholderbeeren, Bergamotte-Orangen, Zitronenschalen, Koriander, Angelika, Orangenschalen, Kardamom, Lavendel, Holunder, Zimtstangen
25 ELCKERLIJC SILVER EDITION GIN		Belgien	40		Heynsquared VOF	5	Wacholderbeeren, Schlehen, Steinpilze, Heidekraut, Giersch
5TH DISTILLED GIN	Fire - Red Fruits	Spanien	42		Destilleries del Maresme	4	Heidelbeeren, Himbeeren, Erdbeeren, Brombeeren
	Water - Floral	Spanien	42		Destilleries del Maresme	4	Blüten, Gewürze, pflanzliche Stoffe
	Earth - Citrus	Spanien	42		Destilleries del Maresme	4	Grapefruits, Orangen, Mandarinen, Zitronen
6 MOMENTS PREMIUM GIN		Belgien	40		De Moor Distillery	16	Wacholderbeeren, Angelikawurzeln, Koriander, Zimt, Kardamom, Pfeffer, Limette, Süßorangen, Bitterorangen, Iris, Lakritze, Muskat, Gewürznelken, Ingwer, Zitronenmelisse, Rosen
	6 Moments Gin Sense Unlimited		40			17	Wacholderbeeren, Angelikawurzeln, Koriander, Zimt, Kardamom, schwarzer Pfeffer, Zitronen, Orange, Iriswurzeln, Lakritze, Muskat, Gewürznelken, Ingwer, Melisse, Rosen, Zitronengras
7D ESSENTIAL LONDON DRY GIN (0,7 l)		Spanien	41		Comercial S.A. Tello	12	Wacholderbeeren, Bitterorangen, Thymian, Pfefferminze, Zimt, Zitronen, Kamille, Grüne Minze, Süßorangen, Lavendel, Mandarinen, Orangen, Koriander
7 DIALS GIN		Großbritannien	46			7	Wacholderbeeren, Koriander, Angelikawurzeln, Eibischwurzeln, Clementine, Kardamom, Mandeln
12 BRIDGES GIN		USA	45		Integrity Spirits / Distillery Row	12	

NAME	Varianten	Herkunftsort	% Vol.	Jahr	Markeneigentümer/ Destillerie	Anzahl an Botanicals	(Bekannte) Botanicals
12/11 GIN		Spanien	42,5	2011	Benevento Global/ Destilerías Liber	11	Wacholderbeeren, Mandarine, Rose, Salbei, Zitronen, Angelikawurzeln, Kardamom, Koriander, Thymian, Rosmarin
	12/11 Aurum Gin						Besonderheit: Blattgold
ADLER BERLIN DRY GIN 0,7 l		Deutschland	42		Preussische Spirituosen Manufaktur	unbekannt	Wacholderbeeren, Lavendel, Koriander, Ingwer, Zitronenschalen
	Adler's Reserve / KPM Edition		47				
ADNAMS COPPER HOUSE DRY GIN		Großbritannien	40	2010	Adnams Brewery	6	Wacholderbeeren, Iriswurzeln, Koriandersamen, Kardamomkapseln, Süßorangenschalen, Hibiskusblüten
	Adnams First Rate Gin 0,7 l		48				
	Adnams Copper House Sloe Gin		26				
ALAMBICS GIN (13 Jhr.)		Schottland	65,6		Alambics Classique	unbekannt	
ALVERNA HOLY GIN		Italien	47		Sanuario della verna monastery	4	Wacholderbeeren, Zitrusprodukte, Bohnenkraut, Orangenschalen
AMATO WIESBADEN GIN		Deutschland	43,7	2014	Manoamano Bar	unbekannt	Wacholderbeeren, Koriander, Zitrusprodukte
AMSTERDAM DRY GIN GOLD		Niederlande	43		The Golden Arch Distillery	unbekannt	
ARCTIC VELVET PREMIUM GIN		Grönland / Schweiz	40		ThoCon AG	25	Wacholderbeeren, Koriander, Kümmelsamen, Muskat
ATOMIC GIN		Belgien	40		Atomic Distillers / RC2	23	Wacholderbeeren, Kräuter aus den Dolomiten, Zitronen aus Sizilien, Mandarinen
AVIATION GIN		USA	42		House Spirits Distillery	unbekannt	Lavendel, Hemidesmus indicus
A.V. VAN WEES THREE CORNER GIN		Niederlande	42		Van Wees	2	Wacholderbeeren, Zitronen
BAHIA GIN		Spanien	40	2011	Kiskaarly S.L.	12	Zitronen, Süß- und Bitterorangen
BANKES GIN		Großbritannien	40		Langley Distillery	10	Iris, Zimt, Koriander, Wacholderbeeren, Muskat, Zitronenschalen, Angelika, Lakritze, Cassia-Zimt, Orangenschalen
BARBERS GIN		Großbritannien	40		Timbermill Distillery	4	Wacholderbeeren, Koriander, Thymian, Angelikawurzeln
BARR HILL GIN		USA	45		Caledonia Spirits	unbekannt	Wacholderbeeren, Honig
	Barr Hill Honey Gin						
BAVARKA BAVARIAN GIN		Deutschland	46		Destillerie Lantenhammer	unbekannt	
BAYSWATER GIN		Spanien	43		Casalbor	unbekannt	Wacholderbeeren, Koriandersamen, Angelikawurzeln, Irispulver, Zitronenschalen, Orangenschalen, Lakritze, Cassia-Zimt, Muskat
BCN GIN		Spanien	40		Aquavida Llops	7	Weinbeeren, Rosmarin, Zitrusprodukte, Fenchel, Feigen, Wacholderbeeren, Kieferntriebe
BECKETTS LONDON DRY GIN		Großbritannien	40			6	Wacholderbeeren, Limette, Orangen, Koriander, Minze, Iriswurzeln

NAME	Varianten	Herkunftsort	% Vol.	Jahr	Markeneigentümer/ Destillerie	Anzahl an Botanicals	(Bekannte) Botanicals
BEDROCK GIN		Großbritannien	40		Spirit Of The Lakes	unbekannt	Wacholderbeeren, Koriandersamen, Zitronen- und Orangenschalen, Angelikawurzeln, Süßholzwurzelpulver, Zimt
BEEFEATER		Großbritannien	40		Pernod Ricard / Beefeater Distillery	9	Wacholderbeeren, Angelikawurzeln, Angelikasamen, Koriandersamen, Lakritze, Mandeln, Iriswurzeln, Sevilla-Orangen, Zitronenschalen
	Beefeater 24		45			12	
	Beefeater's Burrough's Reserve		43	2013			
	WET by Beefeater						
	Beefeater London Market (Limited Edition)		40				
BELGIN FRESH HOP		Belgien	40		VDS	4	Frischer Hopfen, Wacholderbeeren, Koriander, Zitronenschalen
	Belgin Ultra 13		41,4		VDS	13	Wacholderbeeren, Gewürznelken, Angelika, Orangen, Bergamotte-Orangen, Vanille, Zimt, Enzianwurzeln, Zitronenschalen, Limettenschalen, Kardamom, frischer Hopfen, Koriander
BELLRINGER GIN		USA	47		Frank-Lin Distillers Products Ltd.	unbekannt	
BERKELEY SQUARE GIN	Berkeley Square Still No. 8 Release Small Batch Gin	Großbritannien	40		G & J Distillers	8	Wacholderbeeren, Koriander, Basilikum, Angelikawurzeln, Lavendel, Kubebenpfeffer, Kaffernlimettenblätter, Salbei
	Berkeley Square Slow 48 Hour Distilled Gin		40		G & J Distillers	unbekannt	Wacholderbeeren, Basilikum, Lavendel, Kaffernlimetten
BIERCÉE GIN		Belgien	44		Biercée	18	Mohn, Kakao, frische Früchte, Wacholderbeeren, Gewürznelken, Hopfen, Ysop, Bisameibisch, Angelikawurzeln, Kreuzkümmel, Kümmel, Fenchel, Koriander, Malzwein, Vanille, Lavendel, Anis
BIG GIN		USA	47		Captive Spirits	9	Wacholderbeeren, Koriander, Bitterorangenschalen, Paradieskörner, Angelika, Cassia-Zimt, Kardamom, Iris, Tasmanischer Bergpfeffer
	BIG Gin Bourbon Barreled		47				
BIG BEN DELUXE LONDON DRY GIN		Indien	42,8		Mohan Meakin Ltd. / Solan Brewery	unbekannt	
BILBERRY BLACK HEART'S GIN		USA	45		Journeyman Distillery	9	Wacholderbeeren, Heidelbeeren
BLACK GIN		Deutschland	45		Gansloser Destillerie	74	
	Black Gin Distiller's Cut		60				
	Black Gin Edition 1905		45				
	Red Gin Edition		40	2015			
BLACK DEATH GIN		Großbritannien	40		G & J Distillers	unbekannt	

NAME	Varianten	Herkunftsort	% Vol.	Jahr	Markeneigentümer/ Destillerie	Anzahl an Botanicals	(Bekannte) Botanicals
BLACKWOOD'S VINTAGE DRY GIN		Shetlandinseln (Groß-britannien)	40		Blavod Drinks Ltd.	13	Wilde Wasserminze, Angelikawur-zeln, Grasnelken, Wacholderbeeren, Echtes Mädesüß, Koriander, Zimt, Lakritze, Zitrusschalen, Muskat, Iris-wurzeln, Veilchenblüten, Kurkuma
	Blackwood's Vintage Dry Gin		60				
BLADE GIN		USA	47		Old World Spirits	5	Kardamom, Wacholderbeeren, Zitronenschalen, Orangenschalen, Pfeffer
BLANC OCEAN / TIDES GIN		Spanien	40		Blanc Gastronomy	11	Wacholderbeeren, Enzian, Korian-der, Angelikawurzeln, Zitronenver-bene, Zimt, Orangen, Zitronen, Citrus aurantium, Bergamotte-Orangen, Queller
BLEU D'ARGENT GIN		Frankreich	40		GCF	9	Wacholderbeeren, Zitrusprodukte
BLIND TIGER GIN		Belgien	47		Deluxe Distillery	12	Wacholderbeeren, Koriandersamen, Süßholzwurzeln, Zitronenschalen, Orangenblüten, Grüner Kardamom, Ingwer, Meerrettich, Iriswurzeln, Angelikawurzeln, Kubebenpfeffer
BLOOM PREMIUM LONDON DRY GIN		Großbritannien	40		G & J Distillers	4	Wacholderbeeren, Geißblatt, Kamille, Pomelo
BLOOMSBURY	Lemon	Großbritannien	45		Bloomsbury Wine & Spirit	unbekannt	
	Orange		45				
BLUE GIN		Österreich	43		Reisetbauer	27	Zitronenschalen, Angelikawurzeln, Koriandersamen, Kurkuma, Lakritze
BLUECOAT GIN		USA	47	2007	Philadelphia Distilling	geheim	Wacholderbeeren, Orangenschalen, Zitronenschalen, Schalen einer drit-ten Zitrusfrucht – „mehr als 6 und weniger als 20"
	Bluecoat Barrel Reserve		47				
BOBBY'S GIN		Niederlande	42		Herman Jansen	8	Wacholderbeeren, Gewürznelken, Koriander, Zitronengras, Zimt, Kube-benpfeffer, Fenchel, Hagebutten
BOË SUPERIOR GIN		Schottland	47		VC2 brands	14	Wacholderbeeren, Koriander, Angelika, Ingwer, Iriswurzeln, Cassia-Rinde, Paradieskörner, Orangen- und Zitronenschalen, Kardamomsamen, Lakritze, Mandeln, Kubebenpfeffer
BOMBAY SAPPHIRE		Großbritannien	40	1987	Bacardi-Martini / G & J Distillers	10	Mandeln, Zitronenschalen, Lakritze, Wacholderbeeren, Iriswurzeln, Angelika, Koriander, Cassia-Zimt, Kubebenpfeffer, Paradieskörner
	Bombay Dry		40	2010			
	Bombay Sapphire East		42	2012		12	Extra: Zitronengras, Pfeffer aus Vietnam
	Star of Bombay		47	2015		10	neu: Bergamotte-Orangen, Bisamei-bischmamen
BONNIE & CLYDE GIN		Belgien	44 / 47,7	2014		unbekannt	Malz, Weizen, Zitrusprodukte / Malz, Wacholderbeeren

NAME	Varianten	Herkunftsort	% Vol.	Jahr	Markeneigentümer/ Destillerie	Anzahl an Botanicals	(Bekannte) Botanicals
BOODLES GIN		Großbritannien	40		Proximo Spirits / G & J Distillers	9	Wacholderbeeren, Koriandersamen, Angelikawurzeln, Angelikasamen, Cassia-Rinde, Kümmelsamen, Muskat, Rosmarin, Salbei
BOOTLEGGER 21 NEW YORK GIN		USA	47		Prohibition Distillery	5	Wacholderbeeren, Koriander, Zitronenverbene, Iriswurzeln, Bitterorangen
BORDIGA DRY GIN		Italien	42		Cav. Pietro Bordiga	8	Wacholderbeeren, Koriander, Kardamom, Thymian, Zitrusprodukte
	Bordiga Smoke Gin		42				
	Bordiga Rose Gin		42				
BOTANIC PREMIUM LONDON DRY GIN			40		Williams & Hurbert / Langley Distillery	14	Buddhas Hand, Wacholderbeeren, Mandarinen, Thymian, Koriander, Zitronen, Zimt, Pfefferminze, Kamille, Anis, Süßorangen, Äpfel, Mandeln, Kardamom , Mangofrüchte
	Botanic Ultra Premium London Dry Gin 0,7 l		45				
BOTANICAL AND HOPPY GIN		Dänemark	44		Mikkeller Spirits / Braunstein Distillery	unbekannt	Wacholderbeeren, Zitronengras, Angelikawurzeln, Kardamom, Orangen, Hopfen
BOTH'S OLD TOM GIN		Deutschland	47		Haromex / The Both Distillery	unbekannt	
BOUDIER GIN		Frankreich	40		Gabriel Boudier	unbekannt	
	Boudier Sloe Gin		25				
BOXER GIN		Großbritannien	40		Green Box Drinks	11	Wacholderbeeren, Römische Limetten, Süßorangen, Angelikawurzeln, Iriswurzeln, Süßholzwurzeln, Zimt, Cassia-Rinde, Muskat, Koriander, Bergamotte-Orangen
BRECON SPECIAL RESERVE GIN		Großbritannien	40		Penderyn Distillery	11	Destillat aus Wales, Wacholderbeeren, Orangenschalen, Cassia-Rinde, Lakritze, Zimtrinde, Angelikawurzeln, Muskat, Koriandersamen, Zitronenschalen, Iriswurzeln
BREILPUR LONDON DRY GIN		Schweiz	45		Breil Pur SA	unbekannt	Wacholderbeeren, Alpenrose, Schokoladenminze
	Breilpur Sloe Gin						
BRIDGE GIN		Spanien	38		Montana Perucchi	6	Wacholderbeeren, Koriander, Ingwer, Kardamom, Kreuzkümmel, Orangenschalen
BROCKMANS GIN		Großbritannien	40		Brockmans Distillery	10	Wacholderbeeren, Koriander, Heidelbeeren, Brombeeren, Orangenschalen
BROKEN HEART GIN		Neuseeland	40		Broken Heart Spirits	11	Zitrusprodukte, Rosmarin, Wacholderbeeren
BROKER'S PREMIUM LONDON DRY GIN		Großbritannien	40	1998	Broker's Gin Ltd. / Langley Distillery	10	Wacholderbeeren, Koriander, Angelikawurzeln, Iriswurzeln, Cassia-Rinde, Zimt, Lakritze, Muskat, Orangenschalen, Zitronenschalen
BROOKLYN GIN		USA	40		Brooklyn Craft Works	2	Wacholderbeeren, Zitrusprodukte
BRUUT! GIN		Belgien		2014	Spirits By Design	unbekannt	

NAME	Varianten	Herkunftsort	% Vol.	Jahr	Markeneigentümer/ Destillerie	Anzahl an Botanicals	(Bekannte) Botanicals
BULLDOG GIN		Großbritannien	40	2006	Bulldog Gin Company / G & J Distillers	12	Wacholderbeeren, Longan-Früchte, Mohn, Lavendel, Lotusblätter, Koriander, Angelikawurzeln, Iriswurzeln, Cassia-Rinde, Mandeln, Lakritze, Zitronenschalen
	Bulldog Gin Extra Bold		47				
BURLEIGH'S LONDON DRY GIN		Großbritannien	40		45 West Distillers	11	Hänge-Birke, Löwenzahn, Klette, Holunderbeeren, Iris, Wacholderbeeren
	Burleigh's Navy Strength Gin						
	Burleigh's Distillers Cut Gin						
BUTLER'S GIN		Großbritannien	40		Ross William Butler	10	Wacholderbeeren, frisches Zitronengras, Kardamom, Koriander, Gewürznelken, Zimt, Sternanis, Fenchel, Zitronen, Limetten
CADENHEAD'S CLASSIC GIN			50				
CADENHEAD'S OLD RAJ		Schottland	46		WM Cadenhead's	unbekannt	Wacholderbeeren, Safran
	Cadenhead's Sloe Gin		46				
	Cadenhead's Old Raj		55				
CAORUNN SMALL BATCH GIN		Schottland	41,8		Balmenach Distillery	6	Wacholderbeeren, Vogelbeeren, Heidekraut, Gagelstrauch, Löwenzahn, Äpfel
CAP ROCK ORGANIC GIN		USA	41		Peak Spirits	12	Wacholderbeeren, Äpfel, Lavendel, Rosen
CARDINAL GIN		USA	42	2010	Southern Artisan Spirits	11	Angelika, Aprikosenkerne, Kardamom, Gewürznelken, Koriander, Weihrauch, Wacholderbeeren, Minze, Orangen, Iriswurzeln, Grüne Minze
	Cardinal Barrel Rested		42	2013			
CASTLE GIN	The First	Schweiz	43		MQ Wines	unbekannt	
	The Roses		43				
CHASE ELEGANT CRISP GIN		Großbritannien	48		Chase Distillery	10	Wacholderbeeren, Koriander, Angelika, Lakritze, Iris, Orangen, Zitronen, Hopfen, Holunderblüten, Bramley-Äpfel
	Extra Dry Gin		40			10	Wacholderbeeren, Zimt, Muskat, Ingwer, Mandeln, Koriander, Kardamom, Gewürznelken, Lakritze, Zitronen
	Seville Orange Gin						
	Summer Fruit Cup						Holunderblüten, Himbeeren, schwarze Johannisbeeren
CHIEF GOWANU NEW-NETHERLAND GIN		USA	44	2013	New York Distilling Company	unbekannt	Wacholderbeeren, Cluster-Hopfen
CINDERELLA GIN		Belgien	40	2014	Jan Broer / Heynsquared VOF	9	Ruprechtskraut, Knöterich, Kaffernlimetten, Wacholderbeeren, Kresse
CITADELLE GIN		Frankreich	44	1998	Cognac Ferrand	19	Wacholderbeeren, Koriander, Mandeln, Cassia-Rinde, Kardamom, Paradieskörner, Veilchen, Fenchel, Zimt
	Citadelle Réserve Gin (6-9 Mon.)		44,7	2008			

NAME	Varianten	Herkunftsort	% Vol.	Jahr	Markeneigentümer/ Destillerie	Anzahl an Botanicals	(Bekannte) Botanicals
CITY OF LONDON DRY GIN		Großbritannien	40	2012	City of London Distillery	7	Wacholderbeeren, Koriandersamen, Angelikawurzeln, Süßholzwurzeln sowie frische Orangen, Zitronen, roséfarbene Grapefruits
	City of London „Square Mile Gin":		>40				
COCKNEY'S GIN		Belgien	44,2	2013	VDS	15	Wacholderbeeren, Koriander, Angelikawurzeln, Kreuzkümmel, Paradieskörner, Lakritze, Yuzu-Früchte, Pomelos, Bitterorangen
COLD RIVER TRADITIONAL GIN		USA	47	2010	Maine Distilleries	7	Wacholderbeeren, Koriander, Zitronenschalen, Orangenschalen, Iriswurzeln, Angelikawurzeln, Kardamom
COOL GIN		Spanien	42,5	2011	Benevento Global / Destilerías Liber	12	
COPPERHEAD GIN		Belgien	40	2014	Filliers Grain Distillery	5	Angelika, Wacholderbeeren, Kardamom, Orangenschalen, Koriander
CORSAIR ARTISAN GIN		USA	46		Corsair Artisan Distillery	unbekannt	Angelika, Koriander, Wacholderbeeren, Zitronen, Orange, Iriswurzeln
	Corsair Barrel Aged Gin (3 Mon.)						
COTSWOLDS DRY GIN		Großbritannien	46		The Cotswolds Distillery	9	Wacholderbeeren, Koriander, Angelikawurzeln, Lavendel, Grapefruit, Limette, schwarzer Pfeffer, Kardamom , Kalifornischer Lorbeer
COVENT GARDEN PREMIUM LONDON DRY GIN		Großbritannien	42			16	
CRATER LAKE GIN		USA	47,5		Bendistillery	unbekannt	
CREAM GIN		Großbritannien	43,8		Whistling Shop / Master of Malt	unbekannt	
CREMORNE 1859 COLONEL FOX DRY GIN		Großbritannien	40		Cask Liquid Marketing / Thames Distillery	6	Wacholderbeeren, Koriander, Angelika, Cassia-Zimt, Lakritze, Bitterorangenschalen
D1 DARINGLY GIN		Großbritannien	40		D.J. Limbrey Distilling Company	unbekannt	Wacholderbeeren, Koriander, Zitrusschalen, Nesseln
DACTARI ORIGINAL GERMAN GIN		Deutschland	40		Dactari Fine Nature Products	unbekannt	
DAMRAK GIN		Niederlande	41,3		Bols	17	Wacholderbeeren, Zitrusprodukte, Geißblatt
DANCING PINE GIN		USA	40		Dancing Pine Distillery	6	
DARNLEY'S VIEW GIN		Schottland	40	2010	Wemyss Whisky Company	6	Wacholderbeeren, Zitronenschalen, Koriandersamen, Angelikawurzeln, Holunderblüten, Iriswurzeln
	Darnley's View Spiced Gin		42,7	2012			
DE BORGEN HOLLAND GIN		Niederlande	48		Hooghoudt Distillery	unbekannt	
DEATH'S DOOR GIN		USA	47		Death's Door Spirits	3	Wacholderbeeren, Koriander, Fenchel
DESERT JUNIPER GIN		USA	41	1998	Desert Juniper Company / Bendistillery	unbekannt	

NAME	Varianten	Herkunftsort	% Vol.	Jahr	Markeneigentümer/ Destillerie	Anzahl an Botanicals	(Bekannte) Botanicals
DH KRAHN GIN		USA	40		American Gin Company	6	Koriandersamen, Galgant (Ingwer), Grapefruit, Wacholderbeeren, Zitronen- und Orangenschalen
(DICTADOR) COLOMBIAN AGED GIN	White	Kolumbien	43	2013	Destileria Columbiana	unbekannt	
	Dark / Gold		43	2013			
DINGLE GIN		Irland	42,5	2013	Dingle Distillery	unbekannt	Wacholderbeeren, Vogelbeeren, Angelika, Koriander, Eberesche, Fuchsie, Gagelstrauch, Heidekraut, Kerbel, Weißdorn
DIPLOME DRY GIN		Frankreich	44		BeBoDrinks	unbekannt	Wacholderbeeren, Koriander, ganze Zitronen, Orangenschalen, Angelika, Safran, Iriswurzeln, Fenchel
DODD'S LONDON DRY GIN		Großbritannien	49,9	2014	The London Distillery Company	8	Wacholderbeeren, Angelika, frische Limetten, Kalifornischer Lorbeer, Grüner und Schwarzer Kardamom, Himbeeren, Honig
DOL GIN		Italien	45	2014	Plunhof		
DOORNKAAT GERMAN DRY GIN		Deutschland	44		Berentzen Gruppe	unbekannt	Wacholderbeeren, Zitronen, Koriander, Lavendel
DOROTHY PARKER GIN		USA	40	2013	New York Distilling Company	unbekannt	Holunderbeeren, getrocknete Hibiskusblüten, Zimt, Zitrusprodukte
DOUBLE YOU GIN		Belgien	43,7	2013	Brouwerij Wilderen	21	Wacholderbeeren, Hopfen, Rosenblüten, Koriander
D.R.K.N.S.S. GIN		Belgien		2015		8	Wacholderbeeren, Malz, Hopfen, Kakao, Orangen, Mandarine, Fenchel, Mohn
DRY FLY GIN		USA	40	2007	Dry Fly Distilling	unbekannt	Äpfel, Minze, Wacholderbeeren, Hopfen
DUIN GIN		Belgien	43	2015	Mr Swing / Spirits By Design	6	Wacholderbeeren, Lavendel, Kardamom, Angelikawurzeln, Iriswurzeln, Sanddornfrüchte
EDGERTON ORIGINAL PINK DRY GIN		Großbritannien	47		Edgerton Distillers Ltd.	14	Granatäpfel, Koriander, Angelika, Wacholderbeeren, Iriswurzeln, Süßorangenschalen, Cassia-Rinde, Muskat, Damianablätter, Paradieskörner
EDINBURGH GIN		Schottland	43		Spencerfield	9	Wacholderbeeren, Koriander, Angelikawurzeln, Iriswurzeln, Zitronenschalen, Kiefernzapfen, Heidekraut, Disteln
	Raspberry Gin						
	Elderflower						
ELEPHANT GIN		Deutschland	45		Robin Gerlach, Tessa Wienker, Henry Palmer	14	Wacholderbeeren, Cassia-Zimt, Orangen, Ingwer, Lavendel, Holunderbeeren, Pimentkörner, Äpfel, Kiefernnadeln, Baobab-Früchte, Buchu-Früchte, Löwenohren, Afrikanische Teufelskralle
ENTROPIA GIN		Spanien	40		Entropia Liquors	unbekannt	Wacholderbeeren, Koriander, Ginseng, Guarana, Hibiskus, Orangenschalen, Zitronenschalen, Süßholzwurzeln, Muskat

NAME	Varianten	Herkunftsort	% Vol.	Jahr	Markeneigentümer/ Destillerie	Anzahl an Botanicals	(Bekannte) Botanicals
ETHEREAL GIN		USA	43		Berkshire Mountain Distillers	unbekannt	ändert sich mit jedem Batch
ET ALORS PREMIUM GIN		Belgien		2014		23	
EVER GIN		Spanien	43			9	Wacholderbeeren, Rosmarin, Pfefferminze, Orangen- und Zitronenschalen, Angelikawurzeln, Kardamom, Koriander
FAHRENHEIT GIN		Frankreich	40		Gabriel Boudier	unbekannt	Wacholderbeeren, Koriander, Orangen- und Zitronenschalen, Angelikasamen, Iris, Fenchel
FARMER'S ORGANIC GIN		USA	46,7		Crop Harvest Earth Co.	geheim	Wacholderbeeren, Holunderblüten, Zitronengras, Koriander, Angelikawurzeln
FEEL! MUNICH DRY		Deutschland	46		Korbinian Achternbusch	17	
FERDINAND SAAR DRY GIN		Deutschland	44		Avadis Distillery / Capulet & Montague Ltd.		Wacholderbeeren, Lavendel, Thymian, Schlehen, Hagebutten, Angelika, Hopfenblüten, Rose, Mandelschalen, Koriander, Ingwer
	Ferdinand Goldcap Gin		49				
	Ferdinand Quincy Gin		30				
FEW AMERICAN GIN		USA	40	2011	FEW Spirits	11	Wacholderbeeren, Zitrusprodukte (Zitronen & Orangenschalen), Tahiti-Vanille, Cassia-Zimt, Paradieskörner, Hopfen aus Eigenanbau
	Barrel Aged Gin (4 Mon.)		46,5				
FG 20-3		Belgien	46	2012	Stokerij De Moor	23	
	The oriGIN		49,3		De Moor Distillery	23	
FIFTY POUNDS GIN		Großbritannien	43,5		Fifty Pounds Co.	unbekannt	Wacholderbeeren, Koriander, Bohnenkraut, Paradieskörner, Orangen & Zitronenschalen, Lakritze, Angelikawurzeln
FILLIERS DRY GIN 28		Belgien	46		Filliers Graanstokerij	28	
	Filliers Dry Gin 28 Tangerine Seasonal Edition		43,7				
FINSBURY PLATINUM DRY GIN		Großbritannien	47		Borco International/ Langley Distillery	unbekannt	
FORDS LONDON DRY GIN		Großbritannien	45		The 86 Co. / Thames Distillers	9	Wacholderbeeren, Zitronenschalen, Pomelo, Jasmin
FOREST DRY GIN	Autumn	Belgien	42			unbekannt	Birnen, Lavendel, Mandarinen
	Winter		45			unbekannt	
	Spring		42			24	Birnen, Mandarinen, Rosenblätter, Wacholderbeeren, Zitrusprodukte, Koriander
	Summer		45			unbekannt	Blutorangen, Bergamotte-Orangen-Auszüge, Ingwer

NAME	Varianten	Herkunftsort	% Vol.	Jahr	Markeneigentümer/ Destillerie	Anzahl an Botanicals	(Bekannte) Botanicals
FOXDENTON DRY GIN		Großbritannien	48	2009	Foxdenton Estate Company	unbekannt	Wacholderbeeren, Angelikawurzeln, Iriswurzeln, Koriandersamen, Zitronenschalen, Limettenblüten
	Foxdenton Blackjack Gin						
	Foxdenton Raspberry Gin						
	Foxdenton Damson Gin						
	Foxdenton Sloe Gin						
G&CIN		Spanien	40		Destilerías Acha	unbekannt	
G/10		Frankreich	40		Hervé Erard Spirits	10	
G-VINE	Floraison	Frankreich	40		EuroWineGate	10	Weinblüten, Wacholderbeeren, Ingwer, Lakritze, Cassia-Rinde, Grüner Kardamom, Koriander, Kubebenpfeffer, Muskat, Limetten
	Nouaison		43,9			10	Weinblüten, Wacholderbeeren, Ingwer, Lakritze, Cassia-Rinde, Grüner Kardamom, Koriander, Kubebenpfeffer, Muskat, Limetten
GALE FORCE GIN		USA	44,4		Triple Eight Distillery	unbekannt	Anis, Cassia-Zimt, Wacholderbeeren, Zitronen, Zitronengras, Minze, Orangen
GENIUS GIN		USA	45		Genius Liquid	unbekannt	Wacholderbeeren, Kardamom, Koriander, Limettenzesten, Lavendel, Zitronenblätter
	Navy Strength		57			unbekannt	
GERANIUM GIN		Großbritannien	44		Hammer & Son	unbekannt	Wacholderbeeren, Geranienöl, Koriander, Zitronenschalen, Angelikawurzeln, Iriswurzeln, Anis, Zimt
	Geranium 55 Gin						
GET BACK GIN	Blue Gin	Spanien	40		Destilerías Acha	unbekannt	
	Pink Gin		40				
GILPIN'S EXTRA DRY GIN		Großbritannien	47		Westmorland Spirits Ltd.	6	Wacholderbeeren, Salbei, Borretsch, Schalen von 3 Zitrusarten
GILT SINGLE MALT SCOTTISH GIN		Schottland	40		Gilt Gin Co. / Strathleven Distillers	unbekannt	
GIN BELET		Belgien		2014			
GIN DEL PROFESSORE		Italien		2014	Jerry Thomas Project		
GIN MARE		Spanien	42,7		Global Premium Brands	5	Wacholderbeeren, Thymian, Basilikum, Rosmarin, Oliven
GIN SEA		Spanien	40		Manuel Barrientos	10	Wacholderbeeren, Kardamom, Koriander, Thymian, Kamille, Lakritze, Pfefferminze, Zitronen, Süßorangen, Bitterorangen
GIN SUL		Deutschland	43		Altonaer Spirituosen	unbekannt	Wacholderbeeren, Koriander, Rosmarin, Zitronen, Lavendel, Zimt, Piment, Zistrosen
GINA GIN		Spanien	40		Worldskyandarts	4	Wacholderbeeren, Koriander
GINIE GIN LIQUEUR		Deutschland	35		Edelbrennerei Scheibel		

NAME	Varianten	Herkunftsort	% Vol.	Jahr	Markeneigentümer/ Destillerie	Anzahl an Botanicals	(Bekannte) Botanicals
GINIU		Italien		2013		7	Wacholderbeeren, Italienische Strohblumen, Mastixbeeren, Myrte, Thymian, Rosmarin, Kalifornischer Lorbeer
GINSELF		Spanien	40		Gin Al Punto	9	Süßorangen, Bitterorangen, Zitronenschalen, Angelikawurzeln, Angelikasamen, Orangenblüten, Erdmandeln, Wacholderbeeren, Mandarinen
GLORIOUS GIN		USA	45	2010	Breuckelen Distilling	5	Wacholderbeeren, Zitronen, Rosmarin, Ingwer, Grapefruits
GOA GIN		Großbritannien	47		World Wide Distillers	8	Wacholderbeeren, Koriander, Kümmelsamen, Angelikawurzeln, Muskat
GOLD 999.9		Spanien	40		The Water Company	10	Mandarinen, Mandeln, Ingwer, Veilchen, Koriander, Angelikawurzeln, Zimt, Enzian, Mohn, Wacholderbeeren
GOLDEN MOON GIN		USA	45		Golden Moon Distillery	unbekannt	
GOODMANS GIN		Niederlande	44	2014	Paul & Gerda de Goede	unbekannt	
GRANIT BAVARIAN GIN		Deutschland	42	2015	Brennerei Penninger	28	Wacholderbeeren, Zitronenzesten, Koriander, Kardamom, Melisse, Bärwurz, Enzian
GREENALL'S LONDON DRY GIN		Großbritannien	40	1760	G & J Distillers	8	Wacholderbeeren, Koriander, Zitronenschalen, Angelika, Iris, Lakritze, Cassia-Rinde, Bittermandeln
GREENBRIER GIN		USA	40		Smooth Ambler Spirits	unbekannt	Zitrusschalen, Wacholderbeeren, Pfeffer
GREEN HAT GIN		USA	41,1		New Columbia Distillers	unbekannt	Wacholderbeeren, Zitrusprodukte, Koriander, Paradieskörner, Selleriesamen
GREYLOCK GIN		USA	40		Berkshire Mountain Distillers	7	
GROUND CONTROL GIN		Belgien	45	2015	Open Up Distillery	30	
GUGLHOF ALPIN GIN		Österreich	42	2010	Brennerei Guglhof	unbekannt	Brombeeren, Mehlbeeren, Alpenrosenblüten
HANA GIN		USA	40		Branded Spirits	unbekannt	
HANAMI DRY GIN		Niederlande	43	2014	The Melchers Group	9	Wacholderbeeren, Blüten der Ostasiatischen Kirsche
HASWELL LONDON DRY GIN		Großbritannien	47		Rainbow Chaser Ltd.	9	Wacholderbeeren, Angelika, Koriander, Bohnenkraut, Zitronenschalen, Paradieskörner, Bitterorangenschalen, Süßorangenschalen, Lakritze
HAYMAN'S LONDON DRY GIN		Großbritannien	40		Hayman Distillers	10	
	Hayman's 1820 Gin Liqueur		40				
	Hayman's 1850 Reserve Gin (5 Wochen)		40				
	Hayman's Old Tom Gin		40				
	Hayman's City of London		40				
	Hayman's Royal Dock Gin		57				
	Hayman's Sloe Gin		26				

NAME	Varianten	Herkunftsort	% Vol.	Jahr	Markeneigentümer/ Destillerie	Anzahl an Botanicals	(Bekannte) Botanicals
HEAVEN & HELL GIN		Belgien	41,6	2014	Serge Hannecaert	unbekannt	
HENDRICK'S GIN		Schottland	41,5		William Grant & Sons Ltd.	11	zusätzl. Infusion mit Rosenblättern und Gurke
HENTHO GIN		Belgien	44	2014	Hendrik & Thomas Coenen	12	
HERNÖ GIN		Schweden	40,5	2012	Hernö Brenneri	8	Wacholderbeeren, Koriander, Echtes Mädesüß, Cassia-Zimt, schwarzer Pfeffer, Vanille, Zitronenschalen, Preiselbeeren
	Hernö Navy Strength		57	2013			
	Hernö Juniper Cask Gin			2013			
	Hernö Old Tom Gin						
HOXTON GIN		Großbritannien	43		Gerry Calabrese	unbekannt	Kokosnuss, Grapefruit, Wacholderbeeren, Iris, Estragon, Ingwer
SPIRIT OF HVEN ORGANIC GIN		Schweden	40		Spirit of Hven Distillery	unbekannt	Wacholderbeeren, Paradieskörner, Zitrusprodukte, Szechuanpfeffer, Anis, Paradieskörner
IBZ PREMIUM GIN		Spanien	38		Familia Mari Mayans	unbekannt	Wacholderbeeren, Rosmarin, Thymian, Zitrusprodukte
IMAGIN		Schweden	40	2011	Facile & Co.	12	
INDIAN SUMMER GIN		Schottland	46		Duncan Taylor Ltd.	unbekannt	Wacholderbeeren, Safran
INVERROCHE GIN CLASSIC		Südafrika	43		Inverroche Distillary	unbekannt	
	Inverroche Gin Verdant	43				unbekannt	
	Inverroche Gin Amber	43				unbekannt	
ISFJORD ARCTIC GIN		Grönland	44	2007	Isfjord Distillery	12	Wacholderbeeren, Angelika, Zitronengras, Kardamom, Orangen
ISH LONDON DRY GIN		Spanien	41		The Poshmakers	11	Wacholderbeeren, Koriandersamen, Angelikawurzeln, Mandeln, Iriswurzeln, Muskat, Zimt, Lakritze, Zitronen- und Orangenschalen
	Ish Limed London Dry Gin	41					
JENSEN'S BERMONDSEY GIN		Großbritannien	43		Bermondsey Gin Ltd.	unbekannt	Koriander, Iriswurzeln, Angelika, Lakritze, Wacholderbeeren
	Jensen's Old Tom Gin	43					
JINZU GIN		Großbritannien	41,3	2013	Dee Davies / Cameron Bridge Gin Distillery		Wacholderbeeren, Koriander, japanische Kräuter
JODHPUR		Großbritannien	43		Beveland Distillers	13	Angelika, Bittermandeln, Koriander, Cassia-Rinde, Wacholderbeeren, Zitronenschalen, Süßholzwurzeln, Iriswurzeln, Orangenschalen, Ingwer, Pomeloschalen
	Jodhpur Reserve (2 Jhr.)	43					
JOSEPHINE GIN		Frankreich	40		Camus Cognac	unbekannt	
JUDGES LONDON DRY GIN		Großbritannien	40		Cale Distillers	unbekannt	
JUNIPER GREEN ORGANIC		Großbritannien	43		Organics Spirits Co. / Thames Distillers	4	Wacholderbeeren, Koriander, Bohnenkraut, Angelikawurzeln

NAME	Varianten	Herkunftsort	% Vol.	Jahr	Markeneigentümer/ Destillerie	Anzahl an Botanicals	(Bekannte) Botanicals
JUNIPERO GIN		USA	49,3	1996	Anchor Distilling Company	geheim	
K-25		Spanien	45		Destilerías Acha	unbekannt	
KIMERUD GIN		Norwegen	47		Family Johnsen	20	Wacholderbeeren, Koriander, Zitronenschalen, Walnüsse, Minze, Rosenwurz
KING OF SOHO GIN		Großbritannien	42		West And Drinks Ltd. Thames Distillers	12	
KINROSS GIN SPECIAL SELECTION		Spanien	37,5		Teichenné Liqueurs	unbekannt	
	Citric & Dry		40			8	Wacholderbeeren, Koriander, Kardamom, Orangen, Zimt, Angelikawurzeln, Zitronenzesten, Iris
	Wild Berry Fruits		40			7	Wacholderbeeren, Koriander, Kardamom, Orangen, Zitronen, Himbeeren, Angelikawurzeln
	Tropical Exotic Fruits		40			11	Wacholderbeeren, Koriander, Kardamom, Orangen, Mangofrüchte, Angelikawurzeln, Zitronenzesten, Pomelo, Yuzu-Früchte, Ananas, Passionsfrüchte
KNOCKEEN HEATHER GIN		Großbritannien	47,3		Knockeen Hills	unbekannt	Heidekraut, Wacholderbeeren, Koriander, Angelikawurzeln, Bohnenkraut
	Knockeen Hills Elderflower Gin		43				
KOVAL GIN		Deutschland	47		Koval Distillery	unbekannt	
KRAAIKE GIN		Belgien	40	2014	Craywinckelhof	unbekannt	
LACLIE FRERES GIN		Frankreich	48		Maison René Laclie	unbekannt	
LANGLEY'S NO. 8 DISTILLED LONDON GIN		Großbritannien	44		Langley Distillery	8	Wacholderbeeren, Muskat, Koriander, Orangen, Zitronen, Cassia-Zimt
LANGTONS NO.1 GIN		Großbritannien	40	2012	Tim Moor & Nick Dymoke-Marr / G & J Distillers	11	
LARIOS (12) PREMIUM GIN		Spanien	40		Beam Global	12	Wacholderbeeren, Muskat, Angelikawurzeln, Koriander, Zitronen aus der Mittelmeeregion, Orangen, Mandarinen, Clementine, Grapefruit, Limetten, Orangenblüten
LARKS GODFATHER GIN		Australien	40		Lark Distillery	unbekannt	Wacholderbeeren, Pfefferkörner
LEBENSSTERN DRY GIN		Deutschland	43		Lebensstern Bar / Destillerie Freihof	unbekannt	
	Lebensstern Pink Gin		43				
LEOPOLD'S AMERICAN SMALL BATCH GIN		USA	40	2002	Leopold Brothers	5	Wacholderbeeren, Koriander, Iriswurzeln, Pomelos aus Kalifornien, Orangen aus Valencia
LEVEL PREMIUM GIN		Spanien	44		Teichenné	8	
LIBERATOR SMALL BATCH GIN		USA	42		Valentine Distilling	9	
LIGHTHOUSE BATCH DISTILLED GIN		Neuseeland	42		Greytown Fine Distillates	9	geheim
	Hawthorn Edition		57				

NAME	Varianten	Herkunftsort	% Vol.	Jahr	Markeneigentümer/ Destillerie	Anzahl an Botanicals	(Bekannte) Botanicals
LOBSTAR MARIN GIN		Belgien	40	2014	Kristof Marrannes / Spririts By Design	unbekannt	Hummer, Wacholderbeeren
LONDON HILL DRY GIN		Großbritannien	43	1785	Ian Macleod Distillers / Langley Distillery	unbekannt	Wacholderbeeren, Zitrusschalen, Koriandersamen
LONDON N° 1 ORIGINAL BLUE GIN		Spanien	47		Gonzalez Byass	13	Wacholderbeeren, Angelika, Zimt, Mandeln, Koriander
LOOPUYT 1772 DRY GIN		Niederlande	45,1	2014	P. Loopuyt & Co. Distillers	12	Wacholderbeeren, Lavendel, Kardamom, Muskat, Chinarindenbaum, Koriander, Himbeeren, Orangen, Pomelo, Kapstachelbeeren, Maulbeeren, Goji-Beeren
LUBUSKI GIN	Classic Gin	Polen	40	1987	Henkell & Co. Vinpol / Lubuski Distillery	14	Wacholderbeeren, Koriander, Angelikawurzeln, Zitrusschalen, Lakritze, Cassia-Rinde, Bittermandeln, Kardamom, Zimt, Sternanis, Kreuzkümmel, Kalmus, Blüten, Kalifornischer Lorbeer
	Lime Gin		40				
M5 GIN		Spanien	48		Bodegas Vinícola Real	26	
MG 1835 ORIGINAL DRY GIN		Spanien	43		Destilerías MG	unbekannt	
MACARONESIAN (WHITE) GIN		Spanien	40		Destileria Santa Cruz	unbekannt	Wacholderbeeren, Kardamom, Angelikawurzeln, Lakritze, Zitronenschalen, Orangenschalen
MADAME GENEVA GIN BLANC		Deutschland	44,4		Kreuzritter GmbH	3	
	Madame Geneva Gin Rouge		41,9			46	
MAGELLAN BLUE GIN		Frankreich	44		Angeac Distillery	11	Gewürznelken, Zimt, Koriander, Kardamom, Iriswurzeln und -blüten, Cassia-Zimt, Lakritze, Wacholderbeeren, Orangenschalen, Paradieskörner, Muskat
MARTIN MILLER'S DRY GIN		Großbritannien	40	1999	The Reformed Spirits Co.	10	Florentiner Schwertlilie, Wacholderbeeren, Cassia-Rinde, Lakritze, Koriander, Angelikawurzeln, Bitterorangenschalen, Zitronenschalen, Limettenschalen, Gurken
	Martin Millers, Westbourne Strength, Dry Gin		45,2	2003			
MASCARO GIN 9		Spanien	40	2010	Antonio Mascaro	1	Wacholderbeeren
MASONS YORKSHIRE DRY GIN		Großbritannien	42		Karl Mason	unbekannt	
MASTER'S SELECTION		Spanien	40		Destilerías MG	unbekannt	
MAYFAIR LONDON DRY GIN		Großbritannien	40		Mayfair Brands / Thames Distillery	5	Wacholderbeeren, Koriander, Angelika, Iris, Bohnenkraut
MEYER'S GIN M1		Belgien	38	2014	Spirits By Design	unbekannt	Wacholderbeeren, Kiwis
	Mayer's Gin M2		43	2015		unbekannt	Wacholderbeeren, Spargel
MIKKELLER BOTANICAL GIN		Dänemark	44		Mikkeller Spirits / Braunstein	unbekannt	Wacholderbeeren, Zitronengras, Angelikawurzeln, Kardamom, Orangen, Hopfen

NAME	Varianten	Herkunftsort	% Vol.	Jahr	Markeneigentümer/ Destillerie	Anzahl an Botanicals	(Bekannte) Botanicals
MOMBASA CLUB LONDON DRY GIN		Großbritannien	41,5		Imperial British East Africa Company	unbekannt	Wacholderbeeren, Angelikawurzeln, Koriandersamen, Cassia-Rinde
	Mombasa Colonel's Reserve						
MONKEY 47 DRY GIN		Deutschland	47		Black Forest Distillers	47	
	Monkey 47 Sloe Gin		47				
	Monkey 47 Distiller's Cut		47				
MONOPOLOWA VIENNA DRY GIN		Österreich	44		Altvater Gessler – J. A. Baczewski	unbekannt	Kümmelsamen, , Koriandersamen, Fenchelsamen, Ingwer, Zitronen- und Orangenschalen
MRDC RIVER ROSE GIN		USA	40		Mississippi River Distillery	unbekannt	Wacholderbeeren, Zitrusprodukte, Lavendel, Rosenblätter, Gurken
MYER FARM GIN		USA	42,7		Myer Farm Distillers	10	Wacholderbeeren, Koriander, Zimt, Zitrusprodukte
MYRTLE GIN (10 Jhr.)		Schottland	47		Spirit of the Coquet	unbekannt	Myrten aus Northumberland
N GIN VLC		Spanien	39		DHV Destilados	10	Wacholderbeeren, Orangen, Zitronen, Mandarinen, Rosenblätter, Lakritze, Koriandersamen, Angelikawurzeln, Kardamom, Salbei
	N gin two		39				
NB GIN		Schottland	42	2013	NB Distillery Ltd.	8	Wacholderbeeren, Koriander, Angelikawurzeln, Paradieskörner, Zitronenschalen, Cassia-Rinde, Kardamom, Veilchenwurzeln
NEW AMSTERDAM GIN		USA	40		New Amsterdam Spirits Co.	20	
NGINIOUS SWISS BLEND GIN		Schweiz	45	2014	Oliver Ullrich & Ralph Villiger	18	
	Nginious Vermouth Cask Finish Gin		43				
N°0 LONDON DRY		Spanien	41		Number Zero Drinks	11	Wacholderbeeren, Koriander, Angelika, Lavendel, Iris, Zimt, Chinarinde (enthält das Chinin) aus Peru
N°209 GIN		USA	46		Distillery N°209	8–11	Wacholderbeeren, Bergamotte-Orangen, Orangen, Zitronenschalen, Kardamomkapseln, Cassia-Rinde, Angelikawurzeln, Koriandersamen
N°3 LONDON DRY GIN		Niederlande	46		De Kuyper Royal Distillers	unbekannt	
NOG gin		Belgien	46	2014	Ben Bruyneel	unbekannt	Wacholderbeeren, Hopfen, Mohn, Koriander, Orangen, Zitronen, Kakao
NOLET'S DRY GIN SILVER		Niederlande	47,6		Nolet Distillery	unbekannt	Rosen aus der Türkei, Pfirsiche, Himbeeren
	Nolet's Dry Gin – The Reserve	Niederlande	52,3				
NORDÉS GIN		Spanien	40		Atlantic Galician Spirits	unbekannt	Verbene, Zitronenschalen, Eukalyptusblätter, Salbei, Wacholderbeeren, Kardamom, Chinin, Ingwer, Hibiskus, Lakritze, Tee

NAME	Varianten	Herkunftsort	% Vol.	Jahr	Markeneigentümer/ Destillerie	Anzahl an Botanicals	(Bekannte) Botanicals
NORTH SHORE DISTILLER'S GIN	N°6 & N°11	USA	45	2007	North Shore Distillery	unbekannt	
NOTEWORTHY GIN		Kanada	43		The Dubh Glas Distillery	unbekannt	
NUT GIN		Spanien			Emporda	13	Wacholderbeeren, Koriander, Kardamom, Angelikawurzeln, Zitronenschalen, Orangenschalen, grüne Walnüsse, Muskat, Rosmarin, Thymian, Olivenblätter, Zimt, Lakritze
NUTMEG GIN		Österreich	44		Oliver Matter / Erlebnis Brennerei	unbekannt	
O WANNBORGA GIN		Schweden	40,1		Destileria Wannborga	9	Wacholderbeeren, Angelikawurzeln, Koriander, Kardamom, Muskat, Zimt, weißer Pfeffer, Zitronenschalen, Bitterorangenschalen
OLD BUCK GIN		Südafrika	43		Henry Tayler & Ries Ltd.	unbekannt	
OLD ENGLISH GIN		Großbritannien	44		Hammer & Son	unbekannt	
OLD LADY'S GIN		Frankreich	40		Marie Brizard	unbekannt	
OLIVER CROMWELL 1599 PREMIUM GIN		Niederlande	40		Aldi Stores Ltd.	unbekannt	
OMG GIN		Tschechische Republik	45		ZUSY Ltd.	16	Wacholderbeeren, Kleinblättrige Linde, Melisse, Lavendel, Paradieskörner, Koriander, Angelikawurzeln, Kalmus
ONE KEY GIN		Singapur	40		Abnormal Group Singapore	unbekannt	Wacholderbeeren, Ingwer, Koriander, Auszüge tropischer Pflanzen
ONLY GIN		Spanien	43		Campeny Destilleries	11	Wacholderbeeren, Jasmin, Ehrenpreis, Veilchen, Rosenblätter, Lavendel, Orangenblüten, Malven, Stiefmütterchen, Zitronenmelisse, Hibiskus
OPIHR ORIENTAL SPICED LONDON DRY GIN		Großbritannien	40		Quintessential Brands / G & J Distillers	4	Wacholderbeeren, Kubebenpfeffer, schwarzer Pfeffer, Koriander
ORIGIN SINGLE ESTATE LONDON DRY GIN		Großbritannien	40		Master of Malt	1	Wacholderbeeren
	Klanac, Kroatien						
	Skopje, Mazedonien						
	Valbonë, Albanien						
	Istog, Kosovo						
	Veliki Preslav, Bulgarien						
	Arrezo, Italien						
OXLEY DRY GIN		Großbritannien	47		Oxley Spirits Co.	unbekannt	
PALLADIAN DRY GIN		Großbritannien	40		Mayfair Distillery	unbekannt	
PALMERS LONDON DRY GIN		Großbritannien	40		Alcohols Ltd. / Langley Distillery	10	
PÈRE ALBERT GIN		Belgien	41,8	2014		5	Wacholderbeeren, Koriander, Kreuzkümmel, Limette, Rosenblätter
PERRY'S TOT NAVY GIN		USA	57		New York Distilling Company	8	Wacholderbeeren, Zimt, Kardamom, Sternanis, Zitronen, Orangen- & Grapefruitschalen, Wildblütenhonig

NAME	Varianten	Herkunftsort	% Vol.	Jahr	Markeneigentümer/ Destillerie	Anzahl an Botanicals	(Bekannte) Botanicals
PH. COLLET GIN		Belgien	46		Phillip Collet / de Moor Distillery	11	Wacholderbeeren, Rosmarin, Orangen, Äpfel, grüner Tee, Koriander
PINCKNEY BEND GIN		USA	46,5		Pinckney Bend Distillery	9	Wacholderbeeren, Koriandersamen, Iriswurzeln, Angelika, Lakritze, 3 verschiedene Arten getrockneter Zitrusfrüchte
PINK 47 GIN		Großbritannien	47		Old St. Andrews Ltd.	10	Wacholderbeeren, Koriander, Angelikawurzeln, Zitronenschalen, Orangenschalen, Iriswurzeln, Lakritze, Mandeln, Muskat
PINK CLOUD GIN		Belgien	45	2014	Bosteels Brewery		
PJ DRY GIN		Belgien	40	2014	PJ Frooninckx / Belgian Spirits Company	unbekannt	Wacholderbeeren, Getreide, Orangen
	PJ Elderflower Gin		40			unbekannt	Wacholderbeeren, Getreide, Orangen, Holunderbeeren, Zitronen
PLATU LONDON DRY GIN		Großbritannien	39		Platu Premium Spirits	10	Wacholderbeeren, Koriandersamen, Iriswurzeln, Lakritze, Angelikawurzeln, Zimt, Muskat, Orangen, Zitronen
PLYMOUTH GIN		Großbritannien	41,2		Plymouth Distillery	unbekannt	
	Plymouth Gin Navy Strength		57				
	Plymouth Sloe Gin						
POPPIES GIN		Belgien	40		Stokerij Rubbens	unbekannt	Mohn
PORTOBELLO ROAD N° 171 LONDON DRY GIN		Großbritannien	42		Jake Burger / Thames Distillers Ltd.	unbekannt	
PORT OF DRAGONS		Spanien	44		Premium Distillery	unbekannt	Mandeln, Angelika, Anis, Kardamom, Koriander, Ingwer, Haselnüsse, Hibiskus, Wacholder, Zitrone, Limetten, Lakritze, Muskat, Orangen, Mohn, Rose, Vanille, Fenchel
PROFESSOR CORNELIUS AMPLEFORTH'S BATHTUB GIN		Großbritannien	43,3		Master of Malt	unbekannt	Wacholderbeeren, Orangenschalen, Koriander, Zimt, Gewürznelken, Kardamom
RAFFLES LONDON DRY GIN		Schottland	40		William Maxwell Distillery	13	Wacholderbeeren, Koriandersamen, Angelikawurzeln, Orangen- & Zitronenschalen, Cassia-Rinde, Ingwer, Muskat, Süßholzwurzeln, Mandeln, Zimtrinde, Fenchel, Kardamomsamen
RANSOM OLD TOM GIN (6–9 Mon.)		USA	44		Ransom Spirits	6	Wacholderbeeren, Orangen- und Zitronenschalen, Koriandersamen, Kardamomkapseln, Angelikawurzeln
REVAL DRY GIN		Spanien	40		Remedia Distillery	unbekannt	
REVENGE NAVY GIN		Italien	57				Wacholderbeeren, Koriander, Kardamom, Iriswurzeln, Zitrone, rote Johannisbeeren
RIGHT GIN 0,7 l		Schweden	40		Altamar Brands / Right Distillery	unbekannt	Bergamotte-Orangen
ROARING FORTIES GIN		Neuseeland	40		South Pacific Distillery	unbekannt	

NAME	Varianten	Herkunftsort	% Vol.	Jahr	Markeneigentümer/ Destillerie	Anzahl an Botanicals	(Bekannte) Botanicals
ROBY MARTON'S GIN		Italien	47	2014	Roby Marton / Bassano del Grappa	10	Wacholderbeeren, Zitrusprodukte, Zimt, Lakritze, Anis, rosa Pfeffer, Meerrettich, Ingwer, rote Früchte, Gewürznelken
ROB'S MTN GIN		USA	44		Spring 44 Distilling Inc.	unbekannt	Wacholderbeeren, Koriander, Iriswurzeln, Orangenschalen, Kaffernlimettenblätter, Basilikum, Pfefferminze, Einhornтränen
ROUNDHOUSE GIN		USA	47		Roundhouse Spirits	unbekannt	Wacholderbeeren, Koriander, Zitrusschalen, Sternanis, Angelika, Iriswurzeln, Sencha (grüner Tee), Lavendel, Hibiskus, Kamille
	Roundhouse Imperial Barrel Aged Gin (10 Mon.)						
SACRED GIN		Großbritannien	40		Sacred Spirits Company	12	Wacholderbeeren, Zitrusprodukte, Kardamom, Muskat, Weihrauch
	Sacred Cardamom Gin						
	Sacred Orris Gin						
SAFFRON GIN		Frankreich	40		Gabriel Boudier	unbekannt	Wacholderbeeren, Safran, Koriander, Zitrone, Orangenschalen, Angelikasamen, Iris, Fenchel
SALICORNIA OCEAN / TIDES GIN		Spanien	40		Blanc Gastronomy	11	Wacholderbeeren, Enzian, Koriander, Angelikawurzeln, Verbene (Zitronenverbene), Zimt, Orangen, Zitrone, Citrus aurantium (Bitterorange), Bergamotte-Orangen, Meerfenchel
SANTAMANIA GIN		Spanien	41		Destillerie Santa Mania	10	Wacholderbeeren, Pflaumen, Weinbeeren, Koriander, Zimt, Kardamom, Limette, Zitronen, Angelikawurzeln, Himbeeren
SEAGRAM'S EXTRA DRY GIN		USA	40		Seagram & Sons	unbekannt	
	Distiller's Reserve (6 Mon.)		51	2006			
SEARS CUTTING EDGE GIN		Deutschland	44		MBC International Premium Brands	unbekannt	
SECRET TREASURES GIN OLD TOM STYLE		Deutschland	40		Haromex	unbekannt	
SHARISH GIN		Portugal	40		Antonio Cuco	7	Wacholderbeeren, Äpfel, Koriander, Zitrusprodukte, Vanille, Zimt, Zitronenverbene
SHORTCROSS GIN		Irland	46		Rademon Estate Distillery	unbekannt	Wacholderbeeren, Holunderbeeren, Äpfel, Koriandersamen, Orangen, Cassia-Zimt
SIKKIM INDIAN BRITISH TEA	Private	Spanien	40			unbekannt	Wacholderbeeren, roter Tee, Blütenaromen, Koriander
	Bilberry		40				Wacholderbeeren, roter Tee, Blütenessenzen, Brombeeren, Heidelbeeren, Koriander, Iris, Kalmus, Bitterorangenschalen

NAME	Varianten	Herkunftsort	% Vol.	Jahr	Markeneigentümer/ Destillerie	Anzahl an Botanicals	(Bekannte) Botanicals
SIPSMITH LONDON DRY GIN		Großbritannien	41,6	2009	Sipsmith Distillery	10	Wacholder aus Mazedonien, Koriandersamen aus Bulgarien, Angelikawurzeln aus Frankreich, Süßholzwurzeln aus Spanien, Iriswurzeln aus Italien, gemahlene Mandeln aus Spanien, Cassia-Rinde aus China, Zimt aus Madagaskar, Sevilla-Orangen, Zitronenschalen aus Spanien
	Sipsmith Sloe Gin		29				
	Sipsmith Summer Cup		29				
	Sipsmith VJOP (Very Juniper Over Proof)		52				
	Sipsmith Blue Label		44,11				
SIX RAVEN GIN		Deutschland	46		Alandia & Co.	unbekannt	
SKIN GIN		Deutschland	42		Martin Jens & Mathias Rüsch	7	Wacholderbeeren, Koriander, Limette, Zitronen, Pomelo, Orangen, Marokkanische Minze
SLOANE'S DRY GIN		Niederlande	40		Toorank Distilleries	9	Orangen, Angelikawurzeln, Iriswurzeln, Koriandersamen, Wacholderbeeren, Vanille, Kardamom, Lakritze, Zitronen
SMOOTH AMBLER BARREL AGED		USA	49,5		Smooth Ambler Spirits	unbekannt	
SOUTH GIN		Neuseeland	48,2	2005	42 Below	9	Wacholderbeeren, Zitronen, Orange, Koriandersamen, Angelikablätter, Iriswurzeln, Enzianwurzeln, Manuka-Beeren, Kava-Blätter
(THE) SPECTATOR GIN		Großbritannien	42,4		The Spectator Magazine	unbekannt	Wacholderbeeren, Earl-Grey-Tee, Melisse
SPIRIT HOUND GIN		USA	42		Spirit Hound Distillers	9	Wacholderbeeren, Fenchelsamen, Szechuanpfefferkörner, Gewürznelken, Zimt, Sternanis
SPRING GIN		Belgien	40		Manuel Wouters / Filliers Graanstokerij	13	Koriander, Zitronen- und Orangenschalen, Sternanis, schwarzer Pfeffer, Kardamom, Ingwer, Rhabarber, Kieferntriebe, zarte Orangenblüten, Zimt, Angelika
	Spring Gin Gentleman's Cut		48,8				
	Spring Gin Ladies' Edition		38,3				
	Spring Black Pepper			2014			
	Spring Mediterannée			2015			
SPRING 44 GIN		USA	44		Spring 44 Distilling Inc.	4	Wacholderbeeren, Koriander, Muskat, Agavendicksaft
	Old Tom Gin		44				Wacholderbeeren, Koriander, Zitronengras, Iriswurzeln, Pomelo, Rosmarin, Galgantwurzel
	Mountain Gin		44				
SQUARE MILE LONDON DRY GIN		Großbritannien	47		City of London Distillery	8	
STEED GIN		Großbritannien	44		Cial. Fuente Anguila Ltd.	unbekannt	Wacholderbeeren, Koriander, Angelikawurzeln, Zitronenschalen, Orangenschalen, Zimt, Kardamom, Florentiner Schwertlilie

NAME	Varianten	Herkunftsort	% Vol.	Jahr	Markeneigentümer/ Destillerie	Anzahl an Botanicals	(Bekannte) Botanicals
ST GEORGE GIN	Terroir Gin	USA	45		St. George Spirits	unbekannt	Douglaskiefer, Kalifornischer Lorbeer, Salbei
	Botanivore Gin		45			19	Angelikawurzeln, Kalifornischer Lorbeer, Bergamotte-Orangen-Schalen, schwarze Pfefferkörner, Kümmel, Kardamom, Korianderblätter, Zimt, Citra-Hopfen, Koriander, Dillsamen, Fenchelsamen, Ingwer, Wacholderbeeren, Zitronenschalen, Limettenschalen, Iriswurzeln, Sevilla-Orangen-Schalen, Sternanis
	Dry Rye Gin		45			unbekannt	Roggen
STUDER SWISS ORIGINAL GIN		Schweiz	40			unbekannt	Wacholderbeeren, Zitronengras, Angelikawurzeln, Kubebenpfeffer, Lavendel, Koriander, Ingwer
	Studer Swiss Golden Snow Gin		40			unbekannt	Besonderheit: Blattgold
SUAU GIN		Spanien	43		Bodega Suau / Bodegas y Destillerias de Mallorca		Orangen, Zitronen, Mandeln, Wacholderbeeren, Koriander, Angelika, Iris, Süßholzwurzeln
SYLVAN GIN		USA	47		Koval Distillery	13	Wacholderbeeren, Zitrusprodukte, weißer Pfeffer
SW4 GIN		Großbritannien	40	2009	Park Place Drinks Ltd. / Thames Distillery	12	Wacholderbeeren, Zitronen, Orange, Koriander, Bohnenkraut, Irispulver, Zimt, Cassia-Zimt, Muskat, Mandeln, Süßholzwurzeln, Angelika
TANN'S GIN		Spanien	40	1977	Campeny Destilleries	10	Wacholderbeeren, Koriander, Gurken, Rosenblätter, Kardamom, Mandarinenschalen, Orangenblüten, Zitronenschalen, Lakritze, Himbeeren
TANQUERAY DRY GIN		Großbritannien	40		Diageo	4	geheim
	Tanqueray N° Ten Dry Gin		47,3	2000			
	Tanqueray Dry Gin Rangpur		41,3	2006			
	Tanqueray Malacca			1997			
	Tanqueray Old Tom		47	2014			
TARQUIN'S DRY GIN		Großbritannien	42		South Western Distillery	12	Wacholderbeeren, Orangenzesten, Devon-Veilchen
TASMANIAN GODFATHER GIN		Australien	40		Lark Distillery	unbekannt	Pfefferkörner
TELSER LIECHTENSTEIN DRY GIN		Lichtenstein	47		Telser Brennerei	11	Wacholderbeeren, Koriander, Angelikawurzeln, Zimt, Ingwer, Zitronenschalen, Orangen (Bitter/Curaçao), Kamille, Lavendel, Holunderbeeren
THE BITTER TRUTH PINK GIN		Deutschland	40		The Bitter Truth	unbekannt	
	The Bitter Truth Sloeberry Blue Gin		28				
THE BOTANICAL'S LONDON DRY GIN		Großbritannien	42,5		Langley Distillery	14	Wacholderbeeren, Koriander, Cassia-Zimt, Orangen, Zitronen, Zimt, Iris, Angelika, Lakritze, Muskat, Grapefruit, Zitronenblüten, Orangenblüten
THE BOTANIST DRY GIN		Schottland	46		Bruichladdich	22	Iriswurzeln, Cassia-Rinde, Koriandersamen

NAME	Varianten	Herkunftsort	% Vol.	Jahr	Markeneigentümer/ Destillerie	Anzahl an Botanicals	(Bekannte) Botanicals
THE DUKE MUNICH DRY GIN		Deutschland	45		The Duke Destillerie	13	Wacholderbeeren, Koriander, Zitronenschalen, Angelikawurzeln, Lavendel, Ingwer, Orangenblüten, Pfeffer
THE EXILES IRISH GIN		Großbritannien	41,3		Protege International	unbekannt	Klee, Rotkleeblüten, Geißblattblüten, Vogelbeeren, Gagelstrauch, Wacholderbeeren
THE ORIGINAL		Deutschland	43		Michael Scheibel	unbekannt	
THE STING SMALL BATCH LONDON DRY GIN		Großbritannien	40			10	
THE TRADEWINDS CUTLASS GIN		Australien	50		Tailor Made Spirits Company	unbekannt	Backhousia citriodora
THREE CORNERS VAN WEES DRY GIN		Niederlande	42		Van Wees	unbekannt	
TORK GIN		Italien	42,8		F&G	unbekannt	Wacholderbeeren, Koriander, Iriswurzeln, Zitrusprodukte
TWO BIRDS COUNTRYSIDE LONDON DRY GIN		Großbritannien	40	2012	Union Distillers Ltd.	unbekannt	
UNCLE VAL'S BOTANICAL GIN		USA	43		35 Maple Street	5	Wacholderbeeren, Gurken, Lavendel, Zitronen, Salbei
UNGAVA PREMIUM CANADIAN GIN		Kanada	43,1		Ungava Gin Co.	6	Schwarze Krähenbeeren, Wildrosenhagebutten, Rhododendron groenlandicum, Rhododendrum subarcticum, Moltebeeren
UNTITLED RESERVE GIN		Deutschland	41,5		Gebr. Both	unbekannt	
	Untitled Old Tom Gin		41,5				
	Untitled Sloe Gin		28				
UPPERCUT GIN		Belgien	49,6		Manuel Wouters / Zuidam Distillers	unbekannt	Wacholderbeeren, Lakritze, Verbenen, Erdbeerblätter, Damianablätter, Nesseln
V2C DUTCH DRY GIN		Niederlande	42			10	Wacholderbeeren, Orangen, Lakritze, Kalifornischer Lorbeer, Ingwer, Koriander, Angelikawurzeln, Kardamom, Zitronen, Johanniskraut
	V2C Oaked Dutch Dry Gin		42			unbekannt	
	V2C Orange Dutch Dry Gin		42			unbekannt	
	V2C Sloe Dutch Dry Gin		42			unbekannt	
VAN GOGH GIN		Niederlande	47	1999	Royal Dirkzwager Distilleries	10	Koriander, Lakritze, Angelika, Wacholderbeeren, Paradieskörner, Mandeln, Zitronen, Cassia-Rinde, Iris, Kubebenpfeffer
VALLENDAR PURE GIN		Deutschland	40		Brennerei Hubertus Vallendar	unbekannt	
VIBE GIN		Belgien	43	2014	Vibe Distillers	unbekannt	Wacholderbeeren, Anis, Ingwer, Jasmin, Orangen, Zitronen
VL-92 GIN		Niederlande	41,7	2011	Van Toor Distileerderij	unbekannt	frische Korianderblätter
VONES GIN		Spanien	40		LAJ Spirits	11	Wacholderbeeren, Koriander, Angelika, Zitronenschalen, Orangenschalen, Süßholzwurzeln, Zimt, Muskat, Florentiner Schwertlilie, Esskastanien

NAME	Varianten	Herkunftsort	% Vol.	Jahr	Markeneigentümer/ Destillerie	Anzahl an Botanicals	(Bekannte) Botanicals
VOORTREKKER DUTCH GIN		Niederlande	40		Unique Brands	8	Wacholderbeeren, Lakritze, Vanille, Angelikawurzeln, Ingwer, Orangen, Zitronenschalen, Koriandersamen
VOR PREMIUM GIN		Island	47		Eimverk Distillery	unbekannt	Wacholderbeeren, Isländisches Moos, Empetrum
VØRDING GIN CEDAR WOOD INFUSED		Niederlande	44		Thomas Vording	4	Wacholderbeeren, Orangen, Zimt, Zedernholz
VOYAGER SMALL-BATCH DRY GIN		USA	42		Pacific Distillery	unbekannt	Wacholderbeeren, Iriswurzeln, Zitrusprodukte, Angelika, Kardamom, Cassia-Zimt
WANNBORGA O-GIN		Schweden	40,1		Wannborga Bränneri	9	Wacholderbeeren, Koriander, weißer Pfeffer
WARNER EDWARDS HARRINGTON GIN		Großbritannien	44		Falls Farm	11	Wacholderbeeren, Holunderbeeren
WENNEKER ELDERFLOWER GIN		Niederlande	40		Wenneker Distilleries	6	Wacholderbeeren, Holunderbeeren, Koriander, Orangen- und Zitronenschalen, Limettenblüten
WEST WINDS GIN	The Sabre	Australien	40		Gidgegannup Distilleries	12	Wacholderbeeren, Limettenschalen, Backhousia citriodora, Akaziensamen
	The Cutlass		50			unbekannt	Wacholderbeeren, Backhousia myrtifolia, Solanum centrale
WHITE LAYDIE GIN		USA	40		Montgomery Distillery	unbekannt	Wacholderbeeren, Zitrusprodukte, Iriswurzeln, Angelikawurzeln, Kardamom
WHITLEY NEILL DRY GIN		Großbritannien	42	2005	Whitley Neill Ltd. / The Sovereign Distillery	7	Baobab-Früchte, Kapstachelbeeren
WINDSPIEL PREMIUM DRY GIN		Deutschland	47		Eifelion	unbekannt	
WINT & LILA GIN		Spanien	40		Casalbor Wines & Spirits	10	Wacholderbeeren, Koriander, Angelikawurzeln, Zimt, Orangen, Zitronen, Orangenblüten, Minze
WOOD'S TREELINE GIN		USA	40	2012	Wood's High Mountain Distillery	unbekannt	
	Treeline Barrel Rested Gin		45	2014			
	Mountain Hopped Gin		45,75	2015			
XELLENT GIN		Schweiz	40		Diwisa Distillery	27	Wacholderbeeren, Edelweiß, Zitronenmelisse, Lavendel, Roggen aus der Schweiz
XORIGUER GIN		Spanien	38		Destillerias Xoriguer	geheim	
ZEPHYR GIN	Blu Gin	Großbritannien	40		Zephyr Imports	unbekannt	Holunderbeeren, Gardenien
	Black Gin		44			unbekannt	Botanicals aus den Tropen
ZUIDAM DRY GIN		Niederlande	43,5		Zuidam Distillers	9	Angelikawurzeln, Kardamom, Koriandersamen, Iriswurzeln, Wacholderbeeren, Zitronen- und Orangenschalen
	Zuidam Dutch Courage		44,5				
	Dutch Courage Aged 88 Gin (9 Mon.)		44				
	Dutch Courage Old Tom's Gin		40				

NAME	Varianten	Herkunftsort	% Vol.	Jahr	Markeneigentümer/ Destillerie	Anzahl an Botanicals	(Bekannte) Botanicals

NAME	Varianten	Herkunftsort	% Vol.	Jahr	Markeneigentümer/ Destillerie	Anzahl an Botanicals	(Bekannte) Botanicals

NAME	Varianten	Herkunftsort	% Vol.	Jahr	Markeneigentümer/ Destillerie	Anzahl an Botanicals	(Bekannte) Botanicals

NAME	Varianten	Herkunftsort	% Vol.	Jahr	Markeneigentümer/ Destillerie	Anzahl an Botanicals	(Bekannte) Botanicals

NAME	Varianten	Herkunftsort	% Vol.	Jahr	Markeneigentümer/ Destillerie	Anzahl an Botanicals	(Bekannte) Botanicals

NAME	Varianten	Herkunftsort	% Vol.	Jahr	Markeneigentümer/ Destillerie	Anzahl an Botanicals	(Bekannte) Botanicals

NAME	Varianten	Herkunftsort	% Vol.	Jahr	Markeneigentümer/ Destillerie	Anzahl an Botanicals	(Bekannte) Botanicals

REGISTER
A-Z

REGISTER NACH GIN-TYPEN

Die Originalausgabe erschien 2015 unter dem Titel
Gin & Tonic, de complete gids voor de perfecte mix bei

Uitgeverij Lannoo NV
Kasteelstraat 97
8700 Tielt
Belgien

Copyright © Uitgeverij Lannoo NV, Tielt 2015
Text © Frédéric Du Bois, Isabel Boons

Aus dem Englischen von Anke Wagner-Wolff und Michael Auwers

3. Auflage 2017
Deutsche Ausgabe Copyright © 2016 Gerstenberg Verlag, Hildesheim
Übersetzung, Satz und Redaktion: twinbooks, München
Alle Rechte vorbehalten

Printed in Italy

ISBN 978-3-8369-2125-1
www.gerstenberg-verlag.de